커밍업 쇼트

COMING UP SHORT

커밍업 쇼트

불확실한 시대 성인이 되지 못하는 청년들 이야기

제니퍼 M. 실바 지음 · 성원 옮김 · 문현아 감수

리시올

진과 메리, 가족의 과거에서 지혜와 웃음
그리고 강인함을 끌어낼 수 있도록 가르쳐 주신 할머니 두 분께,
부모님 마이클과 폴라, 남동생 마이키,
나를 믿어 주고 오늘까지 보살펴 준 우리 가족에게,
그리고 우리의 미래를 떠올리며
아름에게 이 책을 바칩니다.

차례

나는 2008년의 대침체가 미국 밀레니얼 세대의 미래에 긴 그림자를 드리우기 시작하던 무렵에 이 책을 위한 현지 조사를 시작했다. 인터뷰를 본격적으로 실시하기 전에는 이 프로젝트를 '지연된 꿈'이라 불렀다. 경제 침체로 인해 많은 가난한 노동 계급 청년이 각자 성취해야 할 목표―괜찮은 일자리를 구하거나 결혼하거나 자기 소유의 아파트를 마련하는 등의―를 강제로 연기해야 하는 처지에 놓였다고 예상했기 때문이다. 그런데 20대와 30대 초반을 보내고 있던 남녀와 이야기를 시작해 보니 현실은 더 심각했다. 이들 청년 세대는 전통적인 성인기 지표라고 할 만한 그 어떤 것도 달성할 수 없다며 미래에 대한 기대를 모두 포기한 상태였다. 이들은 사회 안전망이 축소되고, 노동자의 집단적 교섭권이 약화되며, 노동자의 기본적인 필요보다 기업의 이윤 보호를 중시하는 시대에 성인이 되었다. 제도들―교육과 가족 또는 군대―은 청년들이 안정된 미래를 꾸릴 수 있도록 도움을 주어야 마땅하다. 그런데 많은 청년은 이 제도들이 오히려 가장 고통스런 배신의 원천임을 배우며 성인기에 접어들었다. 이들은 모범이 될 만한 생애 경로, 세상에 대한 신뢰감, 또는 자신이 비틀거릴 때 도와줄 누군가가 있다는 믿음을 전혀 갖지 못한 채로 존엄과 자아 존중을 확보하기 위해 고군분투하고 있었다.

청년들은 (특히 학술 문헌에서) 종종 전례 없는 자유와 번영을 누리는 세대로 묘사된다. 이전 세대에 비해 자기 운명을 결정할 선택권을 훨씬 더 많이 부여받으며 훨씬 더 안락하고 편안한 삶을 누릴 수 있다는 식이다. 또 많은 경우 이들은 앞선 세대들이 치른 희생에 감사할 줄 모른다고 여겨진다. 그래서 밀레니얼 세대는 충실함, 의무, 헌신보다 자아 성장과 행복을 우선시하는 새로운 능력과 더불어 성인기를 맞는다고 이해된다. 여성은 누군가를 사랑하면 그 사람과 결혼할 수도 있지만 비혼 상태로 남을 수도 있고, 평등한 관계를 만들어 갈 수도 있으며, 아이를 가질지 여부를 결정할 수 있고, 만족스럽지 않거나 학대당하는 관계라면 정리할 수도 있다(Beck & Beck-Gernsheim 1995). 청년들은 과거보다 한층 자유롭게, 젠더를 막론하고 누구와도 드러내 놓고 사랑할 수 있다. 일과 관련해서도 청년들은 충실함을 요구하는, 다니기 싫은 일터에서 버텨야 한다는 압박감을 덜 느낀다. 이들은 야심을 실현하기 위해 일자리를 옮길 수 있고, 생애 전체에 걸쳐 새로운 기술을 거듭 터득할 수 있다(Arnett 2006). 일터에서나 집에서나 청년들은 권력을 보유한 사람들의 권위를 당연시하는 대신 그에 의문을 제기한다. 과거에는 위계적이었던 관계들, 예를 들어 부모와 자녀, 상사와 노동자, 남편과 부인의 관계도 더 개방적이고 관용적으로 변했다. 부모나 공동체에 져야 하는 일말의 의무감이나 책임감도 벗어던지고 연장자 세대가 더 전문적이라는 생각에서도 자유로운 밀레니얼들은 원하는 대로 자신을 규정하고 타인과도 진심으로 연결될 수 있는 자유를 누리게 되었다(Lee 2001).

그런데 내가 인터뷰한 많은 노동 계급 여성과 남성은 자신에게 선택권이 있다는 생각을 비웃었다. 고등 교육을 받지 못한 사람들을 위한 괜찮은 일자리를 해외로 보내 버리거나 자동화로 대체한 지 몇십 년이 지나 성인이 된 이들은 가족은 고사하고 자기 자신을 지원하는 것조차 점점 힘겨워지는 상황에 부딪혔다. 치솟아 오른 대학 등록금 때문에 학자금 대출 빚만 잔뜩 진 많은 이에게 학교와 학위가 대체 무슨 도움이 되는지도 불분명하다. 퓨연구센터Pew Research Center의 보고에 따르면 밀레니얼 세대는 동일 연령대의 이전 두 세대에 비해 학자금 대출 부담도 더 많이 지고 빈곤율과 실업률도 높은 반면 부와 개인 소득 수준은 낮은 경향을 보인다(Drake 2014). 이처럼 불안정한 분위기에서 '성장한다는 것'은 어떤 의미인가? 나와 이야기를 나눈 청년 남녀에게 성인기는 노동, 가족, 관계, 친밀함, 젠더, 신뢰, 존엄이라는 선을 따라 새롭게 상상되고 있었다.

나는 주로 독립을 가로막는 외적인 요소, 이를테면 약탈적 대출, 치솟는 등록금, 저임금 등에 초점을 맞추어 질문을 던졌지만, 내가 인터뷰한 대부분의 남녀는 오히려 대화의 방향을 전환해 고통스러웠던 과거―중독, 유년기 학대, 가족에 대한 트라우마, 버려진 경험―를 극복한 이야기를 공유해 주었다. 이들은 고통과 생존의 경험을 이용해 성인기 자아를 구축했다고 말했다. 감정적 견고함과 심리적 변형이라는 치료적 기준에 따라 자신의 진보를 측정했다는 것이다. 부모나 조부모 세대에게 성인기의 의미와 존엄의 원천이었던 것들―생산 현장에서의 일상적 노동, 가족과 가정—을 자꾸 놓쳐 버리기만 했음에도 청년 남녀들은 과거에 뿌리를 둔 부정적인 생각, 감정, 행동을 극복하기 위해 열심히 노력하기만 하면 행복을 자기 것으로 만들 수 있다고 주장했다. 놀랍게도 많은 청년이 자신의 가족들과 선을 긋고는 그들을 용서할 수 없다며 가혹한 태도를 보였다. 이들은 가족을 자기 문제와 고투의 원천으로 이해하고 있었다.

　나는 이 책의 참여자들에게 정치적 견해를 묻지 않은 것을 늘 후회했다. 치료적 자아다움은 어떻게 시민적·정치적 행동과 연결될 수 있을까? 이 책을 출간하고 몇 년 후에 나는 쇠락한 탄광 지역의 가난한 노동 계급 주민들을 인터뷰하면서 어떻게 이들이 고통스러웠던 개인적 경험과 [현재의] 정체성 사이에 상상적 가교를 놓았는지를—괴로웠던 과거를 생산적이고 명예로운 경험으로 여기는 식으로—엿볼 수 있었다. 다른 한편 이와 동시에 그들은 자신이 미국 사회에서 떨어져 나와 있으며 소외되어 있음을 강조했다(Silva 2019). 일례로 젊은 여성인 셜리는 치료 서사를 이용해 자신의 정치적 견해를 설명했다. 어린 시절에 겪은 학대, 빈곤, 중독을 상세히 설명한 뒤 셜리는 생각에 잠기더니 이렇게 말했다.

유튜브 영상에 어느 의사가 나왔어요. 자기가 본 잡지 얘기를 했는데 기사 제목이 「랍스터는 어떻게 성장하나」였대요. 의사가 말하길 랍스터는 두껍고 딱딱한 껍질을 두른 부드럽고 물컹한 생물체래요. 랍스터가 성장하기 시작하면 껍질은 그대로고 랍스터만 커진다고 하더라고요. 커

지면서 꽉 조이는 느낌을 받고 그게 불편해서 스트레스를
받는다는 거죠. 그렇게 커지면서 껍질을 벗고, 조금 자라
새롭게 껍질을 만들어 내고, 세상으로 나가 삶과 마주하
게 된대요. 그 의사는 만일 랍스터에게 의사가 있다면 성
장하지 못할 거라고 말했어요. 불편함을 느끼기 시작하면
의사를 찾아갈 거고 의사가 이런저런 처방을 내리면 진정
한 성장을 경험할 수 없을 테니까요. 랍스터를 성장시키
는 계기가 바로 불편함인 거죠. 인간도 똑같지 않겠어요?
그러니 아이들이 스트레스를 받지 않도록 보호하는 게 꼭
긍정적인 것만은 아닌 거죠. 스트레스 덕분에 성장하는
거니까요. 아이들을 격리시켜서 치료를 받게 하는 건 개
들을 고립된 작은 비눗방울 안에 넣어 놓는 거나 다름없
어요. 그러면 걔들 뇌는 실수나 사고에 대처하는 법을 배
우지 못하게 되겠죠. 벌어진 일에 자연스럽게 대응하고
처리하는 법을 배우지 못하게 되는 거죠.

셸리의 추론에 따르면 "사람이 성장할 수 있도록 돕는 최고
의 시스템은 스트레스"다. 이렇게 생각하는 셸리는 사회 안
전망 프로그램을 비난하며, 자신이 정치인을 불신한다고
강조한다. 열여덟 살이 되었을 때 셸리는 부모와 조부모를
따라 민주당 당원으로 등록했다. 그러나 지금은 아예 투표
할 생각이 없다. "저희 가족은 약물 때문에 망했어요. 그래
서 나랏돈으로 근근히 생계를 유지하고 있어요. 저는 이
런 지긋지긋한 쇼에서 손 떼고 싶어요." 이어 셸리는 다음
과 같은 분석을 내놓았다. "똑바로 살아갈 생각이 없는 사
람들[자신의 가족] 손에 저와 제 아이 삶을 맡겨야 할까요?

저는 그러기 싫어요. 저는 그런 식으로 겉멋만 잔뜩 든 사람들 손에 제 삶이나 제 아이 삶을 맡기지 않을 거예요." 정책적 관점에서 보면 셸리는 이런 세계관이 마치 진실인 것처럼 받아들임으로써 자신의 미래, 미국의 경제와 민주주의에 실질적인 영향을 미칠 자신의 가능성을 차단해 버리고 있다. 전 지구적 불안과 정치적 격변으로 흔들리는 시대에 괴로움을 겪고 있는 사람들에게 고통이 집단적 동원의 수단이 될 수 있을까? 우리는 자기 단절이나 방어적인 고립에 맞설 제도들을 건설할 수 있을까?

이 책을 출간하고 1년이 지난 뒤 나는 남편 및 그의 가족과 함께 한국을 방문했다. 우리는 전통 혼례를 치르고 집안 어른들을 방문하고, 떡볶이도 많이 먹고 제주도의 화산인 한라산 정상에도 헐떡이며 올랐다. 남편의 친구와 가족을 만나 이야기를 나누면서 한국의 상황에 초점을 맞춘 『커밍 업 쇼트』의 필요성이 점점 증대하고 있음을 느꼈다. 오늘날 한국 사회에서 성인이 되는 것이 부모나 조부모 세대 때와는 매우 달라 보였기 때문이다. 부와 기회가 상층부에 집중됨으로써 계급 분할의 반대편에 있는 청년들은 급속히 변하는 경제에서 경쟁력을 잃고 있을지도 모른다. 더욱이 급격한 문화 변화는 한층 전통적인 가족 및 젠더 배치를 해체하고 더 많은 자유와 더불어 더 많은 불확실성을 안길 수도 있다. 한국의 청년들은—대학을 졸업하고, 자기 집을 사고, 결혼해 아이를 낳고, 기업 사다리를 오르고, 재정적 독립을 성취하는—전통적인 성인기가 가능하다거나 바람직하다고 생각하게 될까? 혼란스런 생애 경로에 의미를 부여하기 위해 청년들은 자신이 누구고 무엇을 원하게 될지에 관한 어떤 이야기를 창출하게 될까? 이들은 새로운 형태의 감정 표현을 받아들이고 성공의 새로운 지표를 구축하게 될까? 그리고 마침내 자아다움에 대한 그들의 새로운 정의가 우리 모두의 미래를 형성하는 식으로 정치적 반향을 일으키게 될까?

참고 문헌

Arnett, Jeffrey Jensen. 2006. "The Psychology of Emerging Adulthood: What is Known, and What Remains to be Known?" pp. 303~330 in *Emerging Adults in America: Coming of Age in the 21st Century*, edited by Jeffrey Jensen Arnett and Jennifer Lynn Tanner. Washington, DC: The American Psychological Association.

Beck, Ulrich and Elisabeth Beck-Gernsheim. 1995. *The Normal Chaos of Love*. Cambridge, UK: Polity Press.

Drake, Bruce. 2014. "6 new findings about Millennials." Pew Research Center.

Lee, Nick. 2001. *Childhood and Society: Growing Up in an Age of Uncertainty*. Philadelphia, PA: Open University Press.

Silva, Jennifer M. 2019. *We're Still Here: Pain and Politics in the Heart of America*. Oxford University Press.

서문

노동 계급 청년들의 삶을 기록하고 싶다는 욕망을 느낀 것은 개인사와 지적 호기심 덕분이었다. 내 아버지 쪽 할아버지와 할머니는 매사추세츠주 로웰에서 태어났고 로웰은 내가 연구를 진행한 두 장소 중 하나다. 할아버지 조는 아홉 살부터 마켓 거리의 방직 공장에서 일했다. 그곳에서 할아버지는 실을 자아 감을 수 있도록 빈 실타래를 위층으로 가져다주는 일을 했다. 할머니 메리는 1929년에 8남매 중 한 명으로 태어났다. 주식 시장이 붕괴해 대공황이 시작된 지 몇 달 뒤였다. 할머니는 올리언스 거리에 있던 집에서 아일랜드계 가톨릭 집안 식구들이 북적거리며 살던 기억을 지금도 기분 좋게 회상하곤 한다. 그리고 80년 뒤 나는 인터뷰를 위해 운전하면서 그곳을 지나다녔다. 두 분은 20대 초반에 결혼해 매사추세츠주의 웨스트콩코드 교외에 신혼 살림을 차렸고, 거기서 할아버지는 주립 교도소 교도관으로 근무했다. 두 분이 낳아 기른 여섯 명의 아이는 아메리칸 드림—고된 노동과 안정적이고 노동조합이 있는 일자리를 통해 계층 상승을 이룰 수 있다는—을 현실화한 전후 세대의 일원이었다. 두 분은 손주 세대가 더 많은 것을 성취할 수 있기를 바랐다. 내가 태어나던 날 부모님은 이 아이가 가족의 첫 대학 졸업자가 되게 하자고 서로에게 약속했다고 한다.

그런데 우리 세대는 조부모와 부모 세대가 힘겹게 일군 안정성을 서서히 잃어 가고 있다. 지난 몇 년간 내 사촌과 남동생도 내 연구의 정보 제공자들과 꼭 같은 장애물—일자리를 구하지 못해 군에 입대하거나, 독립해 나갔다가 다시 부모 집으로 들어오거나, 대학 생활을 마치고 대출금을 상환하며 자동차 할부금을 갚기 위해 고군분투하는—에 맞닥뜨렸다. 남동생은 2년 전에 로웰로 돌아와 지금은 공무원 임용 대기 중이다. 지금 동생이 일하고 있는 동네는 한때 번성한 산업 지구였는데 현재 이곳 거리에는 '자동차 대출! 신용 불량자도 환영! 누구나 대출 가능!'이라고 적힌 옥외 광고판이 줄지어 늘어서 있다. 이 책은 대공황과 더불어 태어난 내 조부모에서 시작해 성공을 꿈꾸던 교외 지역 거주 중간 계급을 거쳐 다시 경제 불안, 리스크, 불황으로 돌아옴으로써 온전한 원을 이룬 한 가족과 나라의 이야기를 담고 있다. 이 책은 개인이나 가족이 아니라 제도의 수준 미달coming up short*을 다룬다.

대학을 졸업하고 대학원을 거쳐 박사 후 과정까지 마치면서 나는 대단히 큰 행운을 누렸다. 많은 사람과 조직에게서 학문적으로나 인간적으로나 가르침과 영감을 얻을

---

* 이 책 제목으로 사용된 '커밍 업 쇼트'는 원래 '특정 기준이나 기대를 충족하지 못하는'이라는 의미로 사용되는 숙어다. 이 책에서는 특히 '성인이 되다'라는 뜻을 가진 coming of age와 대비를 이루며 '성인'이라는 기준이나 기대를 충족하지 못한 상황에 대한 표현으로 쓰였다. 이 책 전체에 걸쳐 지은이는 성인이 되는 과정이란 결코 개인 또는 가족이 개별적으로만 감당해야 하는 것이 아니며, 사회와 제도의 뒷받침이 필요함을 강조하고 있다.

수 있었기 때문이다. 무엇보다 먼저 나를 자신의 삶에 기꺼이 들여보내 준 이 책의 주인공 남녀에게 진심으로 감사의 말을 전하고 싶다. 이들은 개인적인 경험을 공유해 주었고 페이스북으로 계속 나와 연락을 주고받았으며 작업 초반부터 나를 믿어 주었다. 이 책을 쓰는 내내 나는 이들이 들려준 이야기를 충실히 전달하겠다고 다짐하고 또 다짐했다.

나는 하버드 대학교에서 국립과학재단National Science Foundation, NSF과 미국사회학회American Sociological Society, ASA의 박사 후 과정 펠로로 있는 동안 이 책의 초고를 완성했다. NSF와 ASA의 재정적·지적 지원 덕분에 최고의 학자들이 모인 이곳에서 집필에 집중할 수 있었다. 제임스 쿡은 기획 초기부터 관심을 보였고, 관대한 태도로 세밀하고도 예리한 피드백을 주었으며, 내가 확신을 가지고 개고 작업에 착수할 수 있도록 이끌어 주었다. 최종 원고에는 그의 격려, 세부 사항에 대한 관심, 지칠 줄 모르는 헌신이 반영되어 있다. 또 브루스 웨스턴과 미셸 라몽의 아낌없는 조언에도 감사를 전하고 싶다. 이들은 기꺼이 초고를 읽고 통찰력 있는 논평을 건넸으며, 나를 격려해 주었을 뿐 아니라 경력을 고민하는 데도 도움을 주었다. 하버드에서는 로버트 퍼트넘을 만나 재능과 활기가 넘치는 그의 연구 팀에 합류하는 큰 행운을 누렸다. 사회적 유대감과 불평등에 초점을 맞춘 사와로 세미나Saguaro Seminar를 통해 정보 제공자들이 이야기한 신뢰와 배신의 서사를 보다 면밀하게 들여다볼 수 있었다.

니콜 디터딩 덕분에 하버드에 도착한 첫 주부터 학내 생활에 익숙함을 느낄 수 있었다. 또 니콜은 내가 부탁한 것보다 더 꼼꼼하게 원고를 읽어 주었고, 휴식이 필요할 때면 나를 재촉해 체육관에 보냈다. '목마른 목요일'thirsty thursday에는 친절함과 통찰력을 가지고 아이디어를 나누기도 했다. '하버드 문화와 사회 분석 워크숍' 성원들은 생산적이었던 2년 동안 내가 연구의 초점을 맞추고 아이디어를 가다듬을 수 있도록 도와주었다. NSF와 ASA의 박사후 펠로 동료인 제러미 슐츠는 언제나 기꺼이 브레인스토밍 과정에 함께했고, 통찰력 있는 피드백뿐 아니라 경력에 대한 조언도 주었다. 끝으로 내가 담당했던 3학년 심화 과정 수업인 '21세기에 성인이 된다는 것'의 학생들은 성인이 되는 과정에 대한 내 관심을 북돋아 주었고, 성인기로의 이행에 대한 연구의 현실적 중요성을 매주 상기시켜 주었다.

버지니아 대학교의 논문 심사 위원들(세라 코스, 앨리슨 퓨, 밀턴 비커먼, 폴 프리먼)도 더없이 소중한 격려와 지지를 아낌없이 보내 주었다. 심사 위원장이자 멘토며 이제는 가까운 친구가 된 세라는 많은 시간을 할애해 나와 생각을 주고받았고, 초고를 읽고 논평해 준 한편 학문적 미래를 그리는 데도 도움을 주었다. 세라는 (그리고 빌과 로비도) 나를 가족에게 소개해 주었고 내 직업적 성공뿐 아니라 개인적 성공까지도 일상적으로 신경 써 주었다. 앞으로도 우리의 학문적 관계와 우정이 이어지기를 바란다. 우연히도 내가 연구 질문을 다듬던 시기에 버지니아 대학교에 부임한 앨리슨은 돌봄, 친밀함, 불평등 같은 쟁점을 비판적으로 사고하도록 가르침을 주었다. 앨리슨의 창의적인 접근

방식, 따뜻한 태도, 지속적인 지적 동지애에 깊은 감사를 표한다. 밀턴 비커먼은 연구 과정 내내 유익한 제안을 헤아릴 수 없을 정도로 많이 건넸다. 폴 프리먼은 외부 독자의 입장에서 믿을 수 없을 정도의 유연함을 발휘했고 버팀목 역할도 맡아 주었다. 또 나는 연구를 진행하는 동안 우드로 윌슨 여성학 박사 논문 장학금, 버지니아 대학교 인문과학 대학원 논문 집필 장학금, 버지니아 대학교 사회학과 장학금의 기금 지원을 받았다.

뛰어난 여러 선생님에게 받은 지적 지도와 지원에도 깊은 감사를 전한다. 버지니아 대학교에서 보낸 첫 학기에 나는 샤론 헤이스를 통해 사회 이론에 매력을 느꼈고 사회생활의 모든 측면에서 권력과 불평등을 헤아리는 것이 중요함을 배웠다. 그 이후 몇 년간 샤론은 기꺼이 내 원고를 읽고 매우 예리한 지적을 들려주었을 뿐 아니라 샤론이 내 연구의 중요성을 알아 준 것 자체가 내게 깊은 의미와 영감을 주었다. 또 나는 제프리 올릭의 현대 이론 수업을 들으며 문화를 사고하는 데 필요한 기반을 견고하게 다질 수 있었다. 비록 몇 통의 이메일을 주고받았을 뿐이지만 관대하고도 뛰어난 에바 일루즈 덕분에 이 책에서 시도한 것의 핵심에, 즉 문화, 권력, 감정에 관한 분석을 구체화하는 데 도달할 수 있었다. 웰즐리 대학 학부 시절에 내 멘토였던 로재나 허츠와 조너선 임버는 사회 불평등을 연구하겠다는 내 열정에 불을 지펴 주었고 학문적 경력을 쌓아 가는 내내 영감을 불어넣어 주었다. 콩코드 칼라일 고등학교를 다닐 때 안드레이 조지프는 내게 사회학을 알려 주었고 비판적 시각으로 사회 세계를 들여다보도록 자극해 주었다.

감탄스러운 동료 및 친구 들에게도 마찬가지로 감사의 마음을 전하고 싶다. 매슈 모리슨은 성심껏 초고 전체를 읽고 끈기 있게 허다한 형식상의 잘못을 수정해 주었고, 그 과정에서 번뜩이는 통찰을 전해 주기도 했다. 매슈는 충실한 친구이자 웃음으로 위로를 안겨 주는 존재기도 하다. 재니스 모리슨은 인터뷰 기록을 녹취하고 편집하는 과정에 부지런히 함께하며 진심 어린 조언을 아끼지 않은 친구다. 정말로 가까우며 나를 아껴 주는 자매와 친구 들인 앨리 패러모어, 베서니 블랙록, 케이트 생어, 헤서 프라이스, 김미 화이트헤드, 에밀리 시킨스 피터, 로런 우드워드, 세라 대니얼슨, 카리슈마 파넬은 이 모든 과정에서 나에 대한 응원을 아끼지 않았다.

이 책 초고를 완성하는 과정에서 개인적으로 성인기의 지표 하나를 달성했다. 동료 사회학자 이아름과 약혼했으니 말이다. 아름과 그의 멋진 부모님은 연구하고 집필하는 내내 전폭적으로 나를 지원해 주었다. 창의적 통찰력, 헌신, 유머 감각, 한결같은 격려, 차분한 존재감을 보여 준 아름에게 특별히 깊은 감사를 전한다. 끝으로 이 책은 조건 없이 나를 믿어 준 우리 가족 전체의 관대함과 사랑을 증언한 작업이다. 어머니와 아버지와 마이키, 이들의 일상적인 돌봄과 도움 그리고 사랑이 없었더라면 이 책은 세상에 나오지 못했을 것이다.

1장
리스크 사회에서 성인이 된다는 것

서른네 살 흑인 남성 브랜든[1]에게 성인이 된 이야기를 들려달라고 부탁하자 그는 곧바로 자기 사례가 "경고성 이야기"일 것이라며 운을 뗐다. 브랜든은 남부의 한 작은 대학 부근에서 자랐고 부모는 모두 거기서 관리 용역 일을 했다. 어린 시절부터 교육이 "젖과 꿀이 흐르는 땅"에 이르는 길이라는 말을 들으며 자란 그는 열심히 공부해 고등학교 때는 대학 입시 준비반에 들어가 상위 9% 성적으로 졸업했다. 남동부 소재의 사립 대학에 합격하고서는 의기양양해하기도 했다. 우주선 만드는 사람이 되겠다는 어릴 적 꿈이 마침내 이뤄지는 듯했기 때문이다. 8만 달러에 달할 대출금에는 신경도 안 썼다. 이런 농담으로 응수하면서 말이다. "봐봐, 내가 너한테 5달러를 빚지면 그건 내 문제야. 그런데 5만 달러를 빚지잖아, 그럼 네 문제지."

하지만 이내 브랜든은 쓰라림과 후회가 뒤섞인 어조로 대학이 오랫동안 거듭된 실망스런 과정의 시작점이었다고 말했다. 그는 미적분학과 물리학에서 낙제해 전공을 공학에서 형사행정학으로 바꿨다. 그때까지만 해도 낙관적이었기에 졸업 후 "사기꾼을 감방에 집어넣을" 미래를 상상하며 들뜬 마음으로 여러 경찰서에 지원했다. 처음 지원한 경찰서는 당황스럽게도 추첨으로 합격자를 뽑았고 브랜든은 낙방했다. 두 번째 경찰서는 그가 필수 사항인 맞춤법 시험에 통과하지 못했다고 알리면서("전 대학도 나왔는데 말예요!") 불합격을 통보했다. 세 번째 지원 때는 대학 시절 저지른 사소한 소행 때문에 탈락했다. 그와 룸메이트가 장난 삼아 학교 소유의 버핑 머신을 "빌린" 일이 문제였다. 경찰서는 그가 "중범죄로 기소될 수도 있었기" 때문에 경찰 의무를 수행하기에 부적합하다는 사유를 들었다. 유감스럽게도 정작 대학에는 그 사건 기록이 남아 있지 않았다. 정직함과 강직함을 드러내면 합격 가능성이 높아지지 않을까 싶어 브랜든이 자진해 그 사실을 알렸던 것이다. 결국 "경찰관이 되겠다는 마음을 완전히 접었어요".

 "두 개의 꿈이 지연된"[2] 후 브랜든은 어느 의류 체인의 야간 근무 관리자로 취직했다. 잠시 동안만 일할 생각이었다. 11년이 지난 지금 그는 자기 일상—물류를 받아 내리고, 옷에 증기 처리를 한 다음 가격표를 붙이며, 매장에 옷을 진열하는—이 "전혀 도전적이지 않죠"라고 자평한다. "저는 문제를 해결하지도 않고 창의적인 일도 하지 않아요. 숫자에 강한데 회계 분야 근처에도 못 갔어요. 기본적으로 그냥 베이비시터처럼 팀 하나를 돌보고 직원들을 다루는 일이에요." 대출금 상환 시기가 다가오자 다달이 갚을 형편이 안 돼 석사 학위를 따기로 결심했다. 향후 소득도 높이고 대출금 상환도 연기하기 위해서였다. 무엇보다 고등 교육이 성공의 열쇠라는 생각이 "뇌리에 강하게 박혀" 있었다. 일하는 동안 그리고 일하지 않고 학생으로 보낸 3년 동안 몸무게는 12킬로그램 가까이 늘었다. 브랜든은 "저 비열한 샐리메이"[3]에서 더 많은 학자금을 대출받아 마침내 행정학 석사 학위를 취득했다. 하지만 매달 대출금을 갚고 생활도 유지할 만큼 버는 일자리는 아직 구하지 못했다. 그는 대출 통합 전략consolidating*을 활용해 가까스로 대출금 상환을 연기하고 있다. 그런데 이 전략을 이용하면서 그는 매년 5,000달러를 이자로 납부한다.

자기 삶을 돌아보면서 브랜든은 배신감과 희망을 동시에 표출했다. 한편으로 그는 자신이 "학위가 있고 전과 기록은 없는 흑인 남자이므로 희귀하고 독특한 상품"이라 여긴다.[4] 이런 장점이 있지만 그는 부모보다도 이룬 게 없다. 부모는 이 나이대에 이미 결혼해 자녀를 두었고 집도 있었다. 그는 이렇게 말했다.

불량품을 산 것만 같아요. 사람들이 하라고 한 건 뭐든 했어요. 문제 일으킨 적도 없고 대학까지 나왔어요. 그런데 젖과 꿀이 흐르는 땅은 대체 어디 있는 거죠? 사람들이 저한테 거짓말한 것처럼 느껴져요. 저 종이쪼가리[학위—실바] 하나 얻자고 돈을 그렇게 많이 썼는데 아무 쓸모가 없어요. 물론 학교가 성공을 보장해 주지는 못하죠. 그래도 이건 너무해요. 학교는 학생에게 보탬이 돼야 하잖아요. 아이 하나 키울 돈을 나라에 바쳤는데 건진 게 하나도 없어요!

* 여러 학자금 대출을 통합해 대출금 상환 시기를 늦추는 방법.

자기 몸 하나 건사할 여력도 거의 없는 그는 "종일 소파에 앉아 텔레비전이나 보고 버거킹 햄버거나 먹기를 원하는 여자는 없다"는 사실을 받아들이고 헌신하는 관계를 맺지 않으려 한다. "지금은 제 몸 하나 감당하기에도 벅차요. 돈과 사랑은 별개죠. 그래도 관계를 맺으려면 안정적이어야 하잖아요. 그리고 아이가 생기면 그땐 돌이킬 수가 없어요. 저는 삶을 놓쳐 버렸어요. 대신 지금 가지고 있는 걸로 때우는 거죠." 하지만 다른 한편으로 그는 "아메리칸 드림"이 "내 땅"을 사고 "임금을 받으며 아홉 시부터 다섯 시까지 일하는" 일자리를 얻게 해 주리라 여전히 굳게 믿는다. 기회만 잡으면 그럴 수 있으리라 생각하면서. "가장 큰 리스크는 저 자신이에요. 지금 다니는 일터를 그만두거나 다른 일자리를 구하고 싶다는 생각이 안 들어요. 그럴 수 있는데도요. 기회를 날려 버리는 편이죠. 가지고 있는 것에만 너무 의존하거든요. 일자리 때문에 삶을 뒤흔들고 싶지 않아요. 이직하면 제가 감당하지 못할 일이 생길 수도 있잖아요." 결국 그는 자신의 성공을 가로막는 가장 큰 장애물이 바로 자기 자신—성공을 위해 삶을 뒤흔들기를 꺼리는 사람—이라 여기는 셈이다.

브랜든이 사는 곳과 600마일 떨어진 매사추세츠주 로웰의 한 노동 계급 집에서 나는 스물네 살 백인 여성 다이애너와 테이블을 사이에 두고 앉았다. 다이애너는 네온핑크색 탱크톱 차림이었고 얼핏 보니 등 아랫부분에는 클로버 모양 문신이 있었다. 그녀는 어머니 그리고 두 남동생과 복층 집에 세 들어 살고 있었다. 흰색 페인트가 벗겨지고 바닥은 거무튀튀한 이 집이 다이애너 덕분에 조금은 화사해 보였다. 세탁소를 운영한 아버지와 캐셔인 어머니 슬하에서 자란 다이애너는 고등학교를 졸업한 뒤 부분 장학금을 받고 보스턴에 있는 한 사립 대학에 입학했다. 그러고는 지역 던킨도너츠 매장에서 아르바이트하며 형사행정학을 전공했다. 형사행정 체계를 배우는 건 즐거웠지만—그녀는 정당한 법적 절차의 다양한 뉘앙스를 설명할 때면 눈을 반짝였다—대학을 다니는 비용보다 편익이 더 작을지도 모른다는 의구심이 들기 시작했다. 결국 2년간 갈팡질팡하다 대학을 중퇴하고는 풀타임 캐셔가 되었다. "일하면 주말마다 급여를 받잖아요. 하지만 대학 졸업장을 따려면 5년을 기다려야 되죠. 또 졸업하더라도 일자리를 구하거나 하고픈 일을 발견할 수 있을지 누가 알겠어요." 빚이 10만 달러에 가깝지만 그녀는 결혼이라는 새로운 꿈에 젖어 있다. 서른 살쯤에 보스턴 교외 부촌에 자리한 수영장 딸린 집을 사서 다섯 아이, 고양이, 강아지와 함께 사는 꿈을. "제가 생각할 수 있는 건 이 정도예요. 제가 좀 구식이긴 하죠."

하지만 채 몇 분이 지나지 않아 다이애너는 속내를 털어놓았다. 죽어도 안정적이고 수입도 높은 남자와 결혼할 수 없을 테고 학교를 그만둔 것도 후회하리라는 것이었다. "다들 졸업장이 없으면 갈 곳이 없을 거래요. 나이가 더 들어도 던킨도너츠보다 더 괜찮은 곳에서 일하게 될 것 같지가 않아요. 그래서 던킨도너츠 일로는 지금 저를 지원하기에 부족하다고 말하기가 겁나요." 가족과 함께 살면서 매주 275달러가량을 생활비에 보태는 다이애너는 끝없이 청소년기를 보내는 중이라고 느낀다. 성인이 되었음을 알리는 척도―내 집 마련하기, 결혼하기, 아이 낳기, 공과금 낼 일자리 구하기―를 충족하기란 여전히 불가능해 보인다. 그녀는 이렇게 말했다. "할아버지와 할머니가 고등학교를 졸업하고 결혼했던 것처럼 진지하게 사귀다가 그다음에 결혼하고 이어서 집을 사고…… 열여섯 살 때부터 엄마한 테 언제 어른이 되느냐고 물었어요. 요즘 엄마는 제가 일도 하고 집세도 내고 있으니 어른이래요. 하지만 전 차이를 못 느끼겠어요." 그녀는 삶의 방향을 어떻게 바꿔야 할지 갈피를 잡지 못하고 있다고 느낀다. "제가 뭘 하면 좋을지 쉰 살쯤 되는 사람이 말해 주면 좋겠어요. 결정하기 편하게요. 뭘 어째야 할지 모르겠어요!"[5]

졸업, 결혼, 승진, 출산 등 성인기에 이르는 기준을 충족하지 못했다면 당신은 어떤 식으로 성인이 된 이야기를 할수 있을까? 살면서 정성스레 모은 자아의 조각들을 헝클어뜨리는 불발된 약속들―무용지물이 된 졸업장, 뜻밖의 해고, 망가진 관계―을 어떻게 이해해야 할까? 이 책은 우리 삶과 관련해 당연시되던 모델들―관계, 일, 시간, 헌신 commitment 등의 측면에서―이 쓸모없고 도달할 수 없으며 바람직하지 않은 것이 될 때 무슨 일이 벌어지는지를 다룬다. 여러 노동 계급 청년처럼 브랜든과 다이애너도 성인이 되는 당연한 경로로 간주되던 것이 빠르게 사라지고 있는 세계에서 자랐다. 그래서 이들은 자신이 '성장했다'고 느끼지 못한다.

그렇다면 오늘날 '성장'은 무엇을 뜻할까? 몇십 년 전만해도 성인이 된다고 해서 혼란이나 불안, 불확실함에 휩싸이지는 않았다.[6] 1960년대에는 대다수 여성이 스물한 살

전에 결혼해 스물세 살이 되기 전에 첫 아이를 낳았다. 남자든 여자든 대부분 서른 살 이전에 부모 집에서 독립하고 학교를 졸업하고 결혼하고 아이를 낳아 키웠다. 사람들은 정상적이고 자연스러운 삶, 온전하고 훌륭한 성인의 삶을 누리려면 이런 단계를 거쳐야 한다고 생각했다. 실제로 이 시기 미국 여성의 약 50%가 결혼하지 않은 사람은 "이기적이며 이상하다"고 여겼고, 85%가량이 남녀가 결혼해 아이를 낳아야 한다고 믿었다(Furstenberg et al. 2004).

하지만 1960~1970년대의 경제적·사회적 혼란, 80년대의 전 지구적 자본주의 승리, 90년대의 과학 기술 붐, 00년대의 끝없는 불황을 거치면서 이상한 일이 벌어졌다. 미국 청년이 '성장'을 멈춘 것이다. 지난 10여 년간의 연구가 알려 주듯 20세기 후반기에는 전통적인 성인기 지표marker들—집에서 나오고 학교를 졸업하고 재정적으로 독립하고 결혼해 아이를 낳는—을 달성하는 시기가 점점 늦춰졌고, 순서도 뒤죽박죽이 되었으며, 앞선 단계로 되돌아갈 가능성이 생겼고, 심지어는 포기되기까지 했다.[7] 2009년에는 18~24세의 약 50%와 25~34세의 약 10%가 부모와 함께 살고 있었다. 그에 반해 1960년에 그 비율은 각각 35%와 7%였다.[8] 1890~1960년대 초까지는 평균 초혼 연령이 여성 20세, 남성 22세였으나 2010년에는 여성 26세, 남성 28세가 되었다.[9] 2008년에는 10대보다 35세 이상 여성의 출산율이 더 높았다(Livingstone & Cohn 2010). 2007년에는 신생아의 약 40%가 비혼 여성의 아이였는데, 1960년대에 이 비율은 5% 미만이었다(Pew Research Social & Demographic Trends 2010). 1950년대 사람들이 연애와 결혼을 거쳐 육아에 이르는 잘 닦인 길을 따른 반면 오늘날 남녀는 비혼으로 남을 가능성이, 부모 집에 살면서 더 오래 학교에 다닐 가능성이, 결혼하지 않은 채로 출산할 가능성이, 이혼할 가능성이, 아이를 전혀 갖지 않을 가능성이 더 크다(Berlin, Furstenberg & Waters 2010; Cherlin 2009; Livingstone & Cohn 2010).[10]

점점 더 많은 20대 남녀가, 그리고 30대도 부모와 같이 살고 (혹은 부모 집으로 다시 들어가고) 이 일자리 저 일자리를 오가며 결혼과 출산을 미루고 있는데 대중 매체는 이들을 무시하고 조롱한다. '밀레니얼 세대*가 온다!', '20대: 어른이 되기 싫어요', '피터팬 세대', '대학 졸업생들, 서른은 새로운 스물이 아니다' 같은 제목을 단 기사들은 청년 문화가 순응, 구조, 책임을 회피한다고 설명하면서 청년들이 10년간 혹은 고등학교를 졸업하고 성인의 삶을 책임지려 정착하기 전까지 신나게 즐기기만 한다는 식으로 묘사한다. 가장 명시적인 사례는 '밀레니얼 세대가 온다!'는 경고성 제목을 붙인 2007년의 「60분」 방송일 것이다. 화자는 대중이 이 세대를 어떻게 바라보고 있는지를 비방조로 이렇게 요약했다. "이들은 자기 자신을 살고 숨 쉰다. 그러느라 너무 바쁘다."

이 사례들이 시사하듯 대중적으로나 학술적으로나 밀

---

* 닐 하우와 윌리엄 스트라우스의 1991년 책 『세대들: 미국 미래의 역사, 1584~2069』*Generations: The History of America's Future, 1584 to 2069*에서 처음 사용된 용어로 X 세대 뒤를 잇는 집단이다. 정확한 기준은 없지만 대강 1980년대 초반에서 2000년대 초반 사이에 출생한 세대를 가리킨다.

레니얼 세대가 성인이 되는 과정은 대학 졸업과 미래 경력 사이에서 상이한 정체성과 라이프스타일을 실험하는 자기 탐험 과정—동남아 배낭 여행, 스키니 진을 입은 브루클린 힙스터 생활, 워싱턴 하원 의원의 무급 인턴 경험 등—으로 묘사된다. 이와 관련해 저명한 심리학자 제프리 아넷은 청소년기와 성인기 사이의 몇 년을 "자기에 집중하는 시기"라고 부른다(Arnett 2004: 12). 그에 따르면 21세기의 성인기란 "혼자 힘으로 서는" 법을, 여러 가능성 중에서 무언가를 자주적으로 선택하고 결정하는 법을 배우는 시기다(Arnett 1998). '청년의 위기'를 다룬 자조self-help 도서 시장의 활황은 성인기를 탐험으로 가득한 모험처럼 보는 이 관점을 강화한다. 예를 들어 『청년의 위기: 20대, 특별한 도전』*Quarterlife Crisis: The Unique Challenges of Life in Your Twenties*에서 알렉산드라 로빈스와 애비 윌너는 오늘날 청년의 선택지와 가능성이 무궁무진하다고 가정한다(Robbins & Wilner 2001: 3). "가능성의 수만으로도 희망을 불러일으킬 수 있다. 20대 앞에는 그들 전체 삶이 놓여 있다고들 말하는 것도 이 때문이다. 그렇지만 대학을 갓 졸업한 청년은 끝없이 결정을 내려야 하는 상황 탓에 큰 상실감을 느낄 수도 있다." 청년기에 이런 특징을 부여하는 묘사들은 중간 및 상층 계급이 누리는 자원과 특권—대학 교육, 노동 시장에 진입하는 데 필요한 기반, 기댈 수 있는 안전망—을 전제한다. 그리고 이런 청년들에게 불안을 안기는 유일한 요소는 수많은 선택지 중에서 최상의 삶을 창출해야 할 필요성이다.

하지만 선택에 필요한 지식과 자원을 보유하지 못한 점

점 더 늘어나는 청년들은 어떤가? 기존 문헌들은 오늘날 중간 계급 청년이 활용할 수 있는 권리와 자유의 의미를 강조하는 반면 브랜든이나 다이애너 같은 노동 계급 청년이 성인이 되는 과정을 정의하는 선택의 부재는 모른 척한다. 이 책에서 나는 노동 계급 남녀의 이야기를 들려주려 한다. 이들이 성인기에 이르는 과정은 지연되고 있을 뿐 아니라 극단적인 경제 구조 조정, 심대한 문화 변동, 깊은 사회 불평등 때문에 근원적으로 파괴되고 있다. 이 책에서 나는 성인기에 이르는 경로가 어떻게 인종, 계급, 젠더라는 강력한 힘에 따라 재형성되는지 탐구할 것이며, 혼란과 불확실, 불안정으로 에워싸인 21세기를 살아가는 노동 계급 청년 남녀가 어떻게 성인기의 조각들을 짜 맞추는지 분석할 것이다.

노동 계급 성인기의 재형성

이 이야기를 들려주기 위해 나는 20대 중반에서 30대 초반 사이의 노동 계급 청년 100명이 성인이 된 과정을 검토했다(연구 설계와 인터뷰 질문은 '부록'에 나와 있다). 패밀리 레스토랑이나 의류 체인 같은 서비스 부문 일자리에서 커뮤니티 칼리지, 임시직 소개소, 소방서, 군 기지, 볼링장, 영화관에 이르기까지, 매사추세츠주 로웰과 버지니아주 리치먼드에서, 그리고 미국 산업 노동 계급의 성쇠를 체현하고 있는 몇몇 도시에서 노동 계급 청년을 만났다. 흑인과 백인, 남성과 여성 모두와 대화를 나눴고, 오늘을 살고 있는 당사자들의 설명을 들으면서 노동 계급 성인기의 의미와 관습, 귀결의 변화를 조사했다.

　나와 인터뷰한 청년 남녀의 성인기는 기존 문헌들의 주장과 달리 단순히 지연되고 있는 것이 아니다. 오히려 성인기는 노동, 가족, 관계, 친밀함intimacy, 젠더, 신뢰, 존엄dignity과 결부되어 극적으로 새롭게 상상되고 있다. 나와 이야기를 나눈 대다수 청년은 불안정한 서비스 일자리에 머물러 있고, 겨우 먹고 사는데도 카드 빚이 쌓이는가 하면 힘겹게 확보한 보잘것없는 안정을 무너뜨릴 경제적 충격―질병, 상환이 다가온 학자금 대출―이 닥칠 날을 두려워하기도 한다. 그리고 이런 경제적 불안이 이들 가정에 스며들어 있다. 청년들은 가족 해체(이혼이나 때 이른 부모의 사망 등에 따른), 질병, 경제적 무능, 가정 폭력, 돈 문제로 인한 끝없는 스트레스 때문에 결혼해 아이를 키울 수 있을지 확신하지 못하고 불안감에 휩싸인다. 대모와 함께 사는 스물다섯 살 흑인 청년 더글러스는 아쉬워하는 어투로 말했다. "예전에는 스물한 살이면 결혼하곤 했죠. 이제는 안 그래요. 신뢰가 사라졌어요. 사람들은 예전 같은 방식으로 서로를 사랑하지 않아요." 브랜든과 다이애너가 강조했듯 노동 계급 청년들은 노동 시장, (교육과 정부 같은) 제도, 가족 관계로 인해 무력함, 혼란스러움, 배신을 경험한다. 그러면서 자신이 철저히 혼자며 스스로의 운명을 책임져야 하고 리스크를 감수해야만 외부의 도움에 기댈 수 있음을 배운다. 이들은 성인이 된다는 것은 자기 자신 외에 누구도 믿지 않는 것임을 깨닫는 중이다.

　우리의 집합적 상상이, 그리고 상징적이던 산업 노동 계급을 다룬 이전의 사회학 연구들(Halle 1984; Lamont 2000;

Rubin 1976; Willis 1977)이 떠올리는 노동 계급 성인은 절제력이 강하고 과묵하며 견실하다. 그는 데님 작업복을 입고 미국 맥주를 마시며 자기가 소속된 공동체(가톨릭 교회, 노조 지회, 아일랜드계 미국인 단체, 혹은 그냥 친목 모임 등)에 활발히 참여한다(Putnam 2000). 컨트리 가수 앨런 잭슨이 미국 제강 노동자들에게 바친 유명한 노래 가사처럼 "먹고 살려고 매주 40시간을 작업 라인에서 흘려보내는" 그의 손에는 굳은살이 박여 있다. 그는 고된 노동, 가족, 신, 아메리칸 드림의 약속을 믿는다. 이 남자는 아내를 부양함으로써, 자기보다 더 나은 삶을 누릴 아이를 키움으로써, 공동체의 일원이 됨으로써, 역경이 닥쳤을 때 "이 공동체를 함께 지킴"으로써 자신이 존엄과 성실함을 획득한다고 생각한다(Lamont 2000).

하지만 이 남자의 삶에 목적과 체계를 부여했던 노동, 가족, 공동체의 일상적 리듬은 지난 30여 년간 유연하고 빠르게 변하는 서비스 경제, 노조원 감소, 시민 참여 쇠퇴, 탈전통적 세속 세계로 대체되었다(Cherlin 2009; Beck & Beck-Gernsheim 1995; Giddens 1991; Putnam 2000; Putnam et al. 2012; Western 1997). 그와 동시에 산업 노동 계급의 삶에서 잘 드러나지 않고 측정도 어려운 측면들—성인기의 삶을 가치 있게 만든다고 여겨지는 존엄과 [삶의] 의미—역시 작동하지 않기 시작했다. 정말이지 내가 만난 미국 산업 노동 계급의 아들딸들은 상징적이던 미국 제강 노동자와 닮은 구석이라곤 없어 보였다. 대신 나와 이야기를 나눈 청년들은 새로운 문화 논리에 따라, 그리고 새로운 구조적 제약 아래 이상적인 성인 자아를 새롭게 정의했다(Bettie 2003;

Illouz 2007; Lamont 2000; Weis 2004를 보라). 이 책 전체에 걸쳐 강조하겠지만 오늘날 미국 정치와 새로운 형태의 사회 불평등 양자를 모두 이해하려면 최근 형성된 노동 계급 성인 자아의 윤곽—그 혹은 그녀가 충실함, 존엄, 의무, 공동체, 신뢰를 어떻게 생각하는지—을 파악할 필요가 있다.

새롭게 형성된 노동 계급 성인 자아의 핵심에는 노동에 대한 낮은 기대치, 헌신하는 연애 관계에 대한 경계심, 사회 제도에 대한 폭넓은 불신, 타인들과의 깊은 단절, 감정과 정신 건강에 최우선으로 집중하는 태도가 있다. 내가 인터뷰한 대다수 남녀는 안전한 성인의 삶을 꾸리지 못하도록 가로막는 장애물을 설명할 때 정치를 언급하지 않았다. 대신 이들은 아주 개인적인 층위에서 성인이 된 이야기를 들려주었다. 과거에 겪은 고통의 치유를 성인 정체성의 기반으로 삼아 해방되고 변형된 성인 자아를 구축했다는 것이다(Illouz 2007, 2008; Smith et al. 2011을 보라). 부모나 조부모 세대가 청년이던 시절에는 작업 현장에서 고되게 일해 집을 사고 가정을 꾸리면 성인기의 존엄과 의미를 획득할 수 있었다. 하지만 이제는 그럴 수 없기에 나와 이야기한 청년들은 감정 층위에서 자아를 관리하고 계획을 세워 심리 변화를 꾀하는 식으로 존엄과 의미를 재형성하고자 고투하고 있다. 현재는 희망이 없고 미래는 의심스럽기 때문에 노동 계급 남녀는 과거에 가족 및 파트너와 관계 맺거나 (자기 변화를 위한 플랫폼인) 제도들과 상호작용하면서 겪은 고통과 배신을 활용해 성인기를 시작한다.

센트럴버지니아의 한 패밀리 레스토랑 체인점에서 서빙 일을 하는 스물다섯 살 흑인 여성 완다의 이야기는 정신적 변형과 자아 성장을 잘 보여 주는 사례다. 그녀의 아버지는 견인차를 몰고 어머니는 비영리 단체에서 행정 보조 일을 한다. 부모는 지난 9년간 따로 살았지만 법적으로는 여전히 결혼한 상태다. 고등학교 졸업 후 어떻게 살았는지 이야기해 달라고 하자 완다는 처음엔 웃더니 이내 침울한 표정을 지었다. "사실 재밌는 얘기는 아니에요." 그녀는 어느 창고의 선적 및 수신 부서에서 4년간 일했다. 때로는 새벽 다섯 시부터 저녁 다섯 시까지 일해야 하는 곳이었다. 완다는 이곳을 벗어나 엔지니어가 되기로 결심했다. "가난에 시달리는 사람들을 위한 도로를 내는 일, 그게 제가 할 일이었어요." 그래서 등록금을 대출받아 커뮤니티 칼리지에 입학했고, 그 이래 서빙 일과 대학생 생활을 병행해 왔다.

브랜든과 다이애너처럼 완다도 헌신하는 연애 관계를 피하고 있다. 그녀가 생각하는 이상적인 파트너상이 자기 삶의 구조적 현실과 근본적으로 양립할 수 없기 때문이다.

솔직히 말하면 저는 성공한 사람, 그리고 남자다운 사람이 좋아요. 징징 짜는 남자는 싫어요. 그런 남자가 아니면 좋겠어요…… 무슨 얘긴지 아시죠? 나약함이 너무 싫어요. 저는 약한 사람이 아니거든요. 그런 사람도 있죠. 남편이 자기보다 적게 벌어도 괜찮은 사람요. 저는 아니에요. 저는 늘 더 나은 걸 원해요. 저는 그런 사람이에요.

완다는 자기보다 가진 게 없는 남자와 결혼하기를 꺼리며, 전통적으로 남성성의 특징이었던 절제력과 강인함에 향수를 느낀다. 이런 그녀의 사례는 노동 계급과 하위 중간 계급 여성의 혼인율이 중간 계급 여성의 혼인율보다 낮아진 경향의 일부다(Edin & Kefalas 2005; Goldstein & Kenney 2001; Martin 2004).[11] 완다는 부족한 무언가에 "만족"할 바에는 혼자로 남는 삶을 택할 것이다.

성장하면서 무엇이 가장 힘겨웠는지 물었을 때 완다는 장시간의 서빙 노동도, 커뮤니티 칼리지 수업 일정의 버거움도, 학자금 대출의 공포도, 원룸형 아파트 월세를 내기 위한 고투도, 자기보다 더 잘 버는 (흑인) 남자를 찾기가 불가능해 보인다는 사실도 언급하지 않았다. 대신 그녀는 과거를 척도 삼아 성인이 된 과정을 평가했다. 어린 시절 경험한 "병리적인" 가족 패턴에서 벗어나 건강하고 강인한 자아를 창출하고 싶었다는 것이다. 완다는 이렇게 반추했다.

제가 어떤 가정에서 어떻게 자랐는지 설명해야 할 것 같아요. 부모님은 온갖 것에 중독된 사람들이었어요. 그렇다고 부모님 탓을 하고 싶은 건 아니에요. 오빠는 열세 살부터 혼자 힘으로 커야 했어요. 언니가 저희를 키웠죠. 아무런 기반 없이 자랐다고 할 수 있을 거 같아요. 의지가 약한 사람은 '난 이것밖에 안 돼'라는 생각에 사로잡혀 주저앉겠죠. 더 많은 걸 할 수 있다는 생각은 못 하고요.

완다는 자기가 부모와 달리 "의지가 약한" 사람이 아님을 증명하려 노력했다. 그녀는 이렇게 털어놓았다. "[부모님과] 비교를 아주 많이 해요. 어렸을 때는 엄마 아빠가 크랙을 했어요. 저는 그걸 제가 대마초 피우는 거랑 비교해요. 무슨 얘긴지 아시겠죠? 또 아마 일고여덟 살 정도였을 텐데 그때 엄마는 클럽 죽순이였어요. 그런데 저도 그래요." 인터뷰의 다른 부분에서 완다는 중독을 벗어나지 못한—혹은 재정적으로 자립하지 못한—부모에게 느낀 분노를 티내지 않았지만, 등록금을 대출받았던 일을 이야기하면서는 분노를 표출했다. "부모님이 가진 게 없는 건 그분들 탓이라고 생각해요." 완다는 부모처럼 되지 않으려고 단단히 마음먹었다. 그래서 마리화나를 피우거나 클럽에 가는 것처럼 자기를 파괴할 수 있는 행동을 삼가고 자기가 보기에 병리적인 가족 내력을 심리적으로 극복하려 한다. "제 마음 상태가 달랐다면 틀림없이 주저앉고 말았을 거예요."

내가 인터뷰한 노동 계급 남녀 중에는 완다와 비슷한 과정을 거쳐 성인기에 접어든 이가 많았다. 이들은 분노와 배신을 경험했고, 과거의 감정적 혼란을 극복하면서 성인 자아를 구축했으며, '병리적인' 가족 관계에서 빠져나와 성인이란 자기 자신만을 믿는 사람임을 터득했다. 간단히 말하면 완다가 자신의 "마음 상태"를 강조했듯 청년들은 성인기를 심리 층위에서 계획에 따라 자신을 변화시키는 단계로 재정의하고 있다. 시장 경제 때문에 이들은 전 생애에 걸쳐 고용 상태를 유지하고자 끊임없이 자기를 감시하고 변화시켜야 하며(브랜든의 사례처럼 새로운 학위에 투자하거나 구직하기 위해 다른 도시로 옮겨 감으로써), 마찬가지로 무드 경제mood economy 때문에 행복하고 건강하고자 감정 영역에서 자기 감시와 변형을 게을리하지 말아야 한다(Hochschild 2003; Illouz 2008; Martin 2007). 무드 경제는 존엄, 건강, 진보의 특수한 감각을 창출하는데, 사람들의 성장 과정을 형성하는 경쟁과 자립, 자기 비난의 문화를 떠받치고 있는 것이 바로 이 감각이다(Illouz 2008; Martin 2007). 이를 확연히 드러내 주는 사례가 중독 상태를 통제하지도 못했고 "가진 것도 없는" 부모를 무시하는 완다의 태도다.[12] [오늘날] 성인들은 생계를 잇고자 노동하거나 공동체에 기여하거나 마지막까지 결혼 생활을 유지함으로써가 아니라 감정적 단점들을 계획적인 자아 변화 이야기로 적극적이고도 전략적으로 변형함으로써 존엄과 정당성을 획득할 수 있다(Illouz 2008; Martin 2007). 감정을 '붙들지' 못하는 사람은 무시와 혐오의 대상이 된다. 성인에 어울리는 인물상과 정반대 유형으로 여겨지는 것이다.

이렇게 새로운 유형의 노동 계급 성인―노동 시장에서 당혹감을 느끼고, 제도에 배신당하며, 사랑을 믿지 않고, 타인들과 단절되어 있으며, 감정적 성장에 주력하는―에게는 안정된 성인기와 관련해 당연시되던 통념들이 뒤집힌다. 성인기의 의미와 실천이 극적으로 변한 상황을 파악하려면 성인기의 풍경이 달라지고 있음을 이해해야 한다. 즉 노동의 불안정화를 초래한 경제·정치 변화와 전통적인 젠더·가족 배치의 와해를 야기한 문화 변동을 이해할 필요가 있다. 우선 나는 이 책에 등장하는 남녀의 이야기를 네 가지 주요 변화와 결부시킬 것이다. 네 가지 변화란 리스크 풀링risk-pooling*과 사회 안전망의 부상과 쇠퇴, 신자

---

* 자원 관리, 보험, 사회 보장 등에서 사용되는 용어로 '개별로 분포되어 있는 불확실성을 통합해 하나로 묶어 시스템 전체의 리스크를 줄이는 전략'이라고 할 수 있다. 본문에서는 제2차 세계 대전

유주의 이데올로기·정책의 지배, 산업 노동 계급의 퇴락, 1960년대 이래 젠더와 인종을 가로지른 문화 변동을 뜻하며, 이 변화들이 성인기로의 이행을 방해해 왔다.

안정된 결말에서 리스크 사회로

70여 년 전 미국은 대공황이 초래한 막대한 빈곤 및 제2차 세계 대전의 트라우마에서 벗어났다. 그 뒤 전례 없는 번영을 구가하는 과정에서 공동의 목표를 추구한다는 감각이 생겨났다. 대공황 경험으로 현대 자본주의의 리스크들(고령, 실업, 질병, 장애 탓에 수입이 없는)이 너무도 파괴적임이 입증됨에 따라 이 리스크들이 집단적 사회 문제며 국가가 시민들이 이 문제를 겪지 않도록 보호할 의무가 있다는 새로운 인식이 확립되었다(Taylor-Gooby 2004). 미국 정부는 수백만 시민의 리스크를 **통합하는**pooling 정치 기획에 착수했고, 이로써 역량과 자원이 부족한 사람도 보호받을 기반이 마련되었다(Hacker 2006b).

전후 미국에서는 임금이 보장되었고 실업률도 낮아 핵가족 구조가 안정적으로 자리를 잡았다. 이 시기에 성인이 되는 과정은 안정되고 예측 가능하며 뚜렷하게 젠더화된 결말로 마무리되는 여정이었다.[13] 하지만 1970년대를 지나면서 미국의 경제·정치·사회 풍경이 극적으로 변했다. 스태그네이션과 인플레이션, 공산주의에 대한 두려움이 증대함에 따라 앞으로의 세계 경제에 국가가 개입하는 것

이후 정부의 사회 보장 제도 차원에서 취약층이 각자 부담해야 하는 리스크를 통합해 사회 안정망을 구축했던 정책들을 가리키고 있다.

이 가능하며 또 바람직하겠느냐는 의심이 대두했다. 극단
적인 경제·정치 구조 조정이 긴급하다고 여겨져 신자유주
의 이데올로기와 정책이 기회를 거머쥐었다(Harvey 2005).
로널드 레이건의 경제 자문이던 밀턴 프리드먼은 사회 안
전망을 거부한 인물로 유명하다. 프리드먼은 정부 개입을
최소화하는 자유 시장 체계를 옹호했다. 자본주의가 방해
받지 않고 작동해야 경제적 건전함과 정치적 자유를 획득
할 수 있다고 믿었기 때문이다. 그는 정부의 유일한 존재
목적이 사적 소유의 보호라고 주장하면서 리스크의 사유화
privatization of risk를 요구했다(Friedman 1962). 시장의 횡포
로부터 시민을 보호할 목적으로 시행되었던 통화 조절이
나 무역 장벽, 노동법, 사회 복지 프로그램을 모두 폐지해
야 한다는 것이었다. 1980년대에 광범위한 지지를 확보한
신자유주의는 "리스크를 공유한다는 의미의 '모두가 같은
처지'라는 철학을 일소하고, 개인의 책임[과 리스크의 사
유화—실바]을 강조하는 '혼자 힘으로 해결하라'라는 비
전으로 나아간 미국의 이데올로기 변형"을 확고히 했다
(Hacker 2006a: 34).

신자유주의 문화

경제 영역에서 신자유주의가 부상함에 따라 자아의 가장
깊은 층위에서 사회 관계들이 근본적으로 새롭게 상상되
었다. 하나의 이데올로기로서 신자유주의는 자립, 강고한
개인주의, 제약받지 않는 사리 추구, 사유화를 장려했고,
국가 개입의 부재 및 노동 시장의 효율성을 인간의 자유와
동일시했다(Beck 2000; Sewell 2009; Slater 1997). 아마 마거릿

대처의 1987년 선언이 신자유주의 이데올로기의 문화 논리를 가장 분명하게 표현하고 있으리라. "사회란 누구일까요? 사회 따위는 없습니다! 개별 남성과 여성이 있고 가족이 있을 뿐입니다. 정부는 사람들을 통해서가 아니면 아무것도 할 수 없고, 사람들은 우선 자기 자신을 돌봅니다." 하나의 정책 패러다임으로서 신자유주의는 노동 규제 완화, 시장에 대한 제도적 보호책 폐지, 리스크 풀링의 축소, 가차 없는 이윤 추구에 박차를 가했다(Calhoun 2010; Hacker & Pierson 2010; Sewell 2009). 그 결과 2차 대전 이후 수십 년에 걸쳐 구축한 사회 계약이 파괴되었다. 자유는 정부 개입을 받지 않을 자유로 축소되었고, 더 적은 세금, 더 적은 규제, 더 강화된 노동 시장 유연성이 이 자유의 새 슬로건이 되었다(Beck 2000). 사유화 정신을 전형적으로 구현한 사람 중 하나는 미국 하원 의원 론 폴이다. 그는 2011년 한 텔레비전 토론 프로그램에 출연해 개인의 리스크 관리―건강보험 포기 결정 등―가 미국인이 누리는 근본적인 자유라며 열변을 토했다. 건강보험이 없는 사람이 크게 다치면 정부의 도움을 받는 대신 죽어야 하느냐고 사회자가 묻자 그는 이렇게 외쳤다. "그럼요!"[14]

산업 노동 계급의 퇴락

신자유주의적 전환은 미국 노동 계급에 심대한 영향을 미쳤다. 1973년 이래 노동 계급 일자리의 실질 임금이 하락해 고등학교 졸업자의 임금은 12%, 고졸 미만 등 학교 졸업장이 없는 이들의 임금은 26%나 떨어졌다(Johnson 2002: 33). 50년 전에는 미국 고용 노동자의 3분의 1이 공장에서 일했고 "의류에서 립스틱이나 자동차에 이르기까지 모든 것을 생산했다"(Hagenbaugh 2002). 하지만 1970년대에 이르러 경제가 정체하자 기업들은 노조에 가입하지 않은 노동자를 고용하고, 보조금을 받으며, 감세 혜택을 누리고자 공장을 미국 남부로—혹은 아예 미국 바깥으로—이전하려 했다. 오늘날에는 이 같은 수백만의 일자리가 해외로 빠져나가 있으며, 1억 3,100만 명의 미국 노동자 중 10분의 1만이 제조업에 종사한다. 전후 세대의 미국 노동 계급 남성(제강 노동자나 광업 노동자 같은)은 고용, 일자리 보장, 임금, 연금 수급권, 고용주 분담 건강보험이 급격히 축소되는 상황을 겪었다(Cowie 2010; Danziger & Ratner 2010; Wilson 1997).[15] 21세기에 들어서는 서비스 노동자—캐셔, 사무원, 요리사, 소매 노동자, 고객 서비스 상담원—비중이 크게 늘었다. 이런 직종에 종사하는 사람들은 형편없는 수준의 임금을 받고 있고, 쉽게 해고당하며, 여성일 가능성이 크다(Barich & Bielby 1996; US Bureau of Labor Statistics, 2010; Weis 2004).

이런 경제·문화 변화 탓에 소득과 부의 불평등이 급격히 심화되었고, 경제 불안이 강화되었으며, 계층 이동이 둔화되어 전후 세대가 골고루 누리던 번영이 자취를 감췄다. 예를 들어 1979년 이래 소득 수준 상위 20%가 전체 소득의 75%를 벌어들인 반면 하위 20%의 소득은 겨우 0.4%였다(The Stanford Center on Poverty and Inequality).[16] 그 결과 2007년에는 저소득층 가구의 4분의 1이 수입의 40% 이상을 부채 상환비로 지출했지만, 반대로 초고소득층에서는 이 비율이 3.8%에 불과했다.

이처럼 경제와 문화가 변동함에 따라 성인이 되는 전통적인 경로가 불안정해졌다. 이제 다이애너나 브랜든, 완다와 같은 노동 계급 청년은 학교를 졸업하고 부모 집에서 독립하고 일자리를 구하고 안정된 관계를 맺으려면 갖은 고투를 벌여야만 한다(Danziger & Ratner 2010).[17] 일자리 시장은 가혹하기 이를 데 없고 성공하는 데 필요한 공동체의 지원과 숙련·지식도 부족한 상황이기 때문에 노동 계급 청년들은 아메리칸 드림의 핵심인 더 나은 미래에 대한 희망을 포기하고 있다. 열여섯 살 때부터 하루 벌어 하루 먹고 사는 처지인 서른네 살 바텐더 코리는 어깨를 으쓱하며 말했다. "저한테 진정한 삶의 목표가 있었더라도 아마 그중 많은 걸 포기해야 했을 거예요. 그래서 그냥 되는 대로 살고 있어요. 다음번에 뭔가 일이 생기면 그때 가서 처리하는 거죠."

신자유주의 시대의 인종, 계급, 젠더

통계를 보면 알 수 있듯 불안정과 불평등이 강화됨에 따라 일자리 보장, 고임금, 안정된 가정, 주택 소유, 낮은 고등 교육 비용을 약속한 1950~1960년대로 돌아가려는 갈망도 촉발되었다. 하지만 우리가 향수를 느낄수록 이 시기에 강제와 제약, 차별도 자행되었다는 사실을 망각할 위험이 뒤따른다. 아프리카계 미국인이 사이비 문해력 시험* 때문에

---

* 인종·민족 분리 및 차별 제도의 한 종류로, 1800년대 중후반부터 1960년대까지 미국의 많은 주에서 문해력 시험을 통과한 사람들에게만 투표권을 주었다. 이에 따라 제대로 교육받지 못한 소수 민족은 투표권을 확보하기가 어려웠다.

투표를 금지당하고 백인과 같은 식수대에서 물을 마시면 불법이었던 것도, 정치적 반대 의견을 내기가 어려웠던 것도, 여성이 배심원이 되거나 재산을 소유하거나 자기 명의로 신용 거래를 할 수 없었던 것도, 가정 내의 알코올 중독과 신체적·성적 학대가 묵인되었던 것도, 임금 상승과 여러 사회적 편익을 누렸음에도 공장 노동자들이 단조롭고 강도 높은 노동과 가혹한 관리 때문에 감옥에 갇힌 기분이라고 호소한 것도 바로 이 시기였다(Coontz 2000; Katznelson 2005; Milkman 1997).

1960년대 이래 권리와 인정을 위한 투쟁이 벌어져 이전에는 용인되던 이런 불평등 대부분이 정치 문제가 되었다. 민권 단체, 노동조합, 활동가, 사법 체계는 "백인만 일하는 방직 공장, 엄격하게 젠더화된 사무 공간, 백옥같이 하얀 건설 현장, 인종주의적인 고용 관행이 횡행하는 제강 공장"을 과거의 유물로 만들고자 투쟁했다(Cowie 2010: 240).

젠더와 인종에 기반을 둔 권리를 쟁취하려 한 이 싸움은 아이러니하게도 안정적인 제조업 일자리가 사라지던 그 시기에 벌어졌다. 그리하여 순식간에 줄어든 파이 한 조각을 차지하고자 싸운 이들 사이에 경쟁심과 원한 감정이 싹텄다.[18] 젠더와 인종에 따른 불평등은 여전히 존속하고 있다. 여성들은 정치에서나 업무에서나 제대로 대표되지 못하며 같은 일을 해도 남성보다 임금이 적다. 또 아프리카계 미국인들은 더 적은 주급, 더 낮은 고등학교·대학교 졸업률, 더 높은 투옥률, 더 짧은 기대 수명, 심각한 부의 불평등을 겪고 있다.[19]

신자유주의적 성인으로 성장하기

앞서 밝혔듯 신자유주의가 정착한 이후 출생한 노동 계급 남녀는 조부모와, 심지어는 부모와도 매우 다른 경제·사회 분위기에서 성장하고 있다. 이 책에서 나는 이 거대한 변동을 "내부에서부터"(Hall & Lamont 2013) 이해해 보려 한다. 즉 경제가 불안하고 문화가 불확실한 상황에서 노동 계급 청년이 성인으로 성장하는 방식들이 어떻게 재구조화되고 있는지 추적할 것이다. 교실, 집, 일터, 투표소 등 어디서나 이들은 공동체의 경계를, 타인과 맺는 관계와 타인에게 지는 의무를, 가치 있는 삶의 정의를, 자신이 어디에 잘 맞으며 누구를 신뢰해야 하는지 이해하는 방식을 새롭게 협상하고 있다.

성인이 된 이 청년들은 조부모와 부모에게 물려받은 권리, 원한, 자유, 배신 등의 복잡한 유산을 꼼꼼히 들여다보고 [나쁜 것들을] 걸러 내야 한다. 그러면서 이들은 '노동 계급'이 더는 단순하게 백인 남성 육체 노동자만을 뜻하지 않는 사회에서 사회 계급—그리고 계급 연대의 잠재성과 한계—을 새로이 형성하는 중이다(Bettie 2003; Walkerdine et al. 2001; Weis 2004를 보라). 경제 정의에 대한 비전이 폭넓게 공유되지 않을 때 인종, 계급, 젠더는 노동 계급의 연합이 달성되는 현장이 아니라 원한과 분리를 부추기는 현장이 된다(Cowie 2010; Stacey 1998을 보라). 성장하면서 이들은 혼자 힘으로 살아가고자 벌이는 고투가 도덕적으로 옳다고 여기는 법을 터득했고, 도움을 구하지 않는 태도가 미덕이라고 생각하게 되었다. 그리고 자기가 그랬으니 다른 사람도 모두 그래야 한다고 믿는다. 이 같은 불신과 강고한 개인주의는 친밀한 관계에 스며들며 젠더와 인종 분리를 영속화한다. 경제 면에서나 가족 관계 면에서나 극도로 불안정한 환경에서 자란 여성은 힘겹게 독립을 일군 만큼 헌신하는 관계를 꺼린다. 고통스럽게 구축한 자아를 바람을 피우거나 목표를 잃거나 빈궁해질 가능성이 있는 파트너 때문에 허비하고 싶어 하지 않는 것이다. 보조 요리사로 일하는 스물여덟 살 켈리는 이렇게 설명했다. "커플이지만 변변치 못한 사람이 될 바엔 치열하게 혼자 사는 게 나아요." 남성과 여성 모두 결국에는 실패할 공산이 있는 관계에 시간과 감정, 에너지를 쏟는 것을 극도로 두려워한다. 생존이 급선무인 불안정한 세계를 살아가는 청년들은 산업 노동 계급 가족의 핵심이던 전통적인 형태의 결혼은 가능하지도 바람직하지도 않다고 생각한다. 유연해지라는 노동 시장의 압박에 직면해 있는 이들 남녀는 노동 시장 외부의 문제들에는 경직된 태도를 보인다.

자원이 부족한 세계에서 인종은 원한과 두려움의 원천이 된다. 나와 이야기를 나눈 백인들은 잃어버린 특권을 되찾으려 애쓰고 있었다. 이들은 소수 민족minorities이 정부 지원도 많이 받고 고용 우선권도 확보했다고 생각해 쓰라림을 느낀다. 딸 하나를 둔 백인 여성 아일린은 가난하게 자랐고 현재는 실업 상태다. 그녀는 이렇게 설명했다.

솔직히 일하기 싫어하는 흑인들은 문제라고 생각해요. 우리 세금이 그런 사람들 뒤치다꺼리하는 데 쓰이잖아요. 애가 태어났을 때 양육 수당이나 복지 혜택을 신청하려고 했어요. 그런데 저한테 집[할머니가 물려준―실바]이 있어서 안 된다는 거예요. 그래서 불만이 커요. 여기[흑인 밀집 지역 거리―실바] 사람들을 보세요. 길거리에서 농구나 하고 있어요. 우리 세금으로 그러는 거예요…… 이게 뭐예요. 길거리에 나와 있는 사람들을 보면 정말 충분히 일할 능력이 있어요. 분통이 터지죠.

흑인들의 경우 기본적으로 자립을 신봉하기 때문에 결국 집단 연대에 반감을 느끼며, 그 결과 집단 행동을 벌일 가능성이 줄어든다. 실업 상태인 스물일곱 살 흑인 남성 줄리언은 자신의 노력이 아니라 인종주의가 자기 미래를 형성한다는 생각에 반대한다. "인종이 영향을 주죠. 하지만 저는 그게 제 단점이라고 생각하지 않아요, 말이 되는지는 모르겠지만요. 매일 거울 앞에 서서 제 모습을 봐요. 당신한테 입바른 소리를 하거나 말하고 싶은 것만 얘기할 수도 있어요. 하지만 하루를 마치고 거울 앞에 서면 제 단점이 뭔지 알게 돼요. 하지 않았거나 했지만 제대로 못 한 것들이 제 단점이죠." 자신과 타인에게 보이는 이런 경직된 태도는 미국 노동 계급의 미래에 깊은 개인적·정치적 영향을 미친다. 완다나 브랜든, 켈리, 아일린, 줄리언처럼 가장 젊은 성원들은 연대가 아니라 자족自足이라는 생각을 받아들이고 있으며, 노동 시장에서 실패를 맛본 이들을 비난한다. 인종, 계급, 젠더를 아우르는 잠재적 연대 공동체들이 계속 적대적이고 분열된 상태로 남아 있는 탓에 노동 계급 성원의 공동체 참여 및 사회적 신뢰(2차 대전 이후 몇십 년간 정점을 찍었던)도 곤두박질치고 있다(Putnam 2000;

Putnam et al. 2012; Smith 2007). 경제 정의라는 개념이 이들의 집단적 기억에서 사라지고 '우리'가 아니라 '나'의 관점에서 권리를 이해하는 세계관만 남은 것이다. 가정과 제도 안에서 일상적으로 겪는 낙담과 배신의 근원인 신자유주의 문화 논리는 자아의 가장 깊은 층위에 영향을 미친다.

무드 경제에서 성인이 된다는 것

이 사례들이 분명하게 입증하듯 노동 계급 남녀는 연대 없는 세계, 안전망 없는 세계에서 성장하고 있으며, 타인과의 상호작용을 경계하고 불신한다. 그렇다면 경제가 불안하고 사회가 불확실한 상황에서 노동 계급 청년이 자아를 개념화하는 방식(특히 정당하고 가치 있는 성인기를 정의하는 문제와 관련해)이 어떤 식으로 새로이 형성되고 있는지 검토해 보자.

불안정하고 혼자인 노동 계급 남녀에게 인생의 진보를 표시하는 것은 블루 칼라 노동자가 입는 유니폼, 벽에 걸린 졸업장, 손가락에 끼운 결혼 반지 등이 아니다. 의미 있는 삶의 윤곽을 새롭게 정의하는 일은 각자의 몫이 되었다. 이 책에서 내 주장은 노동 계급 청년들이 무드 경제에서 살아가고 있다는 것이다. 이 경제에서 사람들은 노동이나 결혼, 계급 연대 같은 전통적인 통화通貨가 아니라 감정들을 자아 변형 서사로 조직하는 능력을 통해 정당성과 자기 가치를 획득할 수 있다(Hochschild 2003; Illouz 2008). 이 세대는 절제하고 과묵하며 깊이 젠더화된 자아를 요구하는 제도들 내에서 살고 일하지 않으며, 자아란 부단히 새롭게 만들어져야 하는 것—자신의 일자리나 관계와 마찬가지로—이라는 사실을 배우고 있다.

대학 진학에 실패하거나 뜻하지 않게 이혼하거나 갑자기 직종을 바꾼 사람들은 정체성을 계속 새롭게 창출해야 해서 불안감에 휩싸인다. 미국 문화에서 변화가 급속하게 진행되고 충실함이 자취를 감춤에 따라 **치료**therapy 언어와 제도—그리고 그것이 약속한 자아 변형—가 폭발적으로 증가했고(예를 들어 Bellah et al. 1985; Cushman 1996; Davis 2005; Foucault 1979; Furedi 2004; Giddens 1991; Illouz 2003, 2008; Martin 2007; Moskowitz 2001; Rieff 1987을 보라), 특정 한 해 동안 미국 성인 네 명 중 한 명이 정신 건강 문제를 호소했다("NIMH: The Numbers Count: Mental Disorders in America"). 과거에는 외적인 종교, 도덕, 고용, 젠더 관행이 전통적인 자아 양식을 구조화한 반면, 그 자리를 대체한 치료 모델은 감정과 심리 발달에 집착하는 내향적인 자아를 정립한다. 이 자아는 개별적으로 협상되고 계속 새롭게 창안된다(Bellah et al. 1985; Illouz 2008; Rieff 1987; Smith et al. 2011). '치료 서사'—사례로는 『감정적 혼란에서 명확함으로: 더 요령 있게 살기, 주저 없이 결단하기, 삶의 목적 찾기』*Emotional Chaos to Clarity: How to Live More Skillfully, Make Better Decisions, and Find Purpose in Life* 같은 베스트셀러 자조 도서나 오프라 윈프리 네트워크 등이 있다—는 새로 구축된 건강한 자아의 청사진을 제시한다.

이런 식이다. 이 서사 덕분에 사람들은 자신의 병리적 사고 방식과 행위를 발견하게 된다. 그런 다음 과거로 돌아가 이런 병리 현상의 숨겨진 원천을 찾는다. 그러고는 타인들과 의사소통하면서 겪은 고통의 이야기에 목소리를 부여한다. 마지막으로 해방되고 독립적인 자아를 형성함으로써 과거를 극복한다(Illouz 2003).[20] 이렇듯 치료 자아는 내면을 향하며 심리적·감정적 성장에 집착한다. 이 자아는 유연한 경제와 포스트전통 사회 세계가 초래한 유동성과 불확실성으로 둘러싸인 삶에 의미와 질서를 부여하는 핵심적인 문화 자원이 되었다(Bellah et al. 1985; Giddens 1991; Illouz 2008; Silva 2012).

이를 특별히 잘 드러내 주는 미국 대중 문화 사례를 골라보자. 『먹고 기도하고 사랑하라: 모든 것을 찾기 위해 이탈리아, 인도, 인도네시아를 여행한 여자』*Eat, Pray, Love: One Woman's Search for Everything Across Italy, India and Indonesia*는 2006년 출간된 엘리자베스 길버트의 회고록으로, 심리 치유 및 자아 변형 과정을 기록하고 있다.[21] 이 책에서 서른두 살 주인공은 결혼 생활도 불행하고 일에서도 정체되어 있다고 느껴 자아 발견을 꾀하고자 이혼과 세계 여행을 결심한다. "발리에서 석양을 가로질러 자유롭게"(Gilbert 2006: 260) 오토바이를 타고 달리던 길버트는 이렇게 선언한다. "행복은 각자가 기울인 노력의 결과다. 당신은 행복을 얻고자 싸우고 분투하며 요구한다. 때로는 행복을 찾기 위해 전 세계를 여행하기도 한다. 자신의 축복을 드러내고자 끊임없이 힘써야 한다. 행복한 상태에 도달하더라도 부지런히 유지해야 한다. 행복이라는 수면 위로 올라가기 위해 계속 헤엄쳐 올라가야 한다." 길버트는 이런 열정적인 호소로 유동적이며 심리적·감정적 성장에 매진하는 자아를 표명하고 옹호한다. 이 이야기에 따르면 그녀는 결혼 생활을 유지하거나 경력을 쌓았기 때문이 아니라 과거의 불행을 극복하고 자아를 변형했기 때문에 의미 있고 일관된 성인의 삶을 꾸릴 수 있었다.

삶의 조건들을 정의해 주는 치료 언어 덕분에 획득하게 되는 자유는 분명 중요하다. 길버트 같은 여성의 경우가 특히 그렇다. 그녀는 이 자유를 이용해 불만족스럽던 일을 그만두었고, 불행한 결혼 생활에 마침표를 찍었으며, 자기 식으로 정의한 감정적·심리적 만족감을 획득했다(Illouz 1997, 2008; Stein 2011). 하지만 노동 시장에서 새로운 자유가 생겨나더라도 이 시장의 수요가 요구하는 기술과 지식을 갖춘 사람에게만 유리하듯, 치료가 가져다주는 자유 역시 불평등하게 분배된다. 관련 문헌들은 치료적 자아 서사를 성공적으로 창출하려면 계급에 기반한 '연장 세트'tool kit가 필요할 수도 있다고 설명한다(Swidler 1986). 그런데 노동 계급은 언어 능력과 감정 표현, 물질 자원 등으로 구성된 이 연장들을 이용할 수 없다(Giddens 1991; Illouz 2008).[22] 사회 불평등과 문화, 감정을 다룬 획기적인 저작에서 에바 일루즈는 이렇게 설명했다. "노동 계급의 삶에는 치료적인 감정·언어 기술과 하비투스가 없다. 노동 계급 남성의 일터에서는 그것들이 별로 통용되지 않기 때문이다.…… 블루 칼라 노동은 용감함, 강인함, 과묵함을 강조하는 에토스를 동원한다"(Illouz 2008: 235). 달리 말해 사회 구조 내에서 차지하는 자리―그리고 그 자리를 유지하는 일상적인 언어 기술, 구체화된 관행, 상호작용―에 따라 감정을 느끼고 표현하는 역량도 상이하게 형성되며, 그런 다음에는 이 역량이 자연스러운 것인 양 경험된다(Collins 2004;

Goffman 1959; Hochschild 1995; Illouz 2007; Williams 1977). 감정들은 우리 안에서 살아가지만 반대로 우리 역시 특수한 무드로 채색된 상황 속에서 특정 범위의 감정을 느끼고 행동하며 살아간다.[23] 일루즈의 연구에 따르면 노동 계급 남성이 노동하고 살아가는 경제에서 치료 언어와 표현은 중요하지 않은 것, 상상할 수 없는 것, 느낄 수 없는 것이다. 조립 라인을 앞에 두고 감정을 드러내 봤자 득보다 실만 많다. 하지만 오늘날 세계에서는 감정 표현과 심리적 성장이 웰빙(사회적·문화적으로 정의된)의 핵심 요소가 되었다. 구조 탓에 노동 계급 성원이 웰빙에 이르는 역량을 갖추기가 어렵다면(Illouz 2008: 235), 물질 자원에 더해 감정들도 사회 불평등을 재생산하는 데 깊이 연루되어 있다고 할 수 있다.

노동 계급 남녀가 자아의 층위에서 성인기를 어떻게 경험하는지 알아보기 시작한 뒤 나는 노동 계급 정보 제공자들이 치료 욕구, 욕망, 감정적 고통, 자아 성장 등의 언어를 유창하게 구사하는 것을 보고 굉장히 놀랐다. 이들은 의식하지 못한 채 혹은 의심 없이 이 언어를 사용했고, 이를 통해 과거에 경험한 실패의 숨겨진 뿌리와 앞으로의 주된 목표를 설명했다. 주의력 결핍 장애를 관리하는 전략을 짜려고 자조 도서를 탐독하건, 중독자 모임에 성실하게 참석하건, 예술로 자기를 표현하는 법을 배우건, 오프라 윈프리가 제안한 강박 신경 장애 모임에 참여하건, 포르노 중독에 빠져 있음을 받아들이건 포스트 산업 계급 남성—그리고 여성—은 한두 세대 위의 노동 계급과는 굉장히 다른 방식으로 [경험을] 이야기한다. 산업 노동 계급을 다룬 이

전 연구들은 고된 노동, 사회 연대, 가족 등이 의미와 존엄의 원천이라 설명했지만(Lamont 2000), 이런 것들은 감정에 기반을 둔 포괄적인 자아 관리 문화로 인해 많이 퇴색해 버렸다.

포스트산업 노동 계급 세대가 보기에 성인이 되는 경험을 정의하는 것은 블루 칼라 일자리가 아니라 그 일자리가 사라지면서 생겨난 유동성과 유연성이다. 노동 계급 청년 남녀는 감정적 고통을 성인기의 새로운 통화로 이용한다. 이들은 자아가 겪은 고통을 관리함으로써 존엄과 성인다운 사람이 되고 있다는 감각을 획득한다. 이 모델은 청년들의 일상적인 상호작용 도처에 스며들어 있고, 학교 심리학자,* 가족 상담 서비스, 서비스 경제, 자조 문헌, 온라인 지지 그룹, 중독 치료 그룹, 의료 시험, 심지어 「오프라 윈프리 쇼」 같은 토크쇼 등을 통해서도 전파된다(Black 2009; Hochschild 2003; Illouz 2003; Imber 2004; Nolan 1998).[24]

무드 경제는 자아다움, 불평등, 감정이 맺는 관계에서 일어난 극적인 변형을 분명하게 보여 준다. 노동 계급 청년들은 감정에 기반한 자아 관리가 행복의 열쇠라고 이해한다. 그런데 그러다 보니 가족의 과거사를 부각하게 되어 시장이 현재 행사하는 형성력shaping power을 시야에서 놓친다. 완다처럼 많은 사람이 결단력을 가지고 자아를 변형하는 데—중독을 극복하고 저축하고 관계 문제를 해결하는 등의—실패한 가족이나 친구를 상대로 가혹하게 선을

---

* 교육심리학을 전공하고 학생과 교사를 상대로 상담 및 심리 치료를 제공하는 심리학자를 뜻한다.

굿는다. 신자유주의가 청년들에게 혼자 힘으로 경제적 성공을 책임져야 한다고 가르치듯, 무드 경제는 이들이 감정적 운명을 스스로 책임지게 만든다. 치료 에토스를 미국의 영원한 문화적 수사인 자수성가 및 종교적인 구원 서사와 엮는 무드 경제는 자립, 진보, 성공을 개인의 성격이나 영혼 영역에서 심리 영역으로 옮겨 놓는다(Illouz 2007). 간단히 말해 무드 경제는 행복을 사유화한다는 점에서 신자유주의와 아주 잘 들어맞는다.

자아의 착취

그런데 무드 경제는 행복을 가져다준다는 약속—존엄과 자기 가치를 확보해 새롭고 개인주의적이며 감정에 기반한 안정된 결말에 이르리라는—을 지키고 있을까? 많은 경우 그렇지 않다는 것이 이 책에서 밝혀진 비극 중 하나다. 퍼트리샤 이위크와 수전 실비가 설명하듯 실제로 "우리가 당하는 억압을 말로 표현하는 과정에서 그 이야기(혹은 이야기하면서 우리가 문화적으로 이용할 수 있는 것들)가 우리에게 족쇄를 채울 가능성이 크다"(Ewick & Silbey 1995: 212). 주방위군National Guard* 으로 복무하는 스물여섯 살 남성 롭의 이야기는 무드 경제가 거짓 약속을 남발한다는 사실을 드러내 준다. 롭의 아버지는 취한 상태로 나

---

* 미국 육군의 예비 병력 중 하나다. 미국의 50개 주 및 워싱턴 D.C., 괌, 버진아일랜드, 준주인 푸에르토리코까지 총 54개 지역에 주둔해 있다. 지역 민병대로 기능하지만 연방정부의 관할에도 포함되어 있어 이중 지휘 체계에 속한다고 할 수 있다.

이 든 여성을 폭행한 죄로 8년째 복역 중이며, 그는 아버지의 행태에 깊은 부끄러움과 분노를 느낀다. 그와 여동생이 어렸을 때 어머니는 양육권을 잃었고 그 뒤 할머니가 이들을 키웠다. 나는 롭의 인터뷰 녹취록을 확인하면서 놀라움을 느꼈는데, 그가 일과 교육, 돈에 관한 질문에는 몇 마디로만 대답한 반면 가족에 관해서는 번번이 한 쪽이 넘어갈 정도로 많은 이야기를 들려주었기 때문이다. 내가 묻지도 않았는데 롭은 가족이 겪은 혼란과 괴로움이라는 주제를 언급했고, 그 과정에서 이 문제들이 그가 스스로를 이해하는 방식에 얼마나 큰 영향을 미쳤는지 확인할 수 있었다.

아버지와 모든 면에서 다른 남자가 되는 것이 롭의 주된 목표다. 그는 술을 마시거나 약을 한 적이 한 번도 없다. 또 부대 동료 몇 명은 그가 위험에 처한 여성을 구하기 위해서라면 일말의 망설임도 없이 목숨까지 걸 사람이라고 말하기도 했다. 롭은 이렇게 설명했다. "아빠와 저는 기질이 비슷해요. 취미도 비슷하죠. 저랑 엄마도 그렇지만요. 어쨌든 저는 아빠와 비슷한 기질을 가졌고, 술을 안 마시는 것도 그 때문이에요. 아빠가 취해서 누군가를 두들겨 패는 걸 본 적이 있어요. 그때 나는 절대 저런 짓을 하지 말자고 다짐했어요." 이렇게 그는 자기 이야기를 고통과 자아 실현 이야기로 구축했다. 고통스러웠던 과거 경험을 자신만의 자아 서사를 구성하는 요소로 활용한 것이다. 롭은 자신이 구원받았다고 느낀다. 아버지에게 물려받은 "기질"을 억누르고 도덕적인 개인으로 성장했기 때문이다. 풀타임 일자리를 구하지 못했고 지속적인 관계도 맺지 못했지만 말이다. 그런데 그의 말에 따르면 롭의 성인 자아는 여전히 불완전하다. 자기가 가장 중요하게 생각하는 사람인 의붓아버지에게 개인적인 승리를 보여 주지도 확인받지도 못했기 때문이다.

실바 (인터뷰 막바지에) 인생 얘기 중에서 빠뜨린 게 있나요? 당신이 성인이 될 수 있게 해 준 것들과 관련해서요.

롭 거의 다 말한 것 같아요…… 아빠가 알코올 중독에다 학대를 일삼았다는 얘기는 이미 했죠. 엄마는 한동안 참고 지내다가 아빠와 헤어졌고 저는 엄마랑 살았어요. 엄마는 교도소에서 나온 남자와 사귀었죠. 친아빠보다 더 아버지 같은 분이었어요. 열여덟 살 때까지 그분이 제 삶에서 아주 큰 부분을 차지했어요. 그분은 돌아가셨어요. 정말 슬펐죠. 그분이 친아빠보다 더 아버지 같다는 걸 그전에는 실감하지 못했어요. 그리고 그분은 제가 입대하기 전인 열여섯 살 때 돌아가셨어요. 지금도 그분이 제가 어떤 사람이 됐는지 볼 수 있으면 좋겠어요. 저는 무신론자라서 그분이 천국에서 저를 지켜보고 있을 거라 생각하지는 않아요. 죽으면 끝이죠. 끝이 아닌 다른 곳이 있으면 좋겠지만 그렇지는 않을 것 같아요. 제가 어떤 사람이 됐는지 볼 수 있으면 좋겠어요. 아빠는 볼 수 있죠. 하지만 아빠는 자기가 제 삶의 일부가 되는 걸 바라지 않아요. 그래서 서로 좀 껄끄러워요.

더 곤란한 점은 롭이 여동생과의 관계 때문에 괴로움을 느끼고 있다는 것이다. 여동생도 그가 심혈을 기울여 계획한 성장기 여정을 따르지 않은 가족 구성원이다.

어렸을 때 약속했어요. 엄마 아빠 같은 사람은 결코 되지 말자고요. 그런데 아빠가 우리한테 관심을 끊자마자 걔는 부모님처럼 되어 버렸어요. 담배를 피우고 술을 마시고 약을 하고, 열다섯 살이었는데 여러 사람과 섹스도 하고 말예요. '뭐 하는 거야 이 바보야, 약속했으면 지켜야지' 싶죠. 열여덟 살 때 한 약속이어도 무시하면 안 되는 거잖아요. 그리고 제가 아주 많은 걸 요구하는 것도 아니에요. 저도 하고 있는 것들인데요 뭐. 저도 못 하는 일을 하라는 게 아니잖아요. 예전에는 둘이 정말 가까웠어요. 제 체구가 작아서 저희를 쌍둥이로 오해한 사람도 많았어요…… 동생을 지키려고 싸움도 많이 했죠. 정말 가까웠는데 걔가 변하기 시작했어요. 동생은 어린 시절의 서약을 깨뜨렸어요. 저한테는 신성한 서약이었어요. 그런데 걔는 그게 별로 안 중요하대요. 그러고는 자기 맘대로 살고 있어요. 그것 때문에 정말로, 정말로 화가 나요.

롭은 자아 실현과 변형의 여정을 동생과 공유할 수 있으리라 믿었고 신성하게 여긴 약속을 지켰다. 동생이 다른 길—그의 길과 조화를 이룰 수 없는—을 택하자 그의 마음에는 괴로움과 당혹감이 가득 찼다. 결국 롭은 자신이 구원을 추구하지만 홀로 그 과정을 겪어야 한다는 것을 깨닫고 있다. 자신의 삶이 가치 있음을 입증해 줄 사람이 자기 외에는 없는 것이다. 많은 노동 계급 청년처럼 롭은 무드 경제라는 덫에 걸려 있다. 의지할 사람이라곤 자기밖에 없는 세상에서 자신의 증인이 되어 줄 사람이 생기기를 간절히 바라면서. 그러니 무드 경제는 노동 시장이 자행하는 착취를 재생산한다. 롭은 자아를 관리하고 변형하고자 감정을 '가동'시키지만, 그에게 돌아온 것이라곤 좌절과 배신뿐이다.

이 책의 개요

이 책은 브랜든, 다이애너, 완다, 롭 같은 청년이 성인이 되는 과정에서 겪는 매우 현실적인 고통을 다룬다. 네 청년은 인종과 젠더, 가정 환경이 제각각이고 사는 지역도 다르지만, 모두 안정된 결말 따위는 존재하지 않는 세계를 살아가면서 성인기—그 핵심에는 존엄을 확보하고 진보를 이루었다는 감각이 있다—를 새롭게 형성하고자 고투하고 있다. 노동 계급의 성인기가 변형되었음을 설명하기 위해 2장에서는 우선 안정되고 예측 가능한 성인의 삶을 창출하려는 이들의 노력을 틀 짓는, 그리고 여러 면에서 그 노력에 반해 작용하는 다양한 사회적·문화적 힘을 캐물을 것이다. 임시직 일자리를 오가고, 학자금 지원 신청서를 작성할 줄 몰라 대학을 중퇴하며, 생존하기 위해 신용카드로 연명하고, 안정적인 임금과 반복되는 일상이 필요해 자포자기 심정으로 입대하는 등의 사례를 살피면서 노동 계급 남녀가 성인이 되는 과정에서 어떻게 그리고 왜 당혹감과 혼란스러움, 무력감을 느끼는지 드러낼 것이다. 특히 나는 이들이 고수하는 덧없는 아메리칸 드림을 강조할 텐데, 이런 경향은 노동과 가족이 경합하며 제기하는 요구들 사이에서 균형을 유지하려 노력하는 여성, 아프리카계 미국인, 젊은 부모에게서 더 두드러지게 나타난다.

3장에서는 공적 영역에서 사적 영역으로 시선을 옮긴다. 각종 혜택과 노동조합이 보장되는 안정된 일자리가 사라지고 불안정하고 임금도 형편없는 서비스 일자리가 득세함에 따라 결혼 생활을 유지하기가 어려워지고, 불신이 커지며, 심지어는 친밀한 관계가 두려움을 불러일으키는 상황을 살펴볼 것이다. 헌신은 시장이 초래하는 외적 리스크를 막아 주는 울타리가 아니라 포스트산업 사회의 노동력을 짓누르는 과도한 부담에 추가된 또 하나의 요구 사항이 되었다. 나는 노동 계급의 친밀한 삶이 어떻게 자아 실현과 의사소통, 성취—이것들은 물질·문화 자원을 요구하는데 이 자원들은 공급 부족 상태다—를 우선시하는 치료적 관계 모델의 등장으로 한층 위협받는지 설명할 것이다. 아이들은 희망과 헌신의 최후 보루를 상징한다. 하지만 젊은 부모의 삶을 틀 짓는 제도들은 아이에게 안정된 삶을 안겨 주고자 하는 이들의 노력을 가로막는다. 2~3장은 성인기의 전통적 지표였던 고용, 독립, 결혼, 졸업, 육아 등이 불가능해지고 심지어는 바람직하지도 않게 된 상황을 조명한다.

　　4장에서는 성인기로의 이행을 다룬 선행 연구들을 넘어 다음과 같은 질문들을 던진다. 포스트산업 경제에서 노동 계급이 된다는 것은 무엇을 뜻하는가? 청년들은 어떤 상징적 경계들을 기준으로 훌륭한 성인과 그렇지 않은 성인을 가르는가? 특히 나는 사회 안전망 및 타인과 맺는 연대의 가장 큰 수혜자가 될 청년들이 그토록 열렬히 신자유주의 이상—제약받지 않는 개인주의와 자립—에 매달리는 이유를 살필 것이다. 노동 계급 청년들은 제도에 의해 거듭 당혹감과 배신을 경험하며, 타인에게 의존하려면 막대한 비용을 감수해야 한다는 것을 배운다. 청년들은 노동시장에서 '유연'해지는 법, 즉 단기적인 헌신과 환멸을 관리하는 법을 배우는 한편 자신을 둘러싼 세계에는 '경직'된 태도를 취한다. 이들이 안정된 일자리와 안전한 미래를 얻고자 싸우면서 다른 사람을 경쟁자로 바라볼 때 이 '경직됨'은 젠더와 인종의 선을 따라 특히 심해진다.

5장에서는 청년들이 성인이 되는 혼란스러운 경험에 의미, 질서, 진보를 부여하는 새로운 방식을 연구한다. 노동계급 정체성을 다룬 이전 연구들의 주장과 달리 내 연구의 응답자 다수가 치료적 자아 모델을, 즉 심리적 발전에 몰두하는 내향적 자아 모델을 수용하고 있었다(Silva 2012를 보라). (재활 기관, 지지 그룹, 사회 복지사와 심리학자, 위탁 보호를 통해) 국가와, (토크쇼, 인터넷 블로그, 자조 도서를 통해) 미디어와, (병원, 무료 약물 시험free drug trial을 통해) 의료 분야와 상호작용하면서 청년들은 노력을 통해 부정적인 생각과 감정, 행동을 자기 힘으로 통제할 정도가 되어야 행복해질 수 있음을 반복해 배운다. 나는 무드 경제라는 개념을 이용해 노동 계급 남녀가 치료 서사의 영향을 받아 훌륭한 성인이란 고통스러운 가족사를 극복한 사람이라고 재정의하게 되었음을 밝힐 것이다. 하지만 이는 또 자아를 성공과 행복, 웰빙에 이르지 못하게 막는 가장 큰 장애물로 변형하며, 결국 이 청년들이 성공할 의지가 없는 사람들과 자신 사이에 가혹하게 경계선을 긋도록 만든다.

결론 장에서는 내가 리스크의 '감춰진 상처'라 부르는 것을 성찰할 것이다. 이들 남녀가 성인이 되는 이야기를 틀 짓는 현재의 경제·정치·문화 체계는 수준 미달coming up short 상태며, 이들을 무력하고 불신으로 가득하며 상호 의존을 적대시하는 존재로 만든다. 21세기 성인기의 원천, 결과, 의미를 이해해야만 우리는 노동 계급 청년의 미래를 새로 쓸 수 있다.

2장
현재라는 감옥에 갇힌 사람들
성인기에 이르는 길을 가로막는 장애물들

제일런은 스물네 살 흑인 남성이다. 일상은 불안으로 가득하지만 싱거운 농담과 잘 웃는 성격 때문에 티가 별로 안 난다. 그는 일자리를 찾아 이곳저곳 옮겨 다닌 어머니를 따라 버지니아, 노스캐롤라이나, 버몬트, 메인 등 동부 여러 지역에서 자랐다. "제가 어디서 자랐다고 콕 집어 말하기가 어렵네요." 최근 제일런은 야구 시즌에 지역 야구장에서 야간 경비원으로 일하고자 매사추세츠주의 한 도시(주민 대부분이 흑인인)에 살고 있는 이모 부부의 집 지하로 이사했다. 그는 아버지를 만난 적이 없고 중서부의 트랙터 회사에서 일한다는 얘기만 들었다. 형은 감옥에 있다고 했다. 하지만 내가 걱정하는 표정을 짓자 대수롭지 않은 듯 말했다. "괜찮아요. 살아 있는 것만으로도 다행이죠."

뒤쪽으로 그늘이 드리운 피크닉 의자에 앉아―그가 무덤덤하게 "이모는 백인 여자애를 집에 데려오지 못하게 했어요"라고 말한 것이 귓가를 맴돈다―제일런은 피로감에 젖어 24년간 자신을 속인 성장담을 들려주었다. 나는 성인기란 안정된 결말로 마무리되는 여정이라는 머릿속 생각을 무심결에 질문에 담은 채 이렇게 물었다. "어렸을 때 커서 어떤 사람이 되고 싶다고 생각하곤 했나요?" 현재의 삶이 어릴 적 꿈과 멀리 떨어져 있어 실망스러운지 알아보기 위해서였다. 그는 "아니요, 잘 모르겠어요. 여전히 잘 모르겠어요"라고 대답했다. 나는 더 밀어붙이면서 "그럼 고등학교 때는 생각해 본 적 있어요? 아니면 생각해 본 적이 없는 건가요?"라고 물었다. 그가 웃으며 말했다. "생각해 본 적이 없어요." 나는 흔들림 없이 계속 물었다. "대학 갈 생각은 해 봤어요? 아니면 고등학교 졸업 후에 일자리를 구할 생각은요?" 그는 어깨를 으쓱하고는 고개를 가로저었다. "저한테 대학은 가당치도 않다는 걸 알고 있었어요. 형편도 안 되고 똑똑하지도 않고 배울 만한 전공도 없었거든요. 지금도 그래요(웃음). 그랬던 거죠. 대학은 선택지가 아니었어요."

고등학교 졸업후한 뒤 제일런은 대학 대신 해병대를 택했다.

졸업 파티에 가던 중에 문득 정말 졸업했다는 걸 실감했어요. 노스캐롤라이나에 살던 친한 친구 하나가 전화를 했는데 받아 보니 지금 대체 뭘 하고 있느냐고 하더라고요. 나도 모르겠다고 답했죠. 앞으로 알게 되지 않겠느냐고, 우선은 취직할 거라고 했더니 걔가 자기는 해병대에 입대할 거라는 거예요. 저는 해병대가 뭐 하는 곳인지도 몰랐어요. 뭐가 뭔지 몰랐던 거죠. 그래서 "나도 가지 뭐" 이랬고, 그렇게 입대하게 됐어요. 정말 아무것도 몰랐어요. 그냥 입대했던 거예요. 전쟁 중인 것도 몰랐어요. 그 정도로 주변에서 무슨 일이 일어나고 있는지 몰랐죠.

제일런은 무선병으로 보병 순찰대와 함께 아프가니스 탄에 세 차례 파병되었다. 하루하루 돌아가는 일상이 처음에는 무서웠지만 이내 놀랄 만큼 편안함을 느낀("제가 하는 모든 일이 안전하게 느껴졌어요") 그는 5년간 복무한 뒤 명예 전역했다.

제일런은 능력주의, 자립, 결단력 등의 언어를 구사하면서 마음만 먹으면 어렵지 않게 "진짜 어른"—"일자리가 있고 할부로 집과 자동차를 구입한 안정된 사람"—이 될 기회를 붙잡을 수 있다고 주장했다. 그는 "요즘 같은 때도 길거리에 나앉아 있는 사람을 보면 노력이 부족하다는 생각밖에 안 들어요"라고 말했다. "스스로 헤쳐 나갈 수도 있고 기술을 익힐 수도 있고 필요한 다른 뭔가를 할 수도 있겠죠. 시도해 볼 만한 일이 정말 많잖아요. 그런 걸 하면 길거리에 나앉을 필요가 없는데 말예요."

하지만 제일런은 1년 전에 명예 전역한 이래 대학에 진학해 안정된 일자리를 구하려 했으나 번번이 좌절했다. 그는 선임 하사의 조언을 듣고 마지막 아프가니스탄 파병을 마친 뒤 소방 공무원 자격 시험을 쳤다. 참전 경력이 있고 소수 민족이며 주민 자격을 갖춘 덕분에 시의 합격자 명단에 들어 소방관 교육 과정에 등록했다. 3주간의 교육을 수료하면 소방관(안정적이고 노동조합이 있으며 혜택과 연금을 포함해 급여도 괜찮은 얼마 안 남은 블루 칼라 일자리) 일을 시작할 수 있을 것만 같았다.[1] 하지만 훈련 둘째 날 마리화나 테스트에서 양성 반응이 나와 필수 과정인 약물 검사를 통과하지 못했다. 곧바로 소방관 교육 과정에서 쫓겨난 그는 어쩔 수 없이 최저 임금을 받는 서비스 일자리에 취직했다. 다시 공무원 시험을 볼 생각이 있느냐고 묻자 제일런은 이제까지와 달리 간명하게 답하지 못하고 흐트러진 모습을 보였다. 자신이 느끼는 감정을 표현할 단어를 찾으려 애쓰는 듯했다. "지금은 좀 특수한 상태인 것 같아요. 저 자신과 부딪치고 있는 중이랄까요. 그쪽 상황을 확인해 본 적이 없어 언제 교육 과정이 다시 시작되는지, 등록하려면 어떻게 해야 하는지 모르겠어요…… 주변에서 등을 떠밀긴 하는데, 그래도 제가 하고 싶은 게 뭔지 알게될 거라고 생각해요. 아직은 잘 모르겠어요."

자신에 대한 의심과 씨름하던 그는 지역의 한 커뮤니티 칼리지에 입학했다. 학교에 가기보다는 일을 하고 싶었지만 제대군인원호법GI Bill* 덕분에 장학금을 받을 수 있었고, 괜찮은 일자리를 구하려면 대학 졸업장이 필요했다. "그렇지만 대학에 가는 건 도전이었어요. 왜냐하면 저는 여전히 문법도, 글 쓰는 법도, 학업에 필요한 다른 것들도 전혀 모르거든요. 저는 그쪽에 재주가 없어요. 책이랑 가까운 편이 아니에요." 몇 분 후에 그는 2주 전에 학기가 시

---

* 정식 명칭은 Servicemen's Readjustment Act of 1944다. 제2차 세계 대전 후 제대 군인을 폭넓게 지원하기 위해 프랭클린 D. 루즈벨트가 6월 22일 서명해 발효되었다. 1956년에 무효가 되었으나 그 뒤에도 대학에 진학한 전역 군인의 교육비와 주거비 지원, 졸업후 주택 마련 자금 지원 등 참전 군인을 위한 프로그램의 명칭으로 활용되었고, 2017년 Forever GI Bill이라는 명칭으로 개정 통과되었다. 전쟁 직후 군인들이 사회로 복귀했을 때 대량 실업을 막고 사회 안정화를 도모했다는 차원에서 상당히 성공한 법안으로 평가받지만, 영리 목적의 교육 기관에 대한 재정 지원, 혜택상의 인종 차별로 비판의 대상이 되기도 했다.

작했지만 아직 교재도 못 구했다고 털어놓았다. 분노보다는 체념에 가까운 태도로 한숨을 쉬더니 이렇게 말했다.

지금 이 얼빠진 사람들[장학금 담당자] 연락을 기다리는 중이에요. 연락 담당자가 있어요. 그 사람들한테 전화를 하죠. 그러곤 6주가 넘었다고 말해요. 제 돈을 받자는 거죠. 이 사람들은 학교에는 돈을 줘도 저한테는 안 줘요. 그래서 책도 뭐도 없어요. 수업에 들어가면 강사들이 책을 펴라고 말해요. 참 나. 저는 그냥 앉아서 듣고만 있는 거죠. 전화를 걸면 자동 응답 메시지가 나와요. 장학금은 6주 후에 지급된다고요. 과제 마감일이 다가오는데 책 살 돈은 안 들어오는 상황이에요. 미치겠어요.

제일런은 야구 시즌이 끝나면 경비원 일을 그만두어야 한다는 것을 알고 있고, 또 학교에서 다음 학년으로 올라갈 가능성도 낮다고 생각한다. 그는 "다시 위험한 나라에 가서 돈을 좀 벌어야 할지" 신중하게 고려 중이다. 20대 초에 진 빚이 이자가 붙어 "자그마치 1만 8,000달러"가 된 탓에—"신용카드를 썼는데 연체가 이어지더니 이제는 아예 갚을 수도 없는 상황이 돼 버렸어요"—아이러니하게도 해병대를, 심지어는 "죽거나 불구가 되어 귀환할 수도 있다는 생각"을 일종의 안전망으로 느끼고 있다.

도달하기 어려운 성인기

오늘날 미국 법에서 성인기의 지표들은 나이에 근간을 둔다(Blatterer 2007). 거의 모든 주에서 열여덟 살이 되면 성인으로 여겨져 여러 권리(투표, 유언장 작성 및 연명 치료 여부 결정, 본인 명의의 계약 체결 및 여신 신청)와 의무(배심원, 남성의 경우 선택적 군 복무)를 얻게 된다. 그렇지만 나이가 유일하고도 가장 두드러진 기준은 아니다. 성인 지위를 온전히 누리려면 성인기의 사회적 지표라고들 인정하는 "일련의 실질적인 성취와 행위 목록"이 필요하다. 성인이라면 부모 품을 떠나고, 안정된 일자리를 구하고, 결혼하고, 부모가 되고, 재정상 독립해야 하는 것이다(Pilcher 1995: 86, Blatterer 2007에서 재인용).

스물네 살 청년 제일런은 이 지표 중 어느 것도 달성하지 못했다. 이모 부부와 함께 살고 있고, 저임금 임시직을 오가고 있으며, 대학 수업 교재를 살 돈도 없고, 결혼해 부모가 되는 건 "가당치도 않은" 일이라며 꿈도 꾸지 않고 있다. 성인기라는 말은 진보 및 안정되고 예측 가능한 결말이라는 의미를 함축한다. 하지만 제일런은 가족 해체, 불안한 노동 시장, 힘 있는 제도들이 안긴 혼란스러움과 불편함을 경험했다. 그래서 그는 성장을 멈췄다고 느끼며 미래를 경계한다. 자기 자신과 "부딪치고 있는 중"이라는 제일런의 설명은 그가 편안함을 느끼고 실제로 이용할 수 있는 길과 그를 '성인기'로 이끄는 길이 깊이 단절되어 있음을 시사한다.

제일런은 결코 특이한 사례가 아니다. 나와 인터뷰한 노동 계급 청년 100명 중에서 결혼해 배우자와 함께 살면서 자녀까지 둔 사람은 열네 명에 불과했고, 그렇다고 이들의 일자리가 모두 안정적인 것도 아니었다. 반면 전체의 3분의 1이 부모 아니면 가족 중 연장자와 함께 살고 있었다. 아이가 있는 응답자는 스물일곱 명이었지만 결혼한 이는 그중 반도 안 됐다. 다섯 명은 이미 이혼한 상태였다. 이런 수치가 일러 주듯 성인기로의 이행 및 성인기 그 자체가 지연되고 있고 불안정하다. 성인이 된다는 것은 다시 이전 상태로 돌아갈 수도 있는 일, 때로는 그저 불가능한 일이 되었다(Berlin, Furstenberg & Waters 2010을 보라). 경제적 불안과 사회적 불확실이라는 밀물이 종래의 성인기 지표들을 완전히 휩쓸어 버린 것이다. 그리하여 성인이 되는 과정은 종착지가 보이지 않는 불안정한 여정이 되었다.

이 장에서 나는 변화 중인 성인기 세계를 청년 남녀가 어떻게 경험하고 있는지 살펴볼 것이다. 청년들 자신의 설명을 통해 안정되고 예측 가능한 성인의 삶을 창출하고자 하는 이들의 노력을 틀 짓고 또 그 노력에 반해 작용하는 다양한 사회적·문화적 힘을 설명하려 한다. 노동 시장의 유동성, 일과 가족 사이에서 빚어지는 긴장, 인종과 젠더에 따른 차별, 리스크 부담이 초래하는 끝없는 압박감 등은 뚫고 들어가기가 거의 불가능한 벽처럼 굳어져 청년들이 앞으로 나아갈 수 없도록 가로막으며, 따라서 종종 (겉보기에는) 입대만이 계층 상승의 수단이 된다. 노동 계급 청년들은 자신이 "현재라는 감옥에 갇힌" 처지라 그 어떤 유의미한 방법으로도 삶을 개선할 수 없다고 생각한다(Sennett 1998: 91, 강조는 추가). 노동 계급 청년들은 고등 교육 기관 같은 조직이 사회 통합과 계층 상승에 이바지하리라 기대하지만, 상호작용 실패를 연달아 경험하고는 자신의 미래를 빚는 바로 그 제도들을 불신하고 경계하게 된다. 일자리를 구할 수 있을지 확신할 수 없고 가족 관계는 깨지기 쉬우며 사회 안전망이 축소되고 미래가 불확실한 시대에 성인이 되는 것은 선택지가 없음을 받아들이는 과정이다.

시장이 무력하게 만든 청년들

내 인터뷰 녹취록들은 '평생 일터'—생활 임금을 지급하고 차로 출퇴근할 수 있으며 일상적 삶에 의미를 부여해 주는 안정되고 예측 가능한 일자리—를 찾고 유지하려는 노력으로 가득 차 있다. 실업 상태건 소방관이나 간호사처럼 안정된 일자리를 잡는 데 '성공'했건 모든 인터뷰의 녹취록이 그렇다. 공장 노동자든 경찰이든 전통적인 블루 칼라 일자리는 점점 부족해지고 있고, 경쟁도 치열해지고 있으며, 노동 시장 '유연성'을 최우선시하는 전 지구적인 선진 기술 자본주의 탓에 점점 사라지고 있다(Beck 2000). 그 결과 포스트산업 세대는 유동성과 우발성을 끊임없이 해결하도록 강요받으며, 자신이 고장 나 버렸다고 느낄 때까지 노동 시장의 요구에 굴복 및 적응하고 있다.

스물여섯 살 백인 남성 롭의 사례를 보자. 나는 매사추세츠 주방위군 주말 훈련장에서 조사를 진행하던 중에 그를 만났다. 그의 첫 일자리는 어머니도 일했던 한 제지 회사 공장이었다. 이 회사는 공장을 폐쇄하고 낮은 생산비를 찾아 해외로 이전했다. 직업 고등학교를 졸업한 뒤 그는 금속 전공을 살려 기계공으로 경력을 쌓기로 마음먹었다. "목재와 금속을 가지고 일하는 게 정말 좋았어요. 제조 기술이나 금속을 가지고 일하는 거, 이런 걸 무척 좋아했죠."

하지만 고등학교를 졸업하고 노동 시장에 진입하고자 한 지 얼마 지나지 않아 롭은 자신이 익힌 기술이 무용지물임을 깨달았다.

저는 학교에서 수공업 공구로 배운 마지막 세대예요. 요즘 학생들은 컴퓨터 수치 제어CNC 기계 프로그램을 써요. 컴퓨터로 부품을 그리고 기계에 연결하면 기계가 잘라 내는 거죠…… 저는 이 기술을 배운 적이 없어요. 학교에서 저 프로그램을 들이기 전 세대거든요. 그리고 CNC를 쓸 줄 모르면서 기계공으로 일자리를 구하려면 5년 정도는 경력이 있어야 돼요. 제 기술은 아무 쓸모도 없는 셈이죠.

롭은 지난 5년 이상 목재를 쌓는 일, 원목 마루를 까는 일, 조경, 오토바이 공장에서 쇳물을 붓는 일을 해 왔다. 고등학교를 졸업한 이래 한 번도 끊기지 않았던 유일한 수입원은 주방위군 임금이었고, 최근에는 두 번째 아프가니스탄 파병을 마치고 18개월 만에 귀환했다. 현재 실업 상태인 그는 구인 광고를 보면서 여러 "가능성"을 좇고 있지만, 늘 자신이 경쟁에서 뒤처져 있다고 느낀다. "어제도 한 군데 지원했어요. 자동차 부품 같은 것들을 운송하는 차량 운전사인데, 주 4.5일 근무에 시간당 14달러짜리였어요. 저는 하루 늦게 지원했는데 그사이에 자리가 찼대요." 롭은 요즘 자신이 처한 상황을 돌아보면서 미래에 대한 극도의 절망감을 표출했다(내 인터뷰 대상의 절반 이상이 같은 감정을 공유하고 있었다).

다른 일자리를 찾고 있어요. 저는 직장이 없어요. 차는 고장 났고요. 차는 망가졌고 일자리나 다른 수입원도 없고, [군사—실바] 훈련으로 월 400~500달러 정도가 들어오는데 뭘 할 수 있겠어요. 월 500달러로는 살 수가 없어요. 차는 또 어떻게 고치고요. 월 500달러로는 돈을 모을 수가 없어요. 공과금 내면 땡이에요. 아파트 첫 달과 마지막 달 월세 낼 돈도 없고 차도 없으니 일자리를 찾으러 다닐 수가 없어요. 이게 뭔가 싶죠. 이 상황을 끝내고 싶어요. 당장이라도 이라크에 가야 할 것 같아요. 2주 전에 갔으면 벌써 주급을 받았겠네요!

"성장하면서 무엇이 제일 힘들었는지" 묻자 롭은 이렇게 답했다. "제대로 되는 일이 하나도 없었어요. 뭔가 될 것 같으면서도 안 되고 다른 일을 알아보는 과정의 연속이었죠." 단기간과 유연함을 신봉하는 경제에서 롭은 성인의 삶을 개시할 단단한 기반을 필사적으로 찾고 있다. 제일런처럼 그도 이라크에서 1년간 수송차를 운전해 안정되고 예측 가능한 삶을 꾸리기를 갈망한다.

포위된 가족

내가 인터뷰한 남녀 중 탄력성을 발휘하고 가족을 포함한 갖가지 의무에서 자유로운 이들만이 경쟁적이고 혼란스러운 노동 시장에서 살아남을 수 있었다. 이를 분명하게 보여 주는 사례가 샌디와 코디다. 두 사람은 20대 후반의 백인 커플로, 초대를 받아 간 이들의 집은 매사추세츠주 교외에 자리 잡은 저소득층용 임대 아파트였다. 두 사람은 저녁을 만들고, 아이들 숙제를 봐 주고, 아이가 다음 날 학교에 입고 갈 옷을 빨고, 샌디 아버지가 벽장을 세탁실로 바꾸는 일(샌디는 구청에서 알면 큰일 난다고 장난스레 말했다)을 돕느라 바쁜 와중에 인터뷰에 응해 주었다. 집에서 만든 치킨 수프가 담긴 냄비를 식탁 테이블에 놓고 커피 잔에 덜어 먹는 동안 두 사람은 샌디가 대학 첫 학기에 갑자기 임신하는 바람에 10대 후반에 결혼했다는 이야기를 들려주었다. 9년이 지난 지금은 아이가 셋이다. 맏딸인 라일리는 열 살이고 아래로 여섯 살과 세 살인 티머시와 에이든이 있다. 활발하고 외향적인 두 아들은 소파 사이를 뛰어다니고 만화책을 봤다. 라일리는 거실에서 책을 펴놓고 숙제하는 척하면서 텔레비전을 흘끔거렸다. 라일리가 참지 못하고 웃음을 터뜨리자 코디는 "엄마 아빠는 숙제하라고 했어요"라고 쓴 쪽지를 선생님에게 보낼 거라고 경고했지만, 코디와 샌디 모두 미소 지으며 딸의 영리함에 신통해하고 있었다. 그러다 어느 순간 샌디가 애정 어리고도 가슴 아픈 어조로 이렇게 털어놓았다. "선생님들은 다 라일리가 영특하대요. 개성이 뚜렷하다네요. 그런데 하기 싫으면 숙제를 안 해요. 얘는 책 읽기 특수반에 들어가야 해요. 학교는 좋아하는데 책 읽기에 문제가 있거든요."

몇 분 후에는 명랑하던 말투가 가셨다. 두 사람이 소리 죽여 말하길 코디가 자동차 정비사로 버는 수입과 샌디가 40분 거리에 있는 작은 식당에서 점심 시간에 일하고 받는 팁으로 겨우겨우 살아가고 있다는 것이었다. 코디는 걱정이 컸다.

주택 담보 대출 상환금이 3개월이나 연체 중이고 버라이즌[미국의 이동 통신 업체]에서는 저희한테 800달러 빚이 있대요. 난방비는 1,100달러예요. 확실히 지금이 저희한테는 위기예요. 저는 3개월마다 보너스를 받는데 대출금 갚는 데 쓰려고 일부를 모아 뒀어요. 그게 900달러 정도 되지만 대출금은 1,000달러나 돼요. 거기다 전기세와 전화비도 있고요.

샌디가 더 많이 일하거나 생활비가 덜 드는 도시로 이사 가야 하는 것 아니냐고 충고할 수도 있겠지만 두 사람은 이 방안을 이미 시도해 봤다고 한다. 라일리가 태어났을 때 집세를 아끼려 같은 주의 시골 지역으로 내려가 침대 하나짜리 트레일러에서 지냈고, 샌디의 여동생인 레이시에게 같이 살면서 월세를 나눠 내자고 제안하기도 했다는 것이다. 그사이 샌디는 보스턴에서 진행되는 생명 의료 자격증 과정이 저소득층 기혼 여성에게 무료라는 소식을 듣고 등록했다. 이 과정을 이수한 후 수입이 늘기를 꿈꿨지만 주변에는 그 자격증을 활용할 일자리가 없다는 것을 곧 알게 되었다. 설상가상으로 돈 아끼자고 성인 세 명이 자동차 하나로 생활한 전략은 역효과를 낳았다.

샌디 트레일러에서 살면 돈을 많이 아낄 수 있어요. 그런데 그때 일자리를 두 번 잃었어요. 아무것도 없는 외지라 제시간에 출근하기가 힘들었거든요. 도요타 일을 잃었죠.
코디 거기다 입방정이 심한 제 성격 때문에 도요타 기회를 놓친 거예요. 시어스 백화점 일도 잃었고요.

샌디 저희가 어떻게 해도 이 사람이 지각할 수밖에 없었어요. 제 여동생이 같이 살고 있었고 걔를 데려다줘야 했거든요…… 여섯 시에 아기랑 먼저 일어나요. 준비한 다음 차를 타고 40분 가서 레이시를 출근시키고 다시 40분 운전해 코디를 일터에 데려다줬죠.

코디 그런 다음 샌디는 다시 집으로 돌아왔어요. 레이시가 두 시에 퇴근하면 샌디는 40분 거리를 운전해 데려왔죠. 다섯 시쯤 되면 다시 저를 데리러 오고요. 그러면 저는 집에 아기랑 있고 샌디는 보스턴에 있는 학교에 갔어요.

샌디 저는 생명 의료 자격증 과정을 듣고 있었어요. 수료도 했는데 문제는 탁아소 비용이랑 보스턴까지 운전하는 비용, 보스턴 주차료예요. 그곳에서 일하면 한 시간에 9달러를 벌 수 있어요. 그 먼 데까지 가도 그 정도밖에 못 버는 거죠. 자격증을 따기는 했어요. 장학금을 주는 무료 학교였고요. 학교 공부가 좋아서 다녔어요.

전통적으로 성인이 되는 경로는 깊이 젠더화되어 남성은 일하고 여성은 가사를 책임지는 노동 분업에 의존했다. 그런데 코디 혼자서는 가족을 부양할 수 없으며 샌디는 어머니와 노동자라는 두 역할로 분열되어 있다(Hays 1996). 생명 공학 분야에서 커리어를 쌓겠다는―그리고 자격증을 취득해 자긍심을 느끼고 일자리도 구하겠다는―꿈을 접은 샌디는 아이들을 학교에 보내 놓고 짬을 내 점심 시간 동안 식당에서 일하는데, 어떨 때는 한 주에 팁으로 40달러밖에 못 번다.[2] 개별화와 경쟁이 점점 더 심해지는 오늘날 세계에서 노동 계급 청년들은 기존에 성인기의 지표였던 가족 중심성과 커리어 중심성을 (이 둘을 조화시키려 각고의 노력을 기울이고 있음에도) 상호 배타적인 것으로 맞닥뜨리고 있다(Beck & Beck-Gernsheim 1995). 갖가지 원심력이 이들을 갈라놓으려 하지만 샌디와 코디는 가족을 지키고자 함께 싸우고 있다. 하지만 이 헌신은 높은 비용을 초래하며 특히 샌디에게 그렇다. 수입이 매우 적은 파트타임 노동자와 어머니 역할을 효율적으로 병행하기 위해 고군분투해야 하기 때문이다.[3]

인종주의라는 무거운 짐

샌디와 코디, 롭은 안정적이고 생활 임금을 보장하는 일자리를 찾으려 계속 고투하고 있다. 그런데 흑인 정보 제공자들의 상황은 한층 힘겹다. 인종주의라는 추가적인 짐 때문에 저임금 노동 시장에 머물러야 하기 때문이다.[4] 특히 흑인 남성이 면접 후 "연락받지 못하는 일"은 노동 시장에 만연한 공통된 현상으로, 이들은 임시직 노동자로 남거나 좌절감에 가득 찬 장기 실업자 처지로 지내야 한다. 성실한 스물네 살 흑인 남성 아이작은 미국에서 가장 큰 할인 매장 기업 중 하나에서 재고 관리 직원이자 "풀 팀 멤버"full team member로 일하고 있다. 그는 고등학교를 졸업한 뒤 1년 동안 어머니와 살면서 인근 여성 교도소 간수로 일했고 그러면서 풀타임 일자리를 찾았다. 여자 친구의 커뮤니티 칼리지 수업을 기다리는 동안 카페에서 나와 마주앉은 그는 이렇게 회상했다. "여기저기 면접을 봤고 여러 곳에 전화해 많은 사람과 통화했어요. 그 사람들은 다시 연락하겠다고 말하죠. 하지만 그런 적은 한 번도 없었어요. 저는 1년 반 동안 직업이 없었어요. 돈도 없었죠." 길고도 고독했던 수개월을 보내는 동안 유급 일자리를 구해 자립하고 생산적인 사람이 되고 싶다는 마음이 더욱 커졌다. 그래서 필사적으로 일자리를 찾아다녔다. 일의 질이 낮아도 상관없었다.

집도 청소하고 지하실도 정리했어요. 그리고 하루에 서너 번은 밖에 나가 도로를 따라 걸어 다녔어요. 강아지들을 돌보기도 했고요. 여름에 잔디 깎을 때가 되면 잔디를 깎고 다른 사람 집 잔디도 깎아 줬어요. 바쁘게 움직이려고 뭐든 했어요…… 뭐라도 해야 한다고 생각할 때 있잖아요. 뭐가 됐든 간에요. 환경 미화원으로 일해도 상관없다고 마음먹었어요. 시간을 들여 뭔가를 하는 일자리가 필요했어요.

이렇게 위태로웠던 과거를 떠올리면서 아이작은 감정적 고통이, 나아가 절망이 무엇인지를 드러냈다. 그저 뭐라도 하기 위해 도로를 왔다갔다하고 흔쾌히 낯선 사람 집 잔디를 깎아 주었다는 술회가 이를 잘 보여 준다. 이는 실업에 관한 대중적인 시각에서는 종종 간과되는 측면이다.

그와 비슷하게 스물다섯 살 흑인 여성 그레이스는 2년 전에 2년제 주립 대학을 졸업한 뒤 일자리를 찾고자 리치먼드와 인근 지역 전체를 뒤졌다(그녀가 바란 임금은 시간당 8달러였다). 적당한 일자리를 발견하지 못하자 그레이스는 북동부에는 인종 차별이 심하지 않기를 바라면서 탐색 범위를 뉴저지까지 넓혔다. "리치먼드는 세상에서 인종주의가 가장 심한 곳 중 하나예요. 그래서 저도 인종 차별을 당하며 자랐죠. 머릿속에서도 인종주의를 늘 염두에 두고 있고요"라고 그녀는 털어놓았고, 내 기분이 상했는지 확인하려는 듯 곧바로 나를 빤히 쳐다보았다. "모든 백인이 나쁘다는 뜻은 아니에요. 하지만 어떤 면에서는 백인이 세상을 지배하고 있다고 할 수 있죠." 적절한 묘사에 내가 격하게 고개를 끄덕이자 그레이스는 말을 이었다. "당신이 집을 얻거나 은행과 신용 거래를 틀 수 있을지, 대출을 받거나 일자리를 구할 수 있을지 결정하는 사람들이 백인이잖아요."[5]

마침내 뉴저지에서 화이트 칼라 일자리를 제안받았지만 그레이스는 새로운 딜레마에 봉착했다. 새 도시에서 지낼 아파트의 보증금도, 첫 달과 마지막 달 월세도 마련할 여력이 없었던 것이다. 요즘 그녀는 부모님과 살면서 부동산 사무실에서 임시직으로 일하고 있으며 어떻게든 "집에서 나와 독립하고" 싶어 한다. 포기하고 싶다고 생각해 본 적이 있느냐는 질문에 그녀는 이렇게 답했다.

그레이스 당연하죠. 진짜 여러 군데에 지원했어요. '그래 앞으로는 정말 면접 보지 말자'라고 매번 다짐했죠. 수없이 면접을 봤으니까요. 주 안에서도 봤고 바깥에서도 봤어요. 기름을 써 가면서요. 없는 돈으로 옷도 사 입었고요. 일에 잘 어울리는 사람으로 보이고 싶었고 매너나 다른 것도 잘 갖추고 싶었거든요. 그런데 전부 쓸모없다고 느끼게 됐어요. 마음의 준비가 더 중요하더라고요. 사람들이 황당한 질문을 던지곤 하니까요. 그래서 가끔 그런 느낌이 드는데……

실바 포기하고 싶다?

그레이스 맞아요.

실바 성장하면서 어떤 게 제일 힘들었어요?

그레이스 어른이 되는 것 자체가 제일 힘들었죠. 제가 어른이 됐다는 거나 세상이 만만치 않다는 걸 깨닫는 게요.

인터뷰 막바지에 그레이스는 운동화 매장을 여는 게 꿈이라고 말해 주었다. "전부 다 정리해 놨어요. 1년 정도 조사했거든요. 물론 창업할 자본이 없어요. 그게 약점이죠. 돈을 모을 직업이 있다면……" 약 1년 후에 그녀는 내게 페이스북 메시지를 보냈다. "운동화 매장 오픈하려고 바쁘게 지내는 중이에요…… [당신이—실바] 인터뷰 대상 100명을 찾은 것도 어려운 일이었겠지만, 저한테는 투자자 한 명을 찾는 게 훨씬 더 힘든 일인 것 같아요." 그녀는 웃는 얼굴 이모티콘으로 메시지를 끝맺었다.

심리학자 제프리 아넷은 청소년기와 성인기 사이의 몇 년을 "가능성의 시기"라 부른다(Arnett 2004: 16). 데이터를 보면 사정은 정반대다. 경쟁과 혼란, 불안정이 노동 시장을 지배하고, 가족은 노동에 종속되며, 인종 불평등은 채용 결정과 주거비 때문에 영속화된다. 이런 상황에서 "성인이 되는 것"이란 자신의 성인 정체성과 미래가 제약받으리라는 임박한 감각과 타협하는 일이 된다(Lareau 2003, 2008을 보라).

사유화와 리스크 부담

노동 계급 청년들은 막중한 리스크 부담으로 인해 무력한 상태다(Hacker 2006a). 질병, 가족 해체, 장애, 부상 등 예기치 못한 경제적·사회적 충격을 겪으면 휘청거릴 수밖에 없다. 그런데 살아남으려면 이런 충격을 개별적으로, 주로 신용카드를 이용해 해결해야 한다. 그와 동시에 대다수 청년이 '정당한' 리스크—등록금을 마련하려고 대출을 받거나 투자 목적으로 집을 사는 등의—만 감수하면 안정된 삶을 누리면서 계층 상승을 이룰 수 있다고 생각한다. 하지만 정확한 정보의 부재에 서브 프라임 대출처럼 유해한 금융 관행까지 겹쳐져 이들의 노력은 제약받고 종종 저지된다. 그리하여 청년들은 성인기의 전통적인 기준에서 오히려 멀어진다. 사유화가 강화된 환경에서 포스트산업 노동 계급이 성인이 되는 경험을 정의하는 것은 명확하고 인식 가능한 목적지를 향한 진보가 아니라 현재의 유동성과 불확실성에 대한 관리다.

켄터키 동부 출신으로 말투가 상냥한 스물일곱 살 백인 여성 리베카는 자스민 차를 몇 잔이나 마실 만큼 긴 시간에 걸쳐 성인이 된 이야기를 들려주었다. 부모님은 탄광에서 만났다. 아버지는 10대 때 다이너마이트를 옮기는 일에서 시작해 그녀가 태어날 무렵엔 승진해 지붕을 조립하는 일을 담당했고, 어머니는 컨베이어 벨트를 확인해 석탄에 섞여 들어간 돌과 화석을 골라 내는 일을 했다. 그러다 아버지가 추락 사고를 당하는 바람에 탄광에서 일할 수 없게 되었다. 가족은 장애인 판정을 받기가 더 수월하다는 소문을 듣고 센트럴버지니아로 이사했다. "켄터키에서는 정말 많은 사람이 장애인 판정을 받고 싶어 해요. 그런데 그런 사람이 너무 많아 힘들죠. 그리고 아빠는 이런 일에 엮이는 걸 싫어했어요." 리베카는 고등학교를 졸업하고 한 주립 대학에 등록했다. 딸이 교사가 되면 좋겠다는 어머니의 바람을 이루어 주고 싶어서였다. 하지만 1년 다닌 뒤 학사 경고를 받았다. 켄터키의 고등학교에서 받은 교육으로는 대학 수업을 제대로 따라잡을 수 없었기 때문이다. 그녀는 대학 첫 학기에 경험한 공포와 창피함을 되새기며 초조한 말투로 "너무 힘들었어요. 글쓰기 때문에 죽을 맛이었죠"라고 말했다.

2학년에 올라가서도 대학에 품었던 꿈은 계속 깨지기만 했다.

과제물을 베껴 제출한 셈이 됐어요. [학교에—실바] 돌아갈 수 없게 됐죠. 고의로 베낀 건 아니었어요. 과제물 준비하면서 인터넷으로 찾은 노트와 글을 디스크에 저장했는데 어쩌다 보니 다른 사람 글 한 문단을 넣게 됐어요. 그럴 의도는 전혀 아니었는데 말예요. 그래서 학생 상담사가 다른 분으로 바뀌었어요…… 상황을 잘 설명하면 큰 문제는 없었을 거예요. 그런데 감정적으로 불안정해져서 새 상담사를 만나러 가지도 않았어요.

대학 관료 체계와 싸우면서 감정적으로 지치고 어찌할 바를 몰랐던 리베카는 결국 자퇴하고 부모 집으로 돌아왔다. 그런데 어머니가 밤 열한 시로 통금 시간을 정해 버리자 짜증이 치솟아 길가에서 발견한 길고양이와 함께 자기 차에서 지내기로 결심했다. "우스꽝스러운 짓이었죠." 그녀는 웃으며 말했다. "키우던 것도 아닌 고양이와 차에서 지내게 됐으니까요." 대학 졸업장을 따겠다는 꿈을 고통스러운 심정으로 보류하고서 리베카는 레스토랑에서 일을 시작했고 그 뒤 여러 레스토랑에서 일했다.

리베카가 꿈꾸는 직업은 곤란한 처지의 청소년을 위한 대안 학교 교사지만 이를 이루려는 계획은 무기한 연기된 상태다.

리베카 음…… 빚이 많아요. 그럭저럭 먹고 살 만큼 벌기는 해요. 학자금 대출이 있고, 작년에 정신을 잃고 쓰러진 적이 있어요. 부엌에서 쓰러져 상처를 꿰맸죠. 그런데 건강보험이 없었어요.

실바 어쩌다가 쓰러진 거예요?

리베카 의사들 말로는 여러 요인이 있대요. 탈수 현상도 약간 있었다고 하고요. 모르죠 뭐. 프렌치 토스트 만들고 식기 세척기에서 접시 꺼내다가 쓰러졌어요. 그간 스트레스가 심했어요. 식당에서도 일하고 막 개장한 와인 바에서도 일하고 있었거든요. 식당을 그만두고 와인 바에서 풀타임으로 일하는 게 계획이었는데, 와인 바에서 정식으로 일할 수준이 못 됐어요. 그래서 계속 두 군데 모두에서 일했죠. 한동안 무서웠어요.

실바 보험이 없었다고요?

리베카 네, 지난 2년 동안 없었어요. 아시잖아요, "서른까지는 필요 없어" 뭐 이런 거였죠. 한심한 생각이었어요.

[봉합 수술비가—실바] 2,000달러 넘게 나왔어요. 수술 한 번에요. 외과에도 따로 3,000~4,000달러를 내야 했고 다른 비용도 들었어요.

리베카는 의료비를 카드로 결제했고 여전히 갚고 있다. 이자율은 24%라고 한다.[6]

리베카의 이야기는 사회가 시장에 대한 보호를 제공하지 못해 포스트산업 노동 계급이 극도로 취약해졌음을, 더불어 개인이 혼자 힘으로 자기 운명을 책임져야 한다는 이데올로기가 부상했음을 예증해 준다. 제대로 된 삶을 누리려면 제도의 도움으로 시장에서 벗어날 수 있어야 한다. 이런 보호책으로는 정년 보장, 주거 및 교육비 보조, 임금 관련 규정, 노동법, 건강보험 등이 있다(Sorensen 2000). 그런데 신자유주의 정책이 제도적 보호책들을 무력화했고, 그 결과 리베카 세대는 플라스틱으로 만들어진 것 하나를 빼곤 아무런 안전망 없이 자기 힘으로 헤쳐 나가야 한다.

내 연구에 참여한 남녀들은 개인주의와 자립 논리를 수용하며, 힘들게 일해 번 돈, 안정성, 자기 힘으로 일군 성과에서 얻는 자기 가치에 사활을 건다. 많은 사람이 정당한 리스크만 감수하면 경제적 안정과 성공에 이를 수 있다고 주장한다. 하지만 이들이 성인이 된 이야기는 그럴 가능성이 희박하다는 사실을 드러내 준다. 다시 말해 신자유주의에서 리스크를 감수한다는 것은 이윤만이 목적인 강력한 기업들에 맞서 내기를 건다는 뜻이다(Hacker & Pierson 2010). 사람들은 리스크 부담과 리스크 감수의 순환에 붙들려 점점 더 가난과 빚에 몰리게 된다.

사례가 하나 더 있다. 알렉산드라는 매력적인 스물여덟 살 흑인 여성이다. 가난한 도시 지역에서 자란 그녀는 "모델, 화려한 삶을 누리는 음악 프로듀서, 혹은 크고 멋진 사무실을 가진 학교 심리학자"를 꿈꿨다. 알렉산드라는 어머니가 약물 중독에서 벗어나려 노력하는 동안 아버지 손에서 자랐다. 고등학교 졸업 자격 시험General Educational Development, GED을 통과하고 전화 회사에서 31년간 일한 아버지는 알렉산드라가 다섯 살 때 경쟁이 치열한 국가 지원 프로그램에 등록했다. 도시 학생들이 부유한 교외 지역 학교에 다닐 수 있게 버스를 제공하는 프로그램이었다. 백인 학생 일색이던 고등학교를 졸업한 뒤 알렉산드라는 역사적으로 흑인 학생이 진학한 남부의 한 대학에 입학했다. 다양한 경험을 쌓고 여러 부류의 사람을 만나면 더 나은 사람이 되리라 기대했기 때문이다. 그녀는 펠그랜트Pell Grant[등록금을 댈 수 없는 일부 대학생에게 지급하는 연방 정부의 보조금]와 고등학교에서 준 장학금으로 형사행정학을 전공해 4년 뒤 졸업했다. 변호사로 성공적인 경력을 쌓겠다는 꿈에 부풀어 있었다.

하지만 졸업 후 풀타임 일자리를 찾기가 어려워 어느 보석 판매점에서 캐셔 일을 시작했고, 그런 다음에는 대표 변호사가 부동산 분야를 개설한 한 로펌에 임시직으로 들어갔다. 의욕이 넘치고 배우려는 열망도 강했던 알렉산드라는 전력을 다해 새 분야를 익혔고 성공하기로 단단히 결심했다. 그녀는 부동산 법을 공부했고, 소유권 증서를 정리했으며, 서류를 공증했고, 부동산 매매 전후 과정에 필요한 서류를 마무리했으며, 전화 응대 일도 맡았다. 그뿐 아니라 (눈을 굴리며 말하길) 항상 미소 띤 표정으로 친절하게 행동했다. 이렇게 노력을 기울였지만 회사는 몇 달 후 인원 감축을 단행했고 알렉산드라도 일을 그만두어야 했다. 다시 임시직 처지가 된 그녀는 어느 은행에 들어갔다가 그 뒤에는 다른 부동산 로펌에 입사했으며 결국에는 한 전화 회사에 취직했다. 그 과정에서 임금과 혜택은 모두 줄어들었다.

돈을 벌고픈 마음에 알렉산드라는 임대 목적으로 도시 반대편 지역에 있는 투자용 부동산을 구매했다. 계약서에 서명하자니 13.75% 이자율이 살짝 겁났지만 중개업자는 6개월이면 대출금을 다 갚을 수 있다고 장담했다. 그 돈을 다 갚기란 4년이 걸려도 불가능하다는 사실을 알게 된 건 나중이었다.[7] 설상가상으로 자궁 근종까지 생겼는데 보험이 없어 수술비로 5,000달러를 더 대출받았다. 대출금을 갚지 못해 집이 경매에 넘어갔고, 이것이 약탈적 대출이라 집단 소송을 걸 수 있다는 걸 알게 되었지만 어쨌든 그녀의 신용 등급은 앞으로 7년간 낮을 예정이다. 알렉산드라는 이 때문에 법학 대학원 등록금을 대출받는 데 차질이 생길까 봐 노심초사하고 있었다. 성인이 된 여정을 돌아보면서 그녀는 억지 웃음을 지었다. "제가 아빠처럼 전화 회사에서 일하게 되리라곤 꿈에도 생각해 본 적이 없어요."

알렉산드라 이야기가 드러내 주듯 실직이나 질병 같은 경제적·사회적 충격에 극도로 취약한 현실은 약탈적이며 규제받지 않는 대출 관행(신용카드나 자동차 구입 자금 대출, 서브 프라임 모기지 등등) 때문에 한층 악화되고 있다. 이런 힘들이 결합해 사람들이 미래를 위해 쏟는 노력을 위태롭고 종종 쓸모없게 만든다. 일곱 명의 정보 제공자는 자동차가 압류되거나 집이 공매에 넘어가는 것을 지켜봐야 했다고 말했다.[8] 스물일곱 살 백인 청년 크레이그는 브로드웨이에서 일하기를 꿈꿨지만 지금은 식당에서 서빙 일을 한다. 밤 늦게 교대하는 날은 남자 친구의 차를 빌려야 하는데 그럴 때 눈치를 보는 것이 싫다고 푸념했다. 차를 사면 안 되냐고 묻자 낯빛이 상기되더니 더듬거리듯 말했다.

음…… 이걸 먼저 얘기해야 했을 것 같은데요. 은행에서 제 예금을 다 가져갔어요. 엄마가 저랑 공동 명의로 차를 사 줬는데 엄마가 할부금을 못 냈더니 은행에서 차를 압류하려 하더라고요. 모든 책임을 저한테 몰고는 제 계좌에 있는 돈을 다 털어 갔어요. 신용 상담사는 빚이 만 달러니 파산 선언을 하는 게 제일 낫다고 했고요. 그래서 그렇게 했죠. 지난 7년 동안 저는 개인 파산자였어요. [빚은─실바] 파산 신청으로 다 소멸됐어요. 스트레스도 컸고 과정도 복잡했어요. 법원에 가야 했고, 그들은 사람 가득한 방 맨 앞에서 제 빚 내역을 읊었어요. 그것 때문에 스트레스가 심했죠.

이 부분에서 크레이그는 공개적인 파산 선언이 부끄럽고 모욕적인 경험이었음을 말하고 있다. 자동차 딜러는 대출을 부추겼다. 크레이그도 어머니도 정규 일자리가 없었는데 말이다. 이런 관행이 만연해 있음을 선명하게 느낀 것은 로웰에 있는 미들섹스 거리를 운전하던 어느 날이었다. 중고차 영업점과 패스트푸드 체인점이 늘어서 있는데 사방에 저런 뻔뻔스런 약속을 담은 네온 사인이 걸려 있었다. "대출 승인을 받지 못하면 100달러를 드리겠습니다!" 할부금을 마련하지 못한 크레이그는 큰 빚을 지게 되었고, 이로 인해 대학에 들어가 더 나은 삶을 꾸리려는 노력에 차질이 생겼다. 자기 행동을 온전히 책임진 크레이그는 이렇게 선언했다. "오히려 잘됐어요. 다시 시작할 수 있고 예전보다 더 현명해졌으니까요."

다른 사람들은 채권자를 피해 도망친 이야기를 들려주었다. 왜냐하면 10대 후반이나 20대 초반에 신용카드로 진 빚을 갚을 수 없다는 사실을 알고 있었기 때문이다.[9] 금발에 호리호리한 체격의 스물네 살 여성 민디는 열여덟 살 때 어머니 집에서 나왔다. 어머니의 통제와 의붓아버지의 빈정거림 때문이었다. 그녀의 설명을 들어 보자.

민디 돈 쓸 데가 너무 많아요. 신용카드 빚도 엄청나고요. 열여덟에서 열아홉 살 때 여러 신용카드 한도를 넘겼거든요.

실바 집에서 나와 혼자 힘으로 살아 보려 했던 그때죠?

민디 네, 바로 그때요. 카드 빚이 너무 많아서 갚을 수가 없을 정도였어요. 어찌어찌 버티기는 했죠.

실바 지금 최소 금액이라도 갚고 있나요?

민디 다는 아니고 일부만요. 아마 그 사람들이 소송을 걸 거예요. 하지만 일부는 갚고 있어요.

실바 빚이 얼마나 되는지 얘기해 줄 수 있어요?

민디 지금 얼마인지 정확히는 몰라요. 이제는 메일함을 안 열어 봐요. 알고 싶지가 않거든요. 잘하는 짓은 아니겠지만…… 일부는 갚고 있고 그래서 급한 일 생겼을 때 쓸 수 있는 신용카드는 하나 있어요.

10대였던 민디에게 신용카드는 탈출구 같았다. 이전에는 누려 보지 못한 안전망으로 느껴졌던 것이다. 규제가 풀린 신용카드 산업은 그녀의 필사적인 노력을, 순진함을, 독립된 삶을 꾸리려는 청년의 욕망을 이용했다. 초기 이자율은 낮았지만 예상외의 추가 요금, 끊이지 않는 위약금, 치솟은 이자 때문에 완납할 엄두를 못 낼 만큼 빚이 쌓이고 말았다(Draut 2005; Kamenetz 2006; Sullivan et al. 1999를 보라). 실제로 민디는 빚이 얼마나 되는지도 모른다. 메일함 열기가 두렵기―어쩌면 수치스럽기―때문이다. 인용문에 나오듯 최근 민디는 신용카드 하나만 쓰고 있다. 일터에서 해고되거나 병원에 가는 등 비상시를 대비해 하나쯤은 필요하다는 것을 알고 있기 때문이다. 크레이그처럼 그녀 역시 파산 선언을 새출발할 유일한 기회로 고려하게 될 수도 있다. 하지만 어떤 청년들은 파산조차 할 수 없다. 최근에 일자리를 잃은 바네사는 이렇게 말했다. "제 계획은 빨리 파산하는 거였어요. 하지만 금요일에 변호사와 만나기로 약속했는데 취소할 수밖에 없었어요. 변호사 면담 비용 100달러가 없었거든요. 정말 악순환이에요."

입대: 안전망인가 헛된 약속인가

이 장의 이야기들이 알려 주듯 노동 계급 청년들은 아메리칸 드림을 거의 이루지 못한 채 자신이 확보한 보잘것없는 것들을 유지하고자 고군분투하고 있다. 의료비를 내지 못해 빚더미에 깔리든, 인종주의 때문에 일자리를 구하지 못하든, 경력과 가족 관계 양자를 모두 실현할 수는 없다는 사실을 깨닫든 이들의 미래는 한결같이 암울하다. 이제 계층 상승을 이룰 수 있는 한 가지 진입로를 검토해 보자. 나와 인터뷰한 여러 청년이 발을 들인 이 진입로는 입대다. 군대는 리스크 가득한 세계에서 안전과 선택의 기회를 제공하는 등대 역할을 맡겠다고 청년 남녀에게 어필해 왔다. 그러면서 안정된 임금, 건강보험 혜택, 평범한 일상, 무상 대학 교육, 나아가 미래를 조언해 줄 훈련 담당 하사관까지 약속했다.

연구자들은 입대가 사회적 계층 상승의 수단이라고, 특히 흑인 청년들에게 그렇다고 지적해 왔다(Kleykamp 2006; Moskos & Butler 1996; Segal 1989). 메러디스 클레이캠프의 설명에 따르면 "군대는 소수 민족에게, 특히 아프리카계 미국인에게 각별히 중요한 제도다.⋯⋯ 군 복무는 불리한 조건에 처한 소수 민족의 계층 상승 자원이 될 수 있다. 군대는 차별이 덜하다. 또한 민간 일자리에 비해 고용이 안정적이고 다양한 복지 혜택과 보상 제도를 갖추고 있으며, 특히 제대군인원호법이 보장하는 보조금 제도가 있어 복무 후 대학 교육 학비를 지원한다"(Kleykamp 2006: 236). 물론 군 복무에는 리스크가 뒤따른다. 특히 전시에는 부상을 당하거나 트라우마를 겪기도 하며 사망에 이를 수도 있다.

청년들은 고등학교나 심지어는 동네 쇼핑몰에서 만난 신병 모집자, 연장자 친구, 군에 있는 가족과의 대화를 통해 군 입대를 고려한다. 그리고 이 과정에서 입대는 방향, 의미, 경제적 안전을 발견할 수 있는 드문 기회로 여겨진 다. 예를 들어 스물여섯 살 백인 여성 에이리얼은 일터인 버라이즌에서 벗어나기를 끔찍이도 원했다.

고등학교 졸업하고 다른 짜증 나는 고졸 일자리에서 1년 간 일했어요. 그런 다음 버라이즌에 들어갔죠. 411 서비스 [미국의 전화번호 안내 서비스] 일이었는데 끔찍했어요. 다 시는 거기서 일하고 싶지 않아요…… 얼마나 끔찍했던지! 나이 든 여자들 입에서 어떤 말이 나오는지 아마 상상도 못 할 거예요. 동네 편의점 전화번호를 알려 주지 않으면, 장난 아니에요, 악마로 변해요. 사람들이 콜센터 직원을 어떻게 대하는지 상상도 못 할 걸요. 정말 최악이고 그 일 이 너무 싫었어요. 하느님을 걸고 말하는데 그 일을 하면 당신도 자살할지 몰라요. 그렇지 않더라도 하루에 두 번 은 자살 생각을 할 테고요. 그만큼 최악인 일이에요.

거기다 "임금도 형편없어서" 몇 년 전에 입대한 언니가 주방위군을 제안하자 그 기회를 덥석 물었다. "뭔가가 필 요했어요. 방향이 필요했던 거죠. 전 교육도 제대로 못 받 았고 대학도 안 갔어요, 멍청이처럼요. 고등학교 때는 엄 청 게을렀어요. 파티 다니면서 한심한 짓이나 하고, 약이 랑 술도 엄청 많이 했어요. 할 일이 필요했는데 주방위군 이 좋아 보였어요. 재밌어 보이기도 했고요. 언니도 주말 훈련에서 좋은 시간을 보내는 것 같았어요." 다른 응답자 들에게 입대는 한층 끔찍한 상황, 가령 파산이나 감옥행을 피하는 수단이었다(Wilson 1987). 스물일곱 살 흑인 청년 존은 현재 백화점 의류 매장에서 일하고 있다. 사촌이 약물 판매 혐의로 (동료 판매상과) 감옥에 가는 것을 본—"[불법인] 약물에도 세금을 매기겠다고 할 정도로 경기가 너무 안 좋았어요"—그는 같은 운명을 피하고자 재빨리 군에 입대했다.

응답자들은 군대의 엄격한 일상에서 편안함을 느꼈다. 서른세 살 흑인 여성 재니사는 이렇게 설명했다. "제 인생은 거대한 똥덩어리예요. 군 시절이 가장 좋았던 것 같아요. 사람들은 군사 훈련을 두려워하죠. 저는 탈출하는 느낌이라 좋았어요. 기초 훈련은 휴가 같았죠. 생각해 봐요. 할 일이라곤 고작 침상 정리하고 군화 닦는 것 정도예요. 이것만 하면 돼요. 일도 아니죠." 리처드 세넷은 "판에 박힌 일상이 [삶의] 품격을 떨어뜨릴 수도 있지만 동시에 보호할 수도 있고, 일상이 노동을 부패시킬 수도 있지만 동시에 삶을 구성할 수도 있다"고 지적한 바 있다(Sennett 1998: 43). 군 생활—심지어는 전투 중에도—의 예측 가능성과 안정성 덕분에 정보 제공자들은 (종종 태어나서 처음으로) 자기가 삶을 통제하고 있다고 느꼈다. 또 군대는 청년들이 실수를 저질러도 민간 세계에 비해 감정적·금전적 비용을 덜 물리는 곳이다(이들의 노동이 필요하다는 것이 가장 큰 이유지만 상급자들이 제 안위를 걱정하는 것도 하나의 이유다). 예를 들어 제일런은 이렇게 인정했다. "군에 있을 때 온갖 말썽에 휘말렸죠…… 그래도 명예 전역했어요. 그 사람들이 저를 거기에 배치했으니까요. 얘가 군말 없이 군에 왔으니 명예 전역시켜 주자는 거죠."

응답자들은 상관이나 동료 병사와 대화를 나누면서 앞으로 여러 기회가 있음을 알게 되었다. 제대군인원호법과 전역 군인 지위 덕분에 경찰이나 소방관 등 공공 서비스 일자리에 채용될 가능성이 훨씬 높아진 것이다.[10] 이 가능성을 활용한 소수의 정보 제공자는 임금과 수당이 높아(그리고 이를 통해 집도 사고 가정도 꾸릴 수 있어) 사람들이 탐내는 공공 부문 일자리에 취직했고, 아니면 군대에서 익힌 기술을 써먹을 수 있는 민간 일자리(운송 분야나 자동차 수리 등)에 취직하기도 했다.

스물일곱 살 백인 청년인 벤지는 커서 어떤 사람이 되고 싶은지 "생각해 본 적이 전혀 없었다"고 한다. 그는 전역 군인의 지위를 이용해 시 소방서의 합격자 명단에서 높은 순위를 차지할 수 있었다. 소방관은 포스트산업 경제에서 몇 안 남은 안정된 노동 계급 일자리 중 하나다. 생활 임금을 지급하고 혜택과 연금을 제공하며 존중과 즐거움, 의미를 느끼게 해 주기 때문이다(경찰관은 이보다 덜한데 많은 청년이 체포당한 경험이 있어 이 일자리를 썩 좋아하지 않는다). 벤지는 결혼한 상태고 집을 장만하려 계획하고 있다. 태어나 처음으로 장밋빛 미래를 꿈꾸고 있으며 미래를 관리하고 있다고 느끼는 중이다. "이게 제 경력이라는 걸 아니까요. 다른 일자리를 알아보거나 지원할 필요가 없어요. 앞으로 30년 동안 하게 될 일인 거죠."

중요한 사실이 하나 있다. 전역 군인 지위를 활용해 소방관으로 일하는 다섯 명의 연구 참여자가 모두 남성이었다는 점이다. 소방관이나 경찰 등의 직종이 누리는 안정성은 많은 부분 백인 남성으로 구성된 노동조합들이 힘겹게 획득한 것이다. 이들 조직은 "남성 생계 부양자의 임금이 사회적으로 인정받도록 용맹스럽게" 투쟁했는데, 그 탓에 "노동 계급이 현대 젠더 질서의 일부가 되었다"(Stacey 1998: 11). 차별 시정 조치affirmative action* 덕분에 유색인 남성에게도 얼마간 활로가 열리기는 했지만(비공식 경로로 알게 된 사실에 따르면 로웰에서는 구인 시 합격 후보자 세 명 중 한 명은 소수 민족이어야 한다)[11] 소방관은 여전히 젠더화된 직종이다. 전국적으로 여성 소방관이 4% 미만이라는 사실만 봐도 알 수 있다. 소방관 일은 남성성과 불가분하게 얽혀 있다.[12] 벤지는 소방서에서 같이 일하는 유일한 여성을 이렇게 묘사했다. "저보다 더 남자 같아요." 소방관이나 경찰 같은 직종이 감수해야 하는 부상이나 사망 등의 리스크는 자신의 남자다움을 입증하고픈 욕망 때문에 덜 중요하게 여겨지곤 한다(Silva 2008).

하지만 외상 후 스트레스 장애, 회복이 더딘 부상, (많은 동료가 사망한 경우에는) 살아남았다는 죄책감을 안고 이라크에서 귀환한 병사들이 심각한 감정적·육체적 비용을 치러야 함에도 불구하고 군대는 계층 상승을, 심지어 경제적 안전도 보장해 주지 않는다. 스무 명의 연구 참여자가 군대에서 복무했거나 복무 중이었지만, 다섯 명만이 군

---

* 적극적 우대 조치, 소수 집단 우대 정책 등 다양한 표현으로 번역되는 조치로, 교육, 고용, 주거 분야에서 불이익을 받는 사람들을 지원하기 위한 미국의 정책이다. 1961년 케네디 대통령의 서약으로 시작되었고, 인종, 종교, 국적, 신념 등을 기반으로 차별받지 않아야 한다는 내용이 중심이 되었다. 젠더를 이유로 차별받지 않아야 한다는 내용은 1967년에 포함되었다.

에서 익힌 기술과 전역 군인 지위를 이용해 민간 분야에서 경력을 쌓을 수 있었다. 계층 상승이라는 군대의 약속이 거의 지켜지지 않는 이유는 뭘까? 중요한 사실 하나는 이들이 민간인으로 돌아와 제대군인원호법의 관료주의와 맞닥뜨리는 과정에서 좌절과 무익함만을 경험했다는 것이다. 롭은 한숨지으며 "이 사람 저 사람한테 가서 서류를 작성해야 했어요. 빙빙 돌기만 하는 느낌이었어요. 저는 서류 작업이 정말 싫어요"라고 말했다. 관료제를 신뢰하지 않고 더 나은 미래도 믿지 않는 롭은 앞으로 나아갈 가능성이 있다고는 생각조차 하지 않는다. 그와 동시에 두려움―리스크를 감수해야 한다는, 결과가 실망스러울 수 있다는, 실패할 수 있다는―도 군 복무로 계층 상승을 이룰 몇 안 되는 기회를 축소시켰다. 군대에서 풀타임으로 일하는 걸 고려해 본 적이 있느냐고 묻자 롭은 이렇게 답했다.

저는 2년차 때부터 승진을 거부했어요. 지금은 상병이에요. 계급이 올라가면 번거로운 일도 많을 것 같고, 또 전 지휘관 체질도 아니에요. 그냥 제 일을 하고 다른 사람 일을 돕는 정도지 이래라저래라 하는 타입이 못 돼요. 다른 사람에게 일을 시키는 것보다는 제 손으로 하는 게 적성에 맞고요. 계급이 올라가면 책임져야 할 일도 생길 텐데 아마 전 잘하지 못할 거예요. 그런 책임은 맡고 싶지 않아요. 다른 사람한테 소리를 질러야 하는 상황이 오면 웃길 것 같아요. '내가 뭔데 이 사람한테 소리 지르는 거지?' 이런 식으로요. 이런 게 저랑은 잘 안 맞아요.

권위 있는 지위를 오랫동안 불편하게 여겼고 신뢰하지도 않았던 데다가 자신감 부족까지 겹쳐 롭은 발전 가능성을 잘라 내 버렸다.

여성의 경우에는 젠더와 계급 위치의 상호작용이 무엇을 할 수 있는지에 대한 이들의 생각을 구조화하며, 궁극에는 젠더 분할과 불평등을 재생산한다. 군인이 된 여성들은 대체로 이 직업에서 의미와 도전을 발견했고, 자신을 증명할 기회를 얻은 것에 기뻐했다. 재니사는 도전적인 자세로 이렇게 말했다.

저는 여자들이 차별받는 모습을 아주 많이 봤어요. 주방위군 말고 현역에 있을 때요…… 여자니까 일을 제대로 못 할 거라는 거죠. 그래서 여러 번 저를 증명해야 했어요. 음, 할 일이 없을 땐 지루했죠. 그래서 보수대에 가서 거기 있는 자동차 타이어를 박살내곤 했어요. 타이어가 어마어마하게 큰데 가서 그냥 부숴 버리는 거죠. 보수대 병사들이랑 같이요…… 그 병사들은 "못 할 텐데"라고 말해요. 그러면 저는 이렇게 말하죠. "아니 할 수 있어. 난 원하는 건 뭐든 할 수 있어."

여러 여성이 이런 태도를 보였지만, 나와 인터뷰한 일곱 명의 군인 출신 여성 중 두 명만이 군대 경험으로 획득한 사회 자본(Putnam 2000)을 이용해 안정된 일자리를 구했다. 에이리얼과 재니사 두 사람은 유니폼 입는 직장에서 풀타임으로 일한다. 에이리얼은 공급 물자 모니터링을 맡고 있고 재니사는 운송 전문가다. 하지만 나머지 다섯 명은 여러 번 파병되었음에도 주방위군을 부차적인 주말 일자리로 생각하며, 고객 서비스나 소매업 등 여성화된 직종에서 풀타임으로 일한다. 내가 인터뷰한 다른 여성들은 입대를 고민한 적은 있지만 이 진로를 진지하게 생각하자 가족이 만류했더라는 이야기를 들려주었다. 스물다섯 살 백인 여성 캐슬린은 입대를 원했고 나중에는 경찰관이 되려 했지만, 결국 경제적으로 어려운 아이들을 돌보는 일을 택했다. "아빠랑 그 일만큼은 하지 않겠다고 약속했어요. 아빠가 절 유난히 아끼거든요. 제가 위험한 일을 하는 걸 원하지 않죠." 하지만 (여전히 안정된 일자리를 구하지 못한 채) 2년이 지난 지금 캐슬린은 다시 입대를 고민하고 있다.

여성 정보 제공자들은 막다른 골목에서 빠져나오고자 두려움을 감수하고 불안정한 서비스업을 택하지만 계속 재입대를 고려하게 된다. 한 번만 더 군에 다녀오면 빚을 갚거나 대학에 다닐 시간을 확보할 수 있다고 확신하기 때문이다.[13] 주방위군으로 이라크에 세 번 파병되었고 지금은 베스트바이[미국의 대표적인 전자 제품 소매 기업]에서 일하는 레이철은 이렇게 설명했다. "항상 이유가 있었어요. 이런 이유 아니면 저런 이유가요. 제가 재입대한 이유 중 하나는 대학이었어요. 입학 원서를 냈는데 다른 일이 생긴 거예요. 그래서 기다려야 했죠. 그러다 다시 재입대를 신청했어요. 그래야 학교 갈 시간을 낼 수 있어서요." 악순환에 빠진 청년들은 민간 노동 시장의 불안정함과 절망감에서 벗어나고자 군 복무의 위험—바그다드에서 수송 차량을 운전하든 아프가니스탄에서 순찰을 돌든—을 감수하고 있다.[14]

성인기로 가는 길에서 무력감을 배우기

혼란과 좌절은 군대 경험에 한정되지 않는다. 더 나은 미래—대학 졸업장을 받고 "매일 양복을" 입으며 "뭐 하나라도 소유"하는[15]—를 붙잡고자 분투하는 청년들은 자신의 미래를 규정하는 갖가지 제도의 방해에 직면한다. 공과금을 제때 납부할 여력이 없든, 서류 작성법을 모르든, 관료 체계 앞에서 효과적으로 자기 주장을 펼치지 못하든 정보제공자들은 제도의 논리를 제대로 이해하지 못했고, 자신이 압도당해 있고 취약하며 부적합하다고 느꼈다. 중간 계급 아이들은 경쟁적이고 개인주의적인 오늘날 경제에서 성공하는 데 필요한 기술, 자원, 사회 연결망, 지식을 물려받는 반면(Lareau 2003), 제일런, 리베카, 알렉산드라, 민디 같은 노동 계급 청년은 자기 삶을 규정하는 제도들에 맞닥뜨렸을 때 무력감과 어리둥절함을 느꼈다. 이들은 선택이란 미망에 불과함을 거듭 배운다.

이 현상을 가장 흔하게 발견할 수 있는 영역은 교육이다. 청년들은 교육만 제대로 받았다면 미래의 방향을 바꿀 수단을 확보했을 것이라 생각한다. 나와 대화한 청년 남녀는 초등학교에서 대학에 이르기까지 학교가 불편하기만 했고 자신이 준비되어 있지 않은 것 같은 기분이었다고 말했다. 리치먼드 교외의 비디오 대여점에서 일하는(적어도 인터넷 영화 회사 때문에 가게가 문을 닫기 전까지는) 스물네 살 백인 남성 대니얼은 고등학교 때 한 동급생이 전지 가위를 목에 대고 위협한 이후 어머니에게 홈 스쿨링으로 교육받았다. 대니얼은 [당시에] 극장에서 파트타임으로 일하는 데 재미를 붙여 학업에는 전혀 신경 쓰지 않았다고 회상했다.

학교 다닐 때 작은 교재를 받았어요. 학년당 교재 열두 권을 받는데 공책에 답을 적어 내야 해요. 저는 앉아서 하는 척했죠. 연필을 들고 뭔가를 하는 척하고 10분이 지나면 페이지를 넘겼어요. 한번은 제가 뭘 했는지 엄마가 발견하고는 고함을 치며 절 혼냈어요. 공책이 낙서투성이였는데 그걸 보고 화가 난 거죠. 그래서 낙서를 다 지우고 답을 채워 넣어야 했어요.

대니얼의 부모는 교육이 성공의 열쇠라 믿고 아들에게 대학 입시를 준비시켰다. 하지만 이들도 대학 졸업장이 없었기에 아들에게 성공에 필요한 구조와 기술을 주고자 악전고투해야 했다. 대니얼은 남부에 있는 한 사립 기독교 대학에 입학했다. 하지만 "성적은 형편없었어요. 고등학교 때 공부를 안 했으니까요". 그는 등록금 전액을 대출받아 두 학기를 다닌 후 중퇴했다. 게다가 설상가상으로 기숙사 기물 파손범으로 지목당해 지금까지도 채무 수금 대행업체에 시달리고 있다.

기숙사 방이랑 복도가 파손됐어요. 왜 제가 그랬다는 건지 모르겠어요. 그때 제가 거기 있어서 그러는 거 같아요. 그 사람들은 제 짓이래요. 배상금을 20달러까지 깎은 다음 그 사람들한테 보냈어요. 그런데 다시 처음 금액을 청구하더라고요. 왜 그러는지 정말 이해할 수가 없었어요……

전화해 봤더니 하이어원 채무 수금 대행업체에 연락해 보래요. 그래서 하이어원에 전화를 걸었더니 온라인 계좌에 미변제 잔고가 있다는 거예요. 온라인에 로그인하면 회사에 전화하라고 나오고요. 여기 가면 저기 가라고 하고 저기 가면 다시 여기 가라는 식인 거죠. 그러더니 제 계좌가 없어졌다는 거예요. 그래서 할 수 있는 게 아무것도 없어요. 그 사람들이랑 뭘 어째야 할지 모르겠어요. 앞으로 어떻게 될지 기다리고 결과가 좋기를 바라는 게 다예요.

대니얼은 어려움 없이 관료 체계에 대응하는 데 필요한 지식과 기술을 습득하지 못했다. 그 때문에 제도들에 부딪혀 신용도가 바닥을 쳤을 뿐 아니라 무력감마저 느꼈다. 그는 이렇게 반추했다. "이제 은행 계좌나 신용카드도 가질 수가 없어요. 돈 넣어 두고 저축하거나 빼 쓸 공간 하나 없는 셈이죠. 금고를 하나 사서 거기에 돈을 넣어 놨는데, 자물쇠 따기가 쉬웠는지 언젠가는 돈이 없어졌더라고요. [가족 중―실바] 누가 기름값이나 집세 내려고 가져간 거 같아요." 하지만 대니얼은 고등 교육을 받겠다는 꿈을 버리지 않았다. 리베카처럼 교사가 되어 자기와 비슷한 처지의 학생들을 돕고 싶어 한다. 실제로 내가 대니얼을 만난 곳은 한 커뮤니티 칼리지의 교정이었고, 인터뷰를 급하게 마쳐야 했던 것도 그가 수업에 늦었다는 걸 퍼뜩 깨달았기 때문이다.

노동 계급 출신 학생들은 계층 상승을 이루려면 교육이 필요하다고 믿는다. 하지만 체계의 규칙에 익숙하지 않아 구조적인 불리함을 안고 시작하곤 한다. 특수반에 들어가고 종종 싸움을 일으켜 정학당한 적이 있는 일부 학생은 교육 영역을 견디지 못했고, 자기가 "학교에서 형편없는 천치"였다고 말하면서 기질상 고등 교육에 어울리지 않는다고 판단해 버린다. 반면 고등 교육을 받을 여력조차 없는 학생들도 있다(Leonhardt 2005). 주차 안내원으로 일하는 스물네 살 여성 알리사는 어느 2년제 주립 대학에 입학했지만 한 학기도 마치지 못하고 학교를 떠나야 했다. 가족이 등록금을 댈 수 없었기 때문이다. 알리사는 학자금을 지원받는 방법을 (혹은 연방 학자금 지원 무료 신청서Free Application for Federal Student Aid, FAFSA가 있다는 사실을) 몰랐다. "제 실수였어요. 제대로 살펴보지 않았거든요. 가족이랑 같이 앉아 얘기할 시간을 갖기가 어려웠어요. 저는 집안 형편을 잘 몰랐고, 부모님과 이 문제를 상의할 시간도 별로 없었죠. 그래서 신청을 못 했어요."

18~20세 다수가 고등 교육을 중요하게 여긴다는 사실을 밝힌 최근 연구들에 따르면 이 청년들은 "'모두를 위한 대학'을 강조하는 교육 이데올로기"를 사들이고 있다(Reynolds & Baird 2010: 168). 나와 인터뷰한 청년 절반가량도 여러 종류의 고등 교육을 받으려 했다. 하지만 대학에 입학하면 전문직 일자리와 높은 임금을 보장받을 수 있다는 약속은 거의 지켜지지 못했다. 열여섯 명은 커뮤니티 칼리지나 4년제 대학에서 자퇴하거나 제명당했고, 열 명은 주로 커뮤니티 칼리지를 다녔는데 어중간한 상태로 통상적인 학업 기간인 4년보다 훨씬 오래 학교에 다녔다.

돈 문제를 제외하면 졸업하기 전에 학교를 떠난 공통적인 이유 하나는 대학에 다녀서 얻을 수 있는 편익보다 비용이 더 클지도 모른다는 두려움이었다. 빚이 초래할 수도 있는 리스크(온전히 응답자들이 짊어져야 하는)가 너무나 압도적이었다.[16] 슈퍼마켓에서 고객 서비스 일을 하고 있는 스물여덟 살 백인 청년 이언도 다른 여러 사람처럼 커뮤니티 칼리지를 중퇴했다. 전공을 결정하지 못해서였다.

처음에는 예술 쪽을 전공할까 했어요. 그런데 과제를 제가 원하는 방식으로 표현할 수가 없었어요. 제 방식이 틀린 거 같았거든요. 그래서 포기하고 컴퓨터 분야로 전공을 바꿨어요. 제 적성이랑 맞는 것 같았어요. 그런데 프로그래밍 같은 건 별로더라고요. 아쉽게도 이 커뮤니티 칼리지는 제가 원하는 걸 가르쳐 주지 않았어요…… 여기는 시스템 관리 관련 프로그래밍만 가르쳤지 컴퓨터를 고치는 것처럼 실질적인 일은 배울 수 없었어요. 다른 것만 배웠고 그걸로 뭘 해야 할지 모르겠더라고요.

노동 계급 청년들은 전공을 '제대로' 골라야 미래에 성공할 수 있다고 강하게 믿는다. 이들은 졸업장이 하나의 증명서에 불과하다고 생각하지 않으며, 전공 선택이 미래 궤도를 결정한다고 믿는다. 간호사인 언니 얘기를 하면서 민디는 이렇게 말했다. "바라지도 않는 걸 위해 대학에 가고 싶지는 않았어요. 언니는 그렇게 했어요. 그러곤 한 번 더 가야 했어요. 다른 걸 하고 싶어 했거든요. 그래서 대학에 한 번 더 가야 했죠. 저는 두 번이나 학교에 다니고 싶진 않아요." 이런 사례들에서 볼 수 있듯 대학에서 배운다고 중간 계급 전문직에 필요한 요건을 꼭 갖추게 되지는 않는다. 이렇게 고등 교육의 논리는 청년들을 속이면서 높은 금전적·감정적 비용을 발생시킨다.

2년제나 4년제 대학을 졸업한 이들이 [전공을] 중간 계급 전문직 일자리로 전환하기란 쉽지 않은 일이다.[17] 세 여성이 2년제 대학을 졸업했다. 한 명은 간호학과고 다른 한 명은 경영학과며 나머지 한 명은 예술학과다. 앞의 두 명은 졸업장을 이용해 더 나은 일자리를 잡았다. 엘리는 병원에서 정규직 간호사로, 앨리는 개인 비서로 일하고 있다. 두 여성 모두 집세와 자동차 할부금을 내기에 모자람 없이 버는 편이고 노동 시장에서 자기가 안전하다고 느낀다. 반면 자비로 등록금을 댄 칼리는 예술 전공으로 커뮤니티 칼리지를 졸업했다. 수업 규모도 작고 일정도 유연해 커뮤니티 칼리지에 매력을 느꼈다고 한다. "유명 대학에 갔으면 수업 규모가 커서 너무 과하다고 느꼈을 거예요." 칼리는 고등 교육 영역이 자기와 잘 맞지 않는다고 느꼈지만 그래도 비정기적으로 수강한 끝에 몇 년 만에 학위를 땄다. 하지만 이 제도 자본을 경제 자본으로 전환하는 법은 배우지 못했다. 그래서 현재 그녀는 지역 놀이 공원에 있는 상점에서 일한다. 벌이로 자동차 할부금은 낼 수 있지만 부모 집에서 나와 독립할 정도는 못 된다. 한 이웃이 방사선 기술자가 임금도 높고 수당도 괜찮다고 추천해 그 일을 해 보기로 결심했지만 학교로 돌아갈 돈이 없는 형편이다.

내 연구 참여자 중 2년제 대학 졸업생이나 재학생은 칼리를 제외하고 일곱 명이었다. 이들의 사례를 봐도 교육을 노동 시장에서 활용하는 법을 아는 것이 학위 자체만큼이나 중요하다는 사실이 확연히 드러난다. 청년들이 학위를 어떻게 활용할지 모른다면, 커뮤니티 칼리지는 서비스 경제에 진입하기 마련인 노동 계급 청년을 위한, 하지만 갚아야 하는 대출금을 이들에게 안기는 임시 처소가 될 따름이다.[18]

학사 학위나 석사 학위를 딴 청년들의 경우 이들이 받은 고등 교육과 이들이 노동 시장에서 차지하는 지위 사이의 관계는 정말이지 예측 불가능하다. 이들 중 절반이 현재 사무, 의료비 청구 대행업, 요식업, 임시직 등 실무 훈련만 거치면 되는 일을 하고 있다. 스물여덟 살 흑인 청년 제이는 7년간 여러 주립 대학과 커뮤니티 칼리지를 다닌 후에야 학사 학위를 받았다. 하지만 대학 경험이 남긴 것이라곤 분노와 억울함뿐이었고, 이에 환멸을 느낀 나머지 지금은 커피숍에서 일한다. 어떻게 해야 전공인 커뮤니케이션을 살릴 수 있을지 모르겠다고 말한 그는 이렇게 울분을 터뜨렸다.

누구나 이런 말을 듣죠. 뭔가를 이루려면 대학에 가야 한다고요. 그래서 저도 고등학교를 졸업하고 대학에 가려 했고 실제로 갔지만 뭘 하고 싶은지 몰랐어요. 그래서 매년 전공을 바꿨어요. 어떨 땐 한 학기 만에 전공을 바꾸기도 했죠. 뭘 원하는지도 모르면서 시간 낭비만 한 꼴이에요. 그런 거 있잖아요, 해 봐야 좋아하는지 알게 되고 그 전에는 뭘 원하는지 모르는 거요. 뭔가를 시도해 봤는데 잘되지 않아서 그게 저랑 맞지 않다는 걸 깨달은 거죠. 문제는 시간과 돈이 들었다는 거예요. 저나 가족이나 돈이라곤 없었는데 말예요. 그리고 학자금 대출은 게으른 사람한테는 그림의 떡이에요. 기회를 많이 주는 것 같기는 한데 실제로 받기는 진짜 어렵거든요…… 저는 커뮤니케이션학과를 졸업했어요. 그런데 그게 제가 진짜 원한 건지도 모르겠어요. 그래도 그때는 뭐라도 하나 선택해 최대한 빠르게 끝내야 한다고 생각했어요. 거기서 의미를 느끼진 못했고요.

제이는 정치 분야에서 전문 경력을 쌓으려던 꿈을 포기했다. 그는 자아 서사를 창출하지 못해 상실감을 느끼며, 자신이 성인기의 의미를 이해할 수도 미래를 향해 얼마나 진전했는지 판단할 수도 없다고 생각한다. "성인이 됐다고 느끼냐"는 내 질문에 제이는 곰곰이 생각하더니 이렇게 답했다.

그 생각을 많이 해요. 제가 성인일까요? 이 사회가 정말 짜증 나는 이유 중 하나는…… 영화 「파이트 클럽」 보셨어요? 거기서 주인공은 부족 사회 시대로 돌아가기를 원하죠. 우리의 모든 문제를 사회 탓으로 돌려요. 제가 공감하는 점 하나는 이 사회에는 우리가 남자가 됐을 때 그걸 기념하는 성인 의례가 없다는 거예요. 유대인이 치르는 바르 미츠바 성인식처럼요. 적어도 의례를 치르면 제가 성인이라는 생각은 하겠죠. 또 부족 사회에서는 사냥이나 의례적 싸움 같은 걸로 남성성을 키우는데 지금 우리한테는 그런 게 없어요. 그러니까…… 예를 들어 대학에 어떤 의미가 있는 걸까요? 남자가 됐을 때 치러야 하는 의례들은 대개 기능이 있어요. 사냥을 배워야 그걸로 살아갈 수 있으니까요. 그런데 대학이 뭔가를 준비하도록 늘 도와주는 건 아니죠. 대학을 졸업하면 남자가 되는 걸까요? 청소년기가 계속 이어지고 있는 것 같아요. 지금 저희 세대는 길을 잃은 처지예요. 정처 없이 떠도는 신세죠. 뭘 해야 하는지 모르는 채로요.

연구에 참여한 노동 계급 청년들은 사회 제도들 때문에 혼란스러워했고 길을 찾는 데 어려움을 겪었다. 그리하여 이들은 자기 힘으로 어른이 된다는 것이 무슨 뜻인지를 정의하고자 고심해야 했다. 사회 통합과 정체성의 전통적인 원천들을 이용할 수 없기 때문에 이들은 심각한 상실감을 느끼며, 어디도 아닌 곳으로 향하는 길고도 험한 길 위에서 "정처 없이 떠돌고" 있다.

아메리칸 드림의 수혜자들

그런데 선택지가 있는 사람들은 어떨까? 안정되고 경제적으로 탄탄한 성인의 삶을 획득할 수 있는 이들은? 우리의 능력주의·개인주의 이데올로기가 암시하는 것만큼은 아니지만 미국에서 계층 상승이 일어나기는 한다(Sawhill & Morton 2007). 내 연구 참여자 중 아주 적지는 않은 수가 이상적인 경로(고등학교 졸업 후 대학을 나와 교사나 간호사 같은 전문직에 종사하는)를 거쳐 부모보다 높은 생활 수준을 누리고 있었다.[19] 나는 포스트산업 노동 계급 성원이 계층 상승―그리고 전통적인 성인기 지표들―을 달성하는

데 필요한 기술과 자원을 살펴보면서 이 장을 마무리하려 한다. 내 사례 중 소수의 정보 제공자는 성인기에 이르는 과정에서 중간 계급의 사회·문화 자본—타고난 재능도, 심지어 고된 노동도 아니라—을 우연히 전달받았고, 그 덕분에 사회적 지위 상승을 이룰 수 있었다.

스물다섯 살 백인 청년 월은 삶이 평탄치 못했다. 어린 시절에는 아버지가 일하다 사고로 불구가 된 후 약물과 술에 절어 지내는 모습을 지켜봤다. 아버지가 진통제를 과다 복용한 뒤—"빈 약통이 여러 개 있었어요. 아빠가 우연히 과다 복용했던 걸까요? 아니면 자살을 기도했던 걸까요?"—어머니는 호스피스 지지 그룹에 가입했고, 거기서 시 자산 관리사인 지금의 남편을 만났다. 10대 때 월은 의붓아버지와 가까이 지냈다. 그가 가정 경제를 탄탄하게 만들었을 뿐 아니라 월의 미래에도 관심을 기울였기 때문이다. 월은 병상에 있던 할머니를 몇 주간 간호한 적이 있는데 높은 수준의 돌봄과 지원에 강한 인상을 받았다고 한다. 이를 계기로 간호사가 되기로 결심한 그는 부모의 도움과 대출의 힘으로 대학을 나왔다. 일을 시작한 지 6개월 뒤에는 (보험 설계사인) 어머니보다도 수입이 높아졌다. 또 그는 친부모보다 의붓아버지와 더 가깝다고 느낀다. "저는 새아빠와 더 많이 연결되어 있는 것 같아요. 경험도 많고 가 본 곳도 많은 분이에요. 엄마보다 그분과 더 가까워요. 엄마 생각보다 그분 생각을 더 잘 이해하고 있고요. 새아빠도 엄마보다 저를 더 잘 이해해요. 엄마는 남부 침례교 집안에서 자랐고 저는 유니티 교회에 나가고 있는데, 엄마는 그걸 이해 못 해요. 반대로 새아빠는 거기에 관심을 보이면서 저한테 이것저것 물어보기도 하고요."

사회적 지위를 더 높일 수 있을 것 같으냐는 질문에 윌은 확고한 태도로 답했다. "더 열심히 일하고 더 많이 배운다면요. 앞으로 어디서 일하게 될지, 저 자신을 계속 믿을지, 이런 게 제일 중요한 것 같아요. 저 자신을 믿는 게요." 윌은 전적으로 혼자 힘으로 성공했다는 식의 자아 서사를 구축했으며, 의붓아버지의 경제·문화 자본 덕분에 중간 계급으로 진입했다는 사실은 얼버무렸다. 의붓아버지가 "가본 곳이 많고" "관심을 보이면서 이것저것 물어본다"는 칭송 섞인 묘사는 중간 계급의 연장 세트(Swidler 1986)가 적어도 부분적으로는 윌—어머니보다 의붓아버지를 더 편하게 느끼는—에게 전달되었음을 암시한다. 윌이 지금 자신의 자리까지 오면서 비극과 역경을 이겨내지 않았다는 뜻은 아니다. 그가 다른 사람의 도움으로 성공했다고 말하는 것도 아니다. 나는 고된 노동이 그에 합당한 대가를 받는 데 있어 문화·경제 자원이 영향을 미친다는 사실을 지적하고 있다.

전기 엔지니어인 톰은 "학교 생활을 잘한 적이 없"어서 직업 고등학교에 진학해 전자 기술 분야의 실용적 경험을 익혔다고 한다. 톰의 할아버지는 엘리베이터 운전 요원이었고 아버지도 집안 전통을 이어 당시에는 고등학교만 졸업해도 할 수 있었던 전기 기술자가 되었다. 고등학교를 졸업했을 때 톰은 자기도 당연히 할아버지와 아버지의 발자취를 따를 거라 생각했지만, 두 사람은 그러려면 대학 졸업장이 있어야 한다고(특히 대학을 나오지 않은 탓에 승진하고자 고군분투해야 했던 아버지 경험에 비추어) 충고했다. 파트타임으로 (파티도 엄청나게 하면서) 6년간 대학에 다닌 후 톰은 마침내 전기 엔지니어링 학위를 받았고 연봉 5만 달러짜리 경력을 밟기 시작했다. 그는 "이 일을 너무나 사랑"하며 생활하는 데도 아무 곤란이 없다고 한다. 톰과 알렉산드라(그녀 역시 아버지처럼 전화 회사에서 일한다) 사이에 차이를 만들어 내는 것은 동기 부여나 재능이 아니라 대학 졸업장을 전문직 일자리로 전환할 기회가 있는지, 그리고 앞서 잘 닦아 놓은 길이 나 있는지 여부다. 이와 비슷하게 무역이나 공무원 일자리에 대한 지식이나 경험을 가진 부모나 가족, 친구가 있는 응답자들은 덜 혼란스러운 상태로 노동 시장에 진입하곤 했다. 하지만 대다수는 부모에게서 이런 지식이나 연결 고리를 전달받지 못했다. 오히려 부모들도 자기 자녀처럼 노동 시장에서 동일하게 선택의 부재―공장 폐쇄, 불안정한 서비스 노동―를 경험했다. 그러니 이제 노동 계급 청년 가족 내부의 삶을 들여다볼 차례다.

3장
불안한 친밀함들
리스크 사회의 사랑, 결혼, 가족

1976년에 출간되어 고전이 된 저작 『고통의 세계들: 노동 계급 가족의 삶』*Worlds of Pain: Life in the Working-Class Family* 에서 릴리언 루빈은 1970년대 초 백인 노동 계급 청년 남녀가 성장하고 결혼해 가정을 꾸리는 과정을 기록했다. 루빈은 이들이 결혼에 이르는 경로를 검토하고는 결혼이 종종 억압적인 부모의 권위에서 벗어나는 방편으로 이해된다는 사실을 밝혔고 이를 다음과 같이 상징적으로 표현했다. "독립된 성인이라는 지위와 이에 수반되는 특권들을 획득하는 주요한 경로"(Rubin 1976: 56). 루빈이 결혼한 이유를 물었을 때 남녀 응답자 모두 "특별히 생각해 본 적 없다는"(52) 듯한 태도를 보였으며, 결혼이 유일하게 논리적인 선택―예기치 못한 임신 탓이든 단순히 부모 집에서 나오려는 욕망 때문이든―이라는 식으로 답변했다. 결혼한 이유를 설명하는 데 이들이 어려움을 느꼈다는 사실은 40년 전만 해도 결혼이 당연지사로, 성인 정체성을 구성하지만 사람들이 깊이 고민하지는 않는 요소로 이해되었음을 드러내 준다. 한 남성은 이렇게 되묻기도 했다. "그러니까 어떻게 결정했느냐는 뜻인가요?"(53)

루빈의 연구에 나오는 남녀들은 깊이 젠더화되어 있으나 직접 말로 표현되지는 않은 미래를 꿈꾸며 결혼 생활을 시작했다. "그녀는 자기의 여성다움을 실현하려면 가정과 가족을 꾸려야 한다고 생각했다. 그는 자기의 남성다움을 실현하려면 자기를 보살피는 부인, 자기를 본뜬 아들, 자기를 우러러보는 딸이 있어야 한다고 생각했다. 둘 모두에게 결혼은 분리와 외로움의 끝이었다"(70). 하지만 경제적 어려움 때문에 이 청년들은 빠르게 성장하도록 내몰렸고, 이들이 꾼 꿈은 결혼 생활이라는 냉정한 현실을 이기지 못하고 얼마 안 가 무너져 버렸다. 그리고 이 현실 앞에서 '좋은 삶'이란 실업, 폭력, 알코올 중독 없는 삶으로 축소되었다. 『고통의 세계들』에 등장하는 여성들은 관계에 정서적 유대가 결여되어 있고 임금 노동과 자녀 양육 사이에서 균형을 잡아야 한다는 불만을 품고 있었다. 남성들은 커 가는 아이들을 부양해야 한다는 중압감에 짓눌려 있었고, 부인의 감정적 필요에 부응하지 못한다는 사실에 화가 나 있었다. 하지만 어쨌거나 이들은 각자의 젠더 역할을 수행하고, 서로에게 의존하며, 때로는 딱히 대안이 없는 상태로 상대방에게 헌신하면서 결혼 생활을 유지했다.

『고통의 세계들』이 출간되고 40여 년이 지난 뒤 나는 비서로 일하고 있는 서른 살 백인 여성 앨리와 로웰 교외의 작은 아이리시 펍에서 마주보고 앉았다. 앨리는 내가 메뉴판을 펼치기도 전부터 쉴 새 없이 성인이 된 이야기를 들려주었다. "20대 때는 모든 준비가 끝났다고 생각하잖아요. 그런데 인생이 커브볼을 던져요. 그러곤 원점에서 시작하는 거죠. 그러면 저 자신에게 물어요. 내가 진정으로 원하는 게 뭘까? 나는 어디로 가고픈 걸까? 뭘 원하는 걸까?" 나는 앨리 아버지의 소개로 그녀를 만났다. 백발의 경찰관인 그는 잔뜩 기대에 차 냅킨에 앨리 전화번호를 적어 주었고, 활짝 웃으며 "걔는 젊고 예뻐요. 그런데 아직 잘 맞는 남자를 못 만났어요"라고 말했다. 그런데 그는 앨리가 최근 이혼했다는 사실은 말하지 않았다(나는 곧 그걸 알게 되었다). 이 누락은 성공적인 친밀함―그리고 성인기―에 대한 앨리의 시각과 부모의 시각을 가르는 세대 간 간극을 이해하게 해 주는 중요한 단서다.

앨리는 루빈이 말한 "안정적인" 노동 계급 가정에서 자랐다. 어머니와 아버지는 고등학교 때 눈이 맞아 10대 후반에 결혼했고 20대 초에 앨리와 남동생을 낳았다. 30년간의 결혼 생활 동안 좋은 날도 있었고 궂은 날도 있었다. "구식 전통과 가치"를 주입받은 앨리는 2년제 대학에서 행정학 학위를 받는 동안 부모와 함께 살았고 졸업 후에는 비서로 일했다. 그러던 어느 일요일 교회에서 부모의 오랜 친구 아들인 제이크를 만났다. 곧바로 죽고 못 사는 사이가 된 둘은 그녀가 스물세 살이 되던 해에 결혼했다. 앨리는 부모가 닦아 놓은 길을 그대로 따르고자 힘들게 애썼다는 것을 뒤늦게 깨달았다고 말했다. 무언가 옳지 않다고 느꼈음에도 말이다. 제이크가 프러포즈한 날을 이야기하면서 그녀는 이렇게 털어놓았다.

그 사람과 제가 부모님 집에 있을 때였어요. 그이가 아래층으로 오더니 이렇게 말하는 거예요. "눈 감아 봐, 놀래 줄 일이 있어." 전남편이 사탕이라도 가지고 있나 했어요.

그랬으면 더 들떴을 거예요. 그이가 제 얼굴 바로 앞에 와 있는 게 느껴져 "왜 이렇게 가까이에 있어?"라고 물었죠. 눈을 뜨니 무릎을 꿇고는 반지를 내밀고 있더라고요. 정말 실망스러웠어요. 하나도 안 특별해서…… 저는 파자마 차림이었고 꼴도 말이 아니었어요. 그래도 놀란 척은 했어요. 하지만 사실은 실망했고 실망했다고 느끼니 기분이 나빴어요. 전혀 특별하지 않았고, 그때 이 관계가 좀 아니라는 걸 알았던 거 같아요…… 케미가 사라져 버린 거죠. 뭐 어쩌겠어요. 살면서 배우는 거죠. 같은 실수를 반복하려고 그 모든 걸 다 겪은 건 아니니까요. 전혀 아니죠.

앨리가 머뭇거리면서, 심지어 마치 죄를 지은 듯한 태도로 인정했듯 그녀가 원한 건 케미였다. 심리적 만족, 특별하다는 느낌, 자아 충족감 따위 말이다. 하지만 그녀가 얻은 건 가사 노동, 젠더 의무, 돈 등의 문제로 긴장 가득한 관계였고, 이 긴장은 결혼 생활이 가하는 "압력과 기대"에 잘 대처하지 못하고 있다는 사실을 두 사람이 고통스럽게 깨달았을 때 정점에 이르렀다. 앨리와 나는 이런 대화를 나누었다.

앨리 서로에게서 점점 멀어졌어요. 남편은…… 그이한테만 책임이 있다고 말하고 싶지는 않아요. 결혼 생활을 제대로 유지하지 못한 데는 제 책임도 절반은 있는 거니까요. 그때는 제대로 깨닫지 못했지만요. 다시 정신도 차리고, 어디로 가고 싶고 무엇을 하고 싶은지도 확인하고, 결혼 생활을 망친 제 잘못도 받아들이려고 상담도 정말 많이 다녔어요. 부부 상담도 같이 받았어요, 이혼 상담요. 제가 먼저 이혼하자고 했으니 남편을 납득시켜야 하잖아요. 저는 굉장히 불행했고 이런 상태론 남편도 행복하게 해줄 수 없다고 생각했죠. 남편은 정말로 가정을 꾸리고 싶어 했는데 저한테는 그게 큰 압박이었어요. 그때는 제가 아이를 원하는지도 몰랐고요.

실바 아이 낳는 걸 망설였던 이유는 뭐예요?

앨리 돈 문제가 있었죠, 돈. 그리고 음, 남편은 집에 거의 없었어요. 또 지저분한 성격이라 제가 한부모가 돼서 남편을 키우는 기분이었어요. 남편도 집에 거의 없고 저도 풀타임으로 일하는 상황이라 아이를 낳아 키우긴 힘들겠다고 생각했어요. 벌이도 둘이 겨우 먹고 살 정도였고요. 아이를 가질 타이밍이 아니었고, 또 저는 모성애도 부족했던 것 같아요. 조카가 생기기 전까지는 아기 근처에 가본 적도 없고 관심도 없었거든요. 결혼했을 때 남편이랑 내년에는 아이 문제를 고민해 보자고 얘기했어요. 다음 해가 왔지만 저희 둘 다 준비가 되어 있지 않았죠. 또 다음 해가 왔고 그때 남편은 준비가 됐다고 했지만 제가 준비가 안 돼 있었어요. 그래서 저희는 "좋아, 그럼 내년에 생각해 보자"고 얘기했고 그때가 오니 제가 정말 아이를 원하는지 모르겠더라고요. 그러니까, 엄마 아빠 관계를 봐 왔잖아요. 부모님은 젊었을 때 결혼해 저희를 낳고 집도 샀죠. 제 동생도 그렇게 하고 있고요…… 아이도 없는 채로 이혼해 집안의 골칫거리 처지가 되니 압박감이 정말 심해요.

앨리는 결혼해 아이를 낳고 집을 사는 과정을 20대에 끝마친 부모의 사례가 이상적이라 생각했다. 하지만 자신에게는 이 경로가 진실하지도 가능하지도 않아 보였다. 그녀는 성인이 되는 핵심 의례—결혼—를 치렀지만 그것이 헛일이라고 느꼈다. 해야 할 일을 했다고 확신할 수가 없었던 것이다(Alexander 2004). 이혼 과정을 반추하면서 앨리는 한숨지었다. "열여덟 살짜리가 어른 세계를 연기하는 것 같았어요."

루빈 연구의 응답자들과 앨리를 비교하면 미국 사회의 친밀 관계 구조 및 그 관계에 대한 기대가 한 세대 만에 극적으로 변했음을 매우 뚜렷이 확인할 수 있다(Gerson 2009를 보라). 이를 고려해 이 장에서는 노동 계급 청년 남녀에게서 친밀함이 어떤 의미를 지니며 이들이 친밀 관계를 어떻게 경험하는지 살필 것이다. 질문은 다음과 같다. 노동계급 남녀는 이상적인 낭만적 관계를 어떻게 상상하는가? 이들은 자신이 이상적이라고 생각하는 사랑을 일상에서 실천할 수 있는가? 사랑이 사회적이고 역사적으로 형성되었다는 관점을 가지고서 나는 우선 사랑에 대한 문화적 청사진—오늘날 친밀함의 감정, 기대, 실천을 형성(혹은 제약)하는—에서 일어난 변동을 파고들 것이다(Giddens 1991; Illouz 1997; Lamont 1992; Swidler 2001). 친밀함 분석의 핵심에 불평등을 놓고, 경제적 불안과 금전적·문화적 자원 부족이 어떤 식으로 영향을 미쳐 청년들이 헌신하는 관계를 시도하는 것이 리스크가 너무 크다고 느끼게 되는지를 탐구할 것이다.

앨리 부모와 조부모가 연애하고 결혼했던 시기 이래로 남성 노동력이 축소되고 여성이 노동 시장에 대거 진입했다.[1] 산업 사회의 핵이던 젠더 노동 분업이 더는 작동하지 않게 됨에 따라 남성과 여성은 결혼 제도 안에서 각자 맡았던 전통적인 역할과 기대에서 해방되었다(Beck & Beck-Gernsheim 1995). 더불어 2세대 페미니즘 운동은 일터 내 젠더 차별 폐지, 파탄주의 이혼[어느 한쪽의 과실 없이도 이혼을 허용하는 제도]과 피임과 낙태의 합법화, 평등한 교육 등의 노력을 경주했고, 그 덕분에 젠더화된 결혼의 정당성이 약화되어 여성들은 불평등하고 모욕적이며 감정적으로 불만족스러운 결혼 생활에 마침표를 찍을 권한을 확보하게 되었다(Stacey 1998).

이런 중대한 사회 변동의 결과로 앨리 같은 청년들은 외부에서 부과된 도덕·종교·법률이 이 [친밀] 관계를 점점 덜 규정함을 깨달아 가고 있다. 그에 따라 친밀함은 "개인사에 근거해, 각 단계에 대한 토론과 질문에 근거해" 협상되어야 하는 것, "새로운 배치를 찾고 새로운 요구를 충족하며 각자의 결정을 정당화하는" 것이 되었다(Beck & Beck-Gernsheim 1995: 4). 앨리 부모가 맺은 관계가 명확한 사회적 의무들, 즉 젠더 노동 분업, 부족한 선택지, 서로를 묶어 주는 공유된 역사에 기반해 있었던 반면(Rubin 1976), 앨리는 자신의 진실한 감정을 따르고 자기 이해 관계를 보호하는 데 훨씬 더 강하게 끌렸다(Bellah et al. 1985; Cherlin 2009). 노동 시장에서 충분히 소득을 올릴 수 있고 피임도 할 수 있기에 그녀는 어머니가 수행한 전통적인 역할을 거부했다. 앨리는 가사 노동을 동등하게 분담하기를 꺼리는 남편의 모습에 분노했다. 또 자신의 바람과 필요 때문에 임신을 늦추고 계속 풀타임으로 일하기도 했다. 남편은 앨리가 전통적인 아내 역할을 거부하자 배신감을 느꼈다. 루빈 연구에 등장한 남성 응답자들처럼 그도 "자기를 보살피는 부인, 자기를 본뜬 아들, 자기를 우러러보는 딸"을 원했다. 전통적인 남성 부양자 역할을 충실히 이행할 수 없었음에도 말이다(Rubin 1976: 70).

그리하여 전통적인 성인기의 의미가 앨리와 제이크를 가두고 괴롭혔지만 이들이 일상의 제약을 감내하도록 만들지는 못했다. 결국 앨리는 결혼 생활보다 평등과 감정적 만족을 더 중시했다. 그녀는 [집에 돌아가면 다시 시작되는] 가사 노동이라는 "둘째 근무"second shift를 강요하고 자신의 이해 관계, 의견, 욕망을 희생시키는 관계로는 행복할 수 없었다(Hochschild 2003). 앨리의 사례는 사랑과 결혼에 대한 오늘날의 문화적 이상이 치료적임을 보여 준다.

이 치료적 태도는……외부에서 부과된 의무들이 아니라 자아에서 시작한다. 개인은 그 혹은 그녀의 참된 자아를 찾아 확고히 해야 한다. 왜냐하면 이 자아야말로 다른 사람과 진정한 관계를 맺을 수 있는 유일한 원천이기 때문이다. 종교, 부모, 사회 관습 등 무엇에서 발원하건 외부에서 부과된 의무는 사랑하고 관계 맺는 능력을 저해할 따름이다. 자기 자아를 이해하고 궁극에는 받아들여야 다른 사람과 제대로 관계 맺을 수 있다. (Bellah et al. 1985: 98)

친밀함과 현대성을 연구한 학자들이 입증했듯 사랑과 결혼에 대한 새로운 문화적 이상이 발전해 전통적인 결혼관을 대체했다. 이 이상은 "성적·감정적 동등함"으로 이루어진 "순수한 관계"다(Giddens 1992: 2). 현대적 사랑의 에토스는 파트너들이 자율적이며 서로에게 의존하지 않는다고 상정한다. "자율성 원칙은 파트너 각자의 권리 및 의무와 관련된 열린 논의를 수반한다. 그리고 관계가 공정하지 못하거나 억압적인 경우 계약은 새로이 협상되거나 무효 처리될 수 있다"(Illouz 1997: 206). 결혼 생활은 한층 공정해졌지만 또 훨씬 더 깨지기 쉬워졌다.

앤서니 기든스는 현대적 친밀함의 해방적인 성격을 환영했고, 순수한 관계 덕분에 사람들—특히 (앨리 같은) 여성—이 연애 과정에서 더 큰 통제력을 발휘할 수 있게 되었다고 옳게 지적했다(Giddens 1992). 하지만 에바 일루즈가 밝혔듯 매일매일 수행되는 이런 새로운 관계 '노동'은 특수한 감정적·언어적·물질적 자원을 요구할 수도 있으며, 노동 계급보다는 전문직 중간 계급이 이 자원을 획득하기가 더 용이하다. 앨리와 전남편만 해도 돈 걱정, 특히 아이를 낳는 비용을 감당할 수 있으며 낳는 게 바람직하겠느냐는 걱정 때문에 관계가 틀어졌으며 결국에는 이혼에 이르게 되었으니 말이다.

성, 사랑, 결혼의 풍경 변화

한때 결혼과 자녀 양육은 성인기를 대표하는 핵심 단계였다. 하지만 이제는 그 중요성이 희미해지고 있다. 미국인

95%가 교육과 고용, 재정 독립, 가족 부양 능력이 성인기에 이르는 길의 중요 단계라고 여기는 반면, 결혼과 출산을 성인이 되는 필수 단계로 생각하는 사람은 절반에 불과하다(Furstenberg et al. 2004). 오늘날 청년 남녀는 과거보다 더 늦게 결혼한다. 통계에 따르면 1960년에는 서른 살 여성의 77%, 남성의 65%가 결혼한 상태였지만 현재 그 비율은 46%와 31%다(Furstenberg et al. 2004). 또 이들은 결혼 생활 유지 비율—결혼한 사람의 23%가 5년 내에, 50%가 15년 내에 이혼한다—과 출산 비율도 베이비 부머 세대보다 낮다(Cherlin 2009).[2]

이 통계 수치로 결혼과 가족의 가치가 쇠퇴했다고 진단할 수도 있다. 하지만 이 수치가 불평등—살림을 합치는 것처럼 결혼으로 얻을 수 있는 경제적 이익만이 아니라 지속적인 결속력, 신뢰, 사랑 자체 등 상징적·감정적 재화의 측면에서도—과 관계 있다고 보는 편이 더 정확하다(Illouz 1997). 다시 말해 국가 통계 자료는 미국에서 점점 더 [계층에 따른] 이혼율의 차이가 심해지고 있음을 보여 준다. 1970년대 이래 교육 수준이 높은 남녀의 부부 관계가 파경에 이르는 비율은 극적으로 낮아졌지만 교육 수준이 낮은 남녀의 이혼율은 계속 유지되었다. 예컨대 결혼 10년 내에 파경에 이른 여성 중 4년제 대학을 졸업하지 않은 경우는 대졸자의 두 배였다(Cherlin 2009; Martin 2004).[3] 대졸 여성 열 명 중 아홉 명이 결혼을 먼저 하고 출산한 반면, 고등학교까지 졸업한 여성은 열 명 중 여섯 명만이 출산을 결혼 후로 미뤘다. 이는 애초에 소득 분포상 상위층에서 태어난 이들이 결혼의 물질적·상징적 이익(각자의 수입과 자산을 합쳐 큰 지출에 따르는 리스크를 줄이는 식으로)을 챙긴다는 뜻이다(Cherlin 2009). 이런 [이혼이나 출산 관련] 패턴은 이혼율이 훨씬 높은 흑인 커플들에게서 특히 더 확연하게 드러난다(Cherlin 2009).

내가 인터뷰한 노동 계급 청년 100명 중에서는 열여덟 명만이 결혼한 상태였다. 쉰여섯 명은 싱글이었고, 스물한 명은 연애 중이거나 동거 중이었으며, 다섯 명은 이혼했다. 내가 보기에는 이들 다수가 과거의 견고함과 현재의 유연함 사이에 갇혀 있었다. 한편으로 청년들은 헌신하는 관계가 깨지기 쉬워 불안하다면서 평생 지속되었던 과거의 결혼을 향수 어린 눈길로 동경했다. 개인의 행복에 근거할 뿐 아니라 시간이 흐를수록 안정감이 더해지는 초월적인 역할과 의무에도 기반을 둔 지속적인 관계를 갈망한 것이다. 실제로 여러 싱글 남녀가 연애 관계를 피했는데, 느슨하거나 일시적으로만 관계 맺을 바에는 혼자인 편이 더 낫다고 생각했기 때문이다. 다른 한편으로 응답자들은 치료적인 혹은 '순수한' 관계를 원한다고 말했다. 이는 자아의 가장 깊은 부분에 자양분을 제공하고, 개인적 필요를 충족해 주며, 가장 중요하게는 감정적이거나 금전적인 의무로 서로를 짓누르지 않는 관계다.

경제적·사회적 취약함은 이 긴장을 배가한다. 두 모델 모두 일자리 불안정과 리스크 사유화라는 압력 탓에 깨지기 쉬워지는 것이다. 싱글이고(56명) 연애 중이며(21명) 이혼한(5명) 정보 제공자는 낭만의 영역에서 두려움―무가치한 사람으로 여겨질지도 모른다는, 자아를 잃을지도 모른다는, 배신당할지도 모른다는, 자신이 가진 아주 약간의 것조차 잃을지도 모른다는─에 휩싸여 있었다. 또 결혼한 이들에게는 가정이 영속적인 전장이었다. 그들은 이 전장에서 두려움과, 그리고 굳건하게 지속되는 결속력에 대한 갈망과 씨름했다. 실직, 질병, 장애 같은 경제적·사회적 충격을 온전히 개인이 책임져야 하는 시대에 친밀함은 또 하나의 리스크가 되며, 노동 시장과 연애 시장에서 인종주의라는 추가 부담을 지고 있는 흑인 남녀에게는 더더욱 그렇다. 일상이 예측 불가능하고 불안하며 리스크로 가득하기 때문에 청년들은 가장 친밀한 관계에 집착할 수밖에 없다. 이 과정에서 이들은 가뜩이나 한정된 자신의 사회적 자원 풀을 더욱 줄이게 될 뿐 아니라, 안전을 포기하고 삶의 궤도를 불안정하게 만들며 헌신을 또 하나의 리스크투성이 모험으로 변형하게 된다. 아이는 여전히 헌신과 안정의 최후 보루지만, 젊은 부모가 가족을 꾸리는 배경을 이루는 사회 제도들은 종종 타인과 결합해 삶을 꾸려 가려는 이들의 욕망을 가로막는다(Edin & Kefalas 2005; Sliva & Pugh 2010).

영원한 관계의 불가능성

평등한 관계라는 이상이 부상했음에도 불구하고 불안정한 저임금 서비스 부문에서 일하는 남성들은 전통적인 부양자 역할을 제대로 수행할 수 없으리라는 두려움을 느낀다. 그리하여 이들은 친밀함을 원하면서도 관계 맺기를 피하고 있다. 한 슈퍼마켓의 고객 서비스 상담원인 백인 남성 케빈은 연애가 "저 뒤 후순위"라고 말했다. 24시간 영업하는 곳이라 근무 스케줄이 일정치 않고 노동 시간도 길기 때문이다.

그럼요, 여자 친구를 사귈 수도 있겠죠. 그런데 저한테 정말 시간이 있을지 모르겠어요. 특히 여기서 일하는 동안 여자 친구와 보낼 시간이 있을지가 문제죠. 몇 시간이나 일해야 하는지 알 수가 없으니까요. 그래서 언제까지 간다거나 언제쯤이면 만날 수 있겠다고 말하기가 어려워요…… 그런데 여자들은 그런 걸 바라잖아요.

일하는 시간이 길고 불규칙한 케빈은 파트너의 요구를 제대로 맞출 수 없을 것이라는 두려움에 여자 친구를 사귀려는 시도도 못 하고 있다. 대신 그는 과거에는 관계가 안정적이고 헌신적이었다는 몽상에서 위안을 구한다. 포스트산업 노동 계급 가족의 취약함을 감안할 때 이는 현실적이기보다는 향수에 젖은 태도라 할 수 있다.

안정적인 삶이 제일 중요해요. 진부한 소리처럼 들리겠지만 아내와 안락의자에 앉아 「더 딕 반 다이크 쇼」 같은 텔레비전 프로를 보는 아저씨가 되고 싶은 거죠. 저는 자라면서 이사를 많이 다녔고 그래서 가족 관계가 끈끈했던 적이 없어요. 그런 가족을 꾸리는 게 제 꿈이에요. 조용하고 안정감 있는 가정, 모든 게 다 괜찮은 가정 말이죠. 모든 사람이 부자가 되기를 바라죠. 하지만 정말로 그만큼 돈이 필요한 건 아니잖아요. 저는 편안하고 안정적인 정도면 만족해요.[4]

스물일곱 살 자동차 정비사인 앤드루도 성공한 성인기를 지속적인 헌신 및 신뢰와 결부시켜 묘사했다.

어른이 된다는 건 경력을 쌓거나 완벽한 삶을 누리는 것보다는 아내를 만나는 거, 절 110% 믿어 주는 사람을 만나는 거라고 생각해 왔어요. 그런 사람이 없다면 가진 게 아무것도 없는 셈이니까요. 아이는 둘이면 좋겠어요. 아니면 셋? 그리고 돈도 적당히 벌어서 아내가 원하지 않으면 일하지 않아도 되면 좋겠어요. 하고 싶으면 하고 하기 싫으면 안 해도 될 정도로요…… 아이들을 잘 돌봐야겠죠. 어렸을 때 일을 해야 가질 수 있었던 것들…… 부모님이 저한테 주지 못했던 모든 걸 제 아이들에게는 주고 싶어요. 그냥 큰 그림 같은 계획이에요. "크면 소방관이 되고 싶어" 같은 거죠. 구체적인 계획이 아니라요. 누군가와 함께 나이 들어 가는 사람, 내가 할 수 있는 최선이 뭔지 아는 사람이 되고 싶어요.

한 층위에서 이 남성들은 (백인) 남성 노동력의 상실에 쓰라림을 느낀다. 그러면서 노동은 남성적이고 가정과 양육은 여성적이었던 산업 노동 계급의 삶으로 돌아가기를 갈망한다(Chodorow 1978). 자신이 누구고 어떤 사람이 되기를 바라는지에 대한 남성들의 서사는 남성이 부양자라는 문화적 정의에 기반을 두고 있다. 이들의 잠재 소득액이 줄어 (남성) 성인기에 대한 이 서사를 현실에서 실현할 가능성이 약화되고 있음에도 말이다. 에비아타 제루버블이 설명했듯 "우리는 절대로 돌아갈 수 없는 과거에 특히 향수를 느낀다.……마찬가지로 우리는 극적인 변화가 생겼던 시기에도 향수를 느낀다"(Zerubavel 2003: 39). 다른 층위에서 이 남성들은 흰 울타리 집,「더 딕 반 다이크 쇼」, 영원한 사랑 등의 향수 어린 이미지(가족 해체, 경제적 어려움, 사회가 표류하고 있다는 만연한 감각으로 특징지어지는 자신의 과거와 선명하게 대비되는)를 떠올림으로써 현대 가족 생활의 유동성과 불안정성이 지극히 불만족스러움을 드러낸다.

경제력, 남성다움, 결혼이 맺고 있는 깊은 문화적 연관관계는 특히 흑인 남성에게 부정적인 영향을 미친다. 대침체에 직면해 장기 실업과 차별에 맞서 싸우고 있는 이들은 종종 헌신해야 하는 관계 자체를 피하곤 한다.[5] 안정된 경제적 기반이 없는 청년 남성은 헌신하는 관계를 고려조차하지 않는다. 다른 사람을 돌본다는 생각이 아주 위험하다고 느끼기 때문이다. 여성복 매장에서 야간 근무를 관리하는 서른네 살 흑인 청년 브랜든은 이렇게 설명했다. "종일 소파에 앉아 텔레비전이나 보고 버거킹 햄버거나 먹기를 원하는 여자는 없잖아요. 지금은 제 몸 하나 감당하기에도 벅차요. 저는 삶을 놓쳐 버렸어요. 대신 지금 가지고 있는 걸로 때우는 거죠." 이들은 혼인 관계를 꺼린다. 결혼과 가족을 거부해서가 아니라 경제력이 곧 남성성이라는 문화적 정의가 성인기를 바라보는 이들 시각의 핵심에 자리잡고 있어서다. 결혼과 아이가 자신을 피해 간다고 느끼면서 이들은 상실감에 휩싸이며, 성인기의 유동성이나 미래의 불확실성을 걱정하면서 깊은 문화적 불안을 느낀다. 스물다섯 살 흑인 남성 더글러스는 아쉬워하며 이렇게 말했다. "예전에는 스물한 살이면 결혼하곤 했죠. 이제는 안 그래요. 신뢰가 사라졌어요. 사람들은 예전 같은 방식으로 서로를 사랑하지 않아요." 동시에 청년들은 자신이 재빨리 잠재 소득액으로 평가된다는 것을 깨닫고는 원한 감정에 사로잡히며, 그 탓에 결혼이 도덕적으로 정당한지 의심하게 된다. 의료비 청구 대행업체에서 야간에 일하는 스물다섯 살 흑인 청년 네이선은 인터뷰를 농담으로 시작했다. "스물다섯이면 결혼해야죠." 하지만 결혼의 의미와 가능성을 묻자 곧 심각한 표정을 지었다. 그는 씩씩대며 "요즘은 정말로 쇼에 더 가까운 것 같아요"라고 말했다. "반지도 필요하고 이것저것 많이 준비해야 하잖아요. 그런데 정말로 그런 게 다 필요한가요. 왜 꼭 법에 구속돼야 하는 거죠. 무슨 말인지 아시죠, 쇼예요 쇼."

"내 남자로 뭘 할 건지가 중요하죠"

흑인 남성은 심각한 경제적 불이익을 겪으면서 종종 혼인 관계에 반감을 가진다. 그리고 이런 태도는 미래 지향적이고 헌신적인 남자를 찾는 흑인 여성에게도 깊은 영향을 미친다. 대학 졸업 후 줄곧 임시직으로 일해 온 스물다섯 살 흑인 여성 그레이스는 자신을 기업가로 바라보고 있으며, 자금을 마련해 운동화 사업을 시작하고 싶어 한다. 이렇게 현재 자신이 "경력에 집중하고" 있다고 설명했지만 결국에는 결혼하고 싶다고 털어놓았다. 하지만 지난해에는 연애를 한 번도 하지 않았다고 한다.

실바 주로 남자의 어떤 면을 보나요?

그레이스 그 사람의 능력을 봐요. 마지막에 만났던 남자는 아는 게 없었어요. 머리가 없는 것 같았다니까요. 자기가 뭘 하고 싶어 하는지도 몰랐어요. 지난 5년 동안 점점 짜증만 나더라고요. 그냥 빈둥거리는 사람이거든요. 참을 수가 없었어요. 무언가 답이 필요했죠.

실바 방향 같은 것?

그레이스 맞아요. 그 사람은 방향이 없었어요. 저보다 열 살 가까이 많았는데도요. 그게 정말 괴로웠죠.

실바 비슷한 얘기를 정말 많은 사람한테 들었어요. 안정적이거나 믿을 수 있는 사람이면 좋겠다는 얘기요.

그레이스 그러니까 말예요. 그 사람은 거짓말도 너무 많이 했어요.

브랜든이나 네이선 같은 남성에게 노동 시장이란 계층 상승의 꿈을 거듭 우롱하고 앗아 가는 곳이었다. 반면 여성들은 앞으로 나아가지 못하는 남성에게 성격상 결함이 있다고 생각하며, 종종 혼자인 편이 더 낫다고 판단한다. 셜리 힐이 설명하듯 "더 많은 특권을 지닌 흑인들에게는 ······결혼이 경제적으로 합리적인 일일 수 있지만, 가난한 여성은 희생을 바라지 않는 경향이 있다. 생활 수준을 향상시킬 능력이 없는 남자 때문에 자신이 확보한 약간의 자율성마저 포기하지는 않으려는 것이다"(Hill 2005: 11).

남성들은 전통적인 남성 의무를 충족할 능력이 없다면서 헌신하는 관계를 피하는 자신을 정당화하지만, 여성들은 이를 순전히 이기적인 태도로 여긴다. 여성들은 또래 남성에게 헌신이 부족하다며 한탄한다. 사샤는 이렇게 표현했다.

연애할 때 남자들은 여자들보다 수준이 낮은 것 같아요. 케이크 한 조각으로는 만족하지 못하는 것 같달까요. 한 조각으로도 충분한데 네다섯 조각은 돼야 만족해요. 한 조각만 있어도 여러 조각으로 할 수 있는 걸 충분히 다 할 수 있는데 말예요. 남자보다 여자가 더 빨리 성숙해진다는 말도 있잖아요. 이게 그런 건지는 모르겠지만요. 그래도 사귀고 싶은 사람에 대한 기준은 있어요.

유머러스한 케이크 비유를 일단 제쳐 두면, 사샤는 남자가 충분히 괜찮은 사람이 아닐까 봐―그리고 결국에는 배신당할까 봐―두려워 헌신하는 관계를 경계하게 되었음을 알 수 있다.

또 다른 흑인 여성 캔디스는 인종 불평등이 연애 경험을 틀 지었다고 분명하게 강조했다. 그녀는 흑인 노동 계급 남성들과 연애한 경험을 돌이켜 보고는 이렇게 설명했다. "그 사람들은 저한테 정말 잘해 줬어요. 가진 건 얼마 없었지만 다 줬죠. 제게 시간을 썼고 제 주변에 있어 줬고 제 말을 들어 줬어요. 그런 건 다 좋았어요. 하지만 이런 건 다른 사람도 해 줄 수 있는 일이잖아요. 친구도 할 수 있는 일이고요. 내 남자로 뭘 할 건지가 중요하죠. 전 그 남자의 여자로 모든 걸 하고 있으니까요. 그 남자가 뭘 할 건지가 중요해요." 함께 자란 다른 여성들과 자신을 구분하는―"저는 다 잘하고 있어요. 임신한 적도 없고 마약도 안 했어요"―

캔디스는 양쪽 파트너가 감정 면에서나 금전 면에서나 동등하게 기여하는 관계를 원한다. 그리고 불평등한 이 사회에서는 중간 계급 백인 남성이 자신의 기대를 더 잘 채워 주리라는 사실을 알고 있다. 그런데 대학 때 백인 남성과 한 번 연애한 경험은 불만족스러웠다고 한다.

절 정말 정말 좋아한 백인 남자애가 있었어요. 우선 흑인 남자랑은 다르더라고요. 뭘 해도 저랑 같이했거든요. 그런데 감정적으로 요구하는 게 많았어요. 그걸 감당하기가 힘들었죠. 엄마보다도 더 했어요. 그래서 걔한테 난 남자 친구가 필요 없고 대신 우리가 좋은 친구는 될 수 있다고 말했죠. 그랬더니 걔가 대학에서 여자를 많이 만나 본 건 아니지만 너는 특별하다고 하더라고요. 좋고 멋진 말이긴 하죠. 그래도 저는 아무와도 사귀고 싶지 않았거든요. 누구도 사귈 마음이 아니었어요. 그런데 걔는 제가 헤어지자고 하면 감당 못 할 게 뻔했어요. 하루는 걔랑 루비튜즈데이[미국의 패밀리 레스토랑]에 갔어요. 이제까지 전 흑인 남자가 우는 걸 본 적이 없는데 [이 백인 남자가—실바] 공공 장소인 루비튜즈데이에서 우는 거예요. 지난 몇 개월 동안 말한 것처럼 더는 너랑 사귈 수가 없다고 말했는데, 걔가 루비튜즈데이에서 울어 버린 거예요.

그레이스처럼 캔디스도 자신이 대단히 독립적이고 가능성으로 가득 차 있다고 생각한다. 그래서 경제 면에서나 감정 면에서나 관계에 기여할 수 있는 파트너를 원한다. 흑인 남성에게 아주 비판적인—그녀의 분노는 깊은 배신감을 얇게만 가리고 있을 뿐이었다―캔디스는 대학에서 만난 중간 계급 백인 남성과 연애하는 것이 안정성과 동등함을 획득하는 유일한 기회였을 수 있다고 생각한다. 그러나 그와 동시에 그녀는 아주 전통적인 노동 계급 남성성에도 여전히 매력을 느낀다. 자신을 흠모하는 사람이 공공장소에서 울음을 터뜨리자 충격과 혐오감을 느꼈다는 사실이 이를 알려 준다. 캔디스는 곰곰이 생각하더니 이렇게 말했다. "백인 가족들이 어떤지, 그 사람들이 얼마나 잘 살아가는지 알아요. 하지만 제가 원하는 건…… 전 흑인 가족을 원하게 될 거예요. 그런데 이게 제가 인종주의자여선지, 배려심이 없어선지, 과거에 집착해선지, 아니면 그냥 편파적이어선지는 잘 모르겠어요." 이 시나리오에서 캔디스의 낭만적 욕망은 그녀의 금전적 이해 관계와 상충한다. 그녀는 이 덫에서 빠져나올 방법을 알아내기 전까지 헌신하는 관계를 피하려 하고 있다.

부서지기 쉬운 자아 보호하기

백인 여성들도 헌신하는 관계에 대한 두려움을 표출했다. 이 경우에는 자아를 상실할지도 모른다는 두려움이었지만 말이다. 스물여덟 살 보조 요리사 켈리는 성인이 되는 과정에서 생존하기 위해 자기만을 신뢰하고 자기에게만 의존하는 법을 배웠다고 설명했다. 지난 10년간 그녀는 살아남고자 애썼다. 차에서 지내기도 했고 약물 중독에서 벗어나려 고군분투하기도 했다. 그녀의 팔에 희미하게 남아 있는 상처가 이 분투를 기념하고 있었다(나는 5장에서 약물 중독 서사를 심도 있게 검토할 것이다). 켈리는 현재의 맑은 정신sobriety, 독립, 안전함을 지키고자 열심히 노력해 왔다고 한다. 우리의 대화 주제가 관계 문제로 옮겨 갔을 때 그녀는 "누군가와 결혼한다고 생각하면" 좋기는 하지만 결혼하려 일부러 노력하지는 않는다고 말했다.

켈리 누군가와 함께 있는 생각을 하면 좋아요. 하지만 지금은 제 개인적인 모든 걸 누군가에게 믿고 맡기는 건 상상하기도 힘들어요. 다른 사람이랑 관계를 맺으려면 그래야 하는데 말예요. 누군가와 관계 맺을 때면 그 사람을 신뢰하고 많은 걸 공유하려는 편이에요. 그런데 편집을 하게 돼요. 사실을 편집하는 건 아니고 제 성격을 여기저기 편집하게 되는 거죠. 그러다 저라는 인간이 제가 정말 좋아하지 않을 만한 사람이 되고 있다는 걸 깨달아요. 안 좋은 점을 고치면서 재밌는 면도 없애 버리고, 그래서 특징도 없고 자신감도 없는 사람이 돼 버리는 거죠. 제가 바란 적 없는 그런 사람 말예요.
실바 그렇군요. 그럼 차라리……
켈리 커플이지만 변변치 못한 사람이 될 바엔 치열하게 혼자 사는 게 나아요.

켈리가 생각하는 이상적인 관계는 자아의 가장 깊은 부분까지 서로 나눈다는 치료적 관점에 바탕을 둔다. 그녀는 자신 곁에 있을 남자 때문에 이 이상—혹은 이 이상이 옹호하는 "[그녀의—실바] 안 좋은 점들"—을 포기하지는 않을 것이다. 또 힘들게 획득한 그녀의 자아감은 부서지기 쉬우며, 그래서 켈리는 다른 사람과 관계 맺느라 그것을 잃는 리스크를 감수할 수는 없다고 생각한다. 막대한 사회적·경제적 부담을 감내하면서 자란 노동 계급 여성들은 타인에게 의존하는 일이 너무나 위험하다고 느낀다. 그렇기에 이들은 치료적 연애관의 이상이 해방적이라고 이해한다(Illouz 2007). 이것이 혼자가 되는 것을 의미할지라도.

자신이 레즈비언이라 소개한 백인 여성 세 명도 자아를 상실할지 모른다는 두려움을 느끼고 있었다. 서른한 살로 예전에는 트럭을 운전했고 지금은 미술을 공부하는 모니카는 자신이 어떤 사람인지 조금 더 분명하게 알기 전까지는 헌신하는 관계를 맺지 않기로 결심했다.

실바 그럼 지금은 일생을 함께할 파트너를 원하지 않는 건가요?

모니카 전혀요. 관계 문제로 상처받은 적이 많고 시간도 너무 많이 쏟아부었어요. 그러다 보니 제 삶의 다른 부분이 어떻게 되고 있는지를 놓쳐 버렸더라고요. 그래서 지금은 정말 혼자이고 싶어요. 어려운 일이기는 하죠. 연애 중에는 완전히 망가져요…… 심지어는 뭘 하고 싶은지도 잊어요. 상대방이 하는 게 다 맞겠거니 하면서요. 그러다 헤어지면……

실바 내가 지금 어디에 있나 하는 생각이 드나요?

모니카 맞아요. 내가 지금 어디에 있는 거지? 내가 지금 왜 바느질을 하고 있는 거지? 바느질을 좋아하지도 않는데? 이런 생각이 드는 거죠.

레즈비언이라는 이유로 아버지가 집에서 쫓아낸 이후 혼자 힘으로 살아온 로런도 파트너를 원하지 않았다. 힘들여 획득한 자율성을 위협받을 수도 있다고 생각했기 때문이다. "저는 저처럼 장애물을 극복하고 그 과정에서 배움을 얻고 성장한 사람이 좋아요. 장애물에 걸려 늘 희생자 신세인 사람 말고요." 이렇게 로런은 삶을 공유할 '백마 탄 공주님'Princess Charming을 바란다. 하지만 감정 소모라는 리스크를 감수하지는 않으려 한다. 가족(그리고 그보다 더 큰 단위 사회)의 지원을 더는 받지 못할 때 레즈비언 여성들은 혼자 힘으로 살아가는 능력이 정말로 중요함을 깨닫는다.

하지만 또 다른 백인 여성들은 이런 외견상의 자유보다 상상 속 과거의 안정성을 훨씬 더 반겼다.

가정 주부로 살면서 아이를 낳아 키우는 삶을 원하는 여자는 별로 없죠. 그런데 제가 그런 사람이에요. 저는 그런 여자가 되고 싶어요. 종일 일하고 집에 돌아와 저녁 먹는 남자가 좋아요. 저는 집이랑 정원에서 하루를 보내고 아이를 키우고요. 저는 이런 게 좋아요. 그래서 제게 여자가 된다는 건…… 젠더 문제는 별로 중요하지 않은 것 같아요. 저는 여자로 사는 게 좋고 돌봄받는 것도 좋아요. 제가 여자애라는 이유로 어느 동아리에 들어갈 수 없다면, 그럼 어쩌겠어요, 그냥 여자애들이 있는 동아리에 가입해야죠 뭐.

여기서 들로리스는 평등한 젠더 관계를 약속한 페미니

즘에 대한 반감을 드러내고 있다. 확실히 "포스트산업 사회와 세계 경제의 불안정한 조건들은 안정을 향한 갈망을 강화하는 듯이 보이며", 산업화 시대 가족이 맡았던 제한과 보호 역할 모두로 돌아가려는 욕망에 불을 지핀다 (Stacey 1998: 260).

헌신이라는 리스크

노동 계급 청년에게 헌신은 시장의 외적 리스크를 막아 주는 울타리가 아니다. 이들은 헌신이 이미 과도한 요구를 짊어지고 있는 포스트산업 노동력의 어깨에 올려진 추가 요구라는 것을 일찌감치 터득한다. 많은 청년이 불완전 고용, 장애, 질병, 약물과 알코올 중독 때문에 가족 관계가 무너지는 모습을 지켜봐야 했다. 특히 여성들은 어머니가 범한 실수를 보면서 관계 맺는 법을 깨우쳤다고 말했다. 스물네 살 흑인 여성 완다의 부모는 지난 10년간 헤어졌다 다시 합치는 과정을 반복했다. 완다는 부모를 이렇게 묘사했다. "아빠는 말만 번지르르한 사람이에요. 무슨 말인지 아시죠? 엄마는 그런 사람한테 너무 약하고요. 아빠 같은 사람이나 다른 별의별 남자를 봤더니 관계를 맺고 싶지가 않아요." 애인은 있지만 결혼은 미루기로 결정한 앰버는 곰곰이 생각하더니 말했다. "엄마는 성장할 기회가 한 번도 없었던 사람인데, 새총에서 튕겨 나간 것처럼 갑자기 성인이 됐죠. 열여덟 살에 임신했는데 자기가 무슨 일을 벌이고 있는지도 몰랐어요. 새총에서 튕겨 나간 것처럼 갑자기 어른이 된 거예요." 많은 청년의 가족사가 경고성 이야기로 가득 차 있다. 관계를 맺어 봤자 파경으로 끝날 가능성이 크기 때문에 이들은 관계에 시간과 감정적 에너지를 쏟는 데 두려움을 느끼며, 그렇게 낭만적 관계를 망설이게 된다.

스물다섯 살 백인 여성 질리언은 진지하게 사귄 남자가 한 명도 없다는 사실에 후회와 어느 정도는 부끄러움을 느꼈다. 혼자 사는 아파트 월세를 내면서 차도 살 계획을 세우고는 고등학교 졸업 후 지역 술집에서 일주일에 70시간이나 일해 왔으며, 그러다 보니 데이트할 시간도 에너지도 없다. 가족 구성원 중에서 유일하게 고용 상태를 유지하고 있는 그녀는 가족들이 빚지지 않게 도와야 하고, 어머니가 운영하는 아이스크림 가게가 겨울에는 장사가 안 돼 월세도 보태야 하며, 언니가 자동차 사고를 내거나 조카 교복이 필요할 때는 돈을 보내야 하고, 심지어는 남동생 대학 등록금도 카드로 내 주어야 한다(남동생은 누나에게 돈을 갚겠다고 했지만 아직 그러지 않았다. 이것이 질리언 가족을 휘감은 깊은 긴장감의 한 축이다).

감정 면에서나 금전 면에서나 진이 빠진 질리언은 "아직 미래를 계획하지 않은 것이 굉장히 무서운 일이라는" 사실을 깨달았지만, 학자금을 대출받거나 취업 기회가 더 많은 도시로 이사 가면 현재 확보한 작은 안정성마저 잃을까 봐 몹시 겁낸다. 리스크 감수가 일으키는 두려움은 친밀함의 영역에도 영향을 미친다. 그녀는 결국에는 실패할 수도 있는 관계에 시간과 감정적 에너지를 쏟아붓기를 두려워한다. "저는 장기적인 관계를 생각하거든요. 하룻밤 섹스 같은 건 이해가 안 돼요. 관계를 맺느냐 아니냐인 거죠." 불안정한 경제적·사회적 상태에 처하지 않고자 싸워 온 질리언은 현대의 이상적 관계—단계마다 양 파트너가 헌신과 사랑과 섹스의 의미를 협상해야 하는—가 초래하는 리스크가 너무 크다고 생각한다(Beck & Beck-Gernsheim 1995; Bellah et al. 1985; Giddens 1992도 참조). 질리언은 성인기의 의미를 곰곰이 생각하더니 이렇게 설명했다.

질리언 저는 정말로 일과 돈에 집중했어요. 독립해 차도 사고 집도 마련하려고요. 그렇게 살았어요. 그런데 지금은, 아시다시피 전 스물다섯 살이에요. 남자 친구 사귀고 싶다는 생각은 한 번도 안 해 봤어요. 장기적인 관계를 생각하거든요. 친구들은 그냥 몇 주만이라도 남자를 사귀어 보래요. 뭐 어떠냐면서요. 저는 그런 게 끌리지가 않아요. 진지한 관계만 맺고 싶어요. 친구 관계든 일터 관계든 연애 관계든 말예요. 저는 대충 때우거나 가끔씩만 그러거나 하는 성격이 못 돼요. 관계를 맺느냐 아니냐인 거죠. 이사를 가면 연애할 수도 있겠죠. 남자 친구가 없어 외로운 건 사실이에요. 남자 친구가 생기면 정말 좋을 거예요. 그런데 이사 갈 생각을 하면 관계 맺기가 망설여지는 거죠.

실바 어떤 남자를 바라는지 생각해 본 적 있어요?

질리언 네, 친구가 웃긴 얘기를 한 적이 있어요. 제가 찾는 남자는 교회에 있을 거래요. 제가 원하는 남자는, 제 생각에는 관계가 견고해지고 의미를 가지게 되고 시간을 보낸 뒤에 섹스하는 게 맞는 것 같아요. 그래서 저는 참고 기다릴 줄 아는 남자가 좋은데, 20대 중반 남자 중에서 그런 사람을 찾기란 하늘에 별 따기죠. 그러니까 섹스하기 전에 관계를 잘 다져 놓으려고 노력할 의지가 있어야 하는데 그런 사람 찾기가 참 어렵잖아요. 저는 로맨틱한 남자를 원해요. 그리고 관계에 대한 생각이 저랑 같으면 좋겠어요. 그러니까 제대로 된 관계를 맺고 오랫동안 유지하기를 바라는 사람이어야겠죠. 그런데 깊고 의미 있는 관계를 찾는 20대 남자가 어디 있나요.

대부분 응답자와 마찬가지로 질리언도 성인기의 관습적인 기준들이 자신을 스쳐 지나가는 것을 불안하게 지켜보고 있다. 그러면서 사람들이 믿는 성인기의 경로에서 이탈했음을 절절히 깨닫는 중이다. "아직 미래를 계획하지 않아 굉장히 무서워요. 벌써 스물다섯 살이에요. 몇 년 뒤면 가정을 꾸리고 싶겠죠. 40대에 첫 애를 낳고 싶지는 않아요. 젊은 엄마가 되고 싶죠. 그러면 서른 살 정도에는 결혼해야 할 텐데, 그건 5년 안에 정신을 차리고 제대로 준비해야 한다는 얘기죠. 절대 그렇게는 안 될 거 같아요."

두려움에 마비된 청년들

가진 것을 잃을지도 모른다는 두려움 때문에 청년 남녀는 동거에서 결혼으로 나아가지 못한다.[6] [자동차] 정비사인 백인 남성 앤드루는 예전에는 늘 "누군가와 함께 나이 들어 가는 사람, 내가 할 수 있는 최선이 뭔지 아는 사람"이 되기를 꿈꿨으나 지금은 여자 친구와 같이 살고 있음에도 프러포즈할 계획은 없다고 말했다.

앤드루 그것도 좀 민감한 부분인데, 이제까지 괜찮은 여자를 많이 만나 봤어요. 그런데 제가 헌신하는 관계를 잘 못 맺는다는 게 문제예요. 노력해서 이 문제를 고쳐야 하는데 말이죠. 정말 괜찮은 여자를 많이 사귀었지만 다 잘 안됐어요. 여자들은 어려워요. 진짜 어려워요. 그러니까 저희 집은 결혼하면 평생 같이 사는 유형이에요. 그래서 저도 딱 한 번만 결혼할 거예요. 그런데 진짜 좋은 여자를 놓친 것 같아요. 이 사람인지 확신을 못 했던 건데 이런 문제는 늘 어렵잖아요. 여자 친구를 찾는 건 쉬워요. 그 사람이 바로 이 사람인지 확신하기가 어렵죠.

실바 나이가 들면서 본인이 더 신뢰 가는 사람이 되었다고 생각해요?

앤드루 아닌 것 같아요. 이제 헌신 문제는 조금 덜한데 다른 문제 하나는 그대로예요. 저는 큰 그림을 장기적으로 보기 때문에 누군가에게 헌신하기 전에 그 사람을 제대로 판단하려고 하는 편이에요. [결혼을] 딱 한 번만 하고 싶으니까…… 그게 어렵죠. 헌신에 대해서는 조금 덜 엄격해진 것 같기는 해요. 저는 바람 피우는 타입이 아니에요. 또 세상에는 제가 만날 수 있는 사람도 많죠. 혼자일 수도 있고 누군가와 함께일 수도 있겠지만 같이 있기로 마음먹으면 제가 가진 걸 다 줘야죠. 그렇게 하지 않는다면 같이 있고 싶지 않다는 뜻일 테니까요.

그는 현재 여자 친구와 동거 중이다. 혼자 살고 싶지는 않기 때문이다. 하지만 그녀가 "바로 이 사람"인지는 확신하지 못하고 있다. 어떤 점을 중요하게 고려하는지 설명해 달라고 하자 그는 이렇게 답했다. "제 생각에는 신뢰가 중요해요. 또 돌봄이, 진정한 돌봄이 중요한 것 같아요. 다른 사람에게 신경 쓰는 만큼 서로를 돌봐야 한다고 생각해요." 자신감 있는 파트너를 원하는 앤드루는 치료적 관계라는 이데올로기의 영향을 받고 있다. 이 이데올로기가 내세우는 바에 따르면 "자기 자아를 이해하고 궁극에는 받아들여야 다른 사람과 제대로 관계 맺을 수 있다"(Bellah et al. 1985: 98). 하지만 치료 논리는 다음과 같은 의미도 포함한다. "그 어떤 구속력 있는 의무와 넓은 사회적 이해도 관계를 정당화하지 못한다. 관계란 자유로운 자아들에 의해 형성되는 동안에만 존재할 수 있다. 서로의 요구를 더는 충족할 수 없다면 관계도 끝나야 한다"(107). 그런데 그와 동시에 앤드루는 부모가 보인 것 같은 절대적인 헌신도 바란다. 서로 경쟁하는 두 문화적 연애 논리—하나는 전통적이고 하나는 치료적인—사이에 갇혀 있는 셈인 것이다. 이 탓에 그는 계속 찾기만 하고 있다(Swidler 2001).

소방관인 엘리엇은 여자 친구와 함께 살며 둘 사이에는 두 살배기 아들이 있다. 그는 결혼하면 여자 친구에게만 헌신해야 할까 봐 두려움을 느낀다. "저희 둘 다 그래요. 고장 나지 않았으면 고칠 필요도 없다는 주의죠. 둘이 잘 지내고 있어요. 결혼 안 해도 배우자 공제를 받을 수 있어요. 적어도 매사추세츠주에서는요. 그러니 굳이 결혼할 것까진 없는 거죠." 스물여섯 살 바텐더로 남자 친구와 거의 10년째 사귀고 있는 헤더에게 결혼하고 싶냐고 물었을 때도 비슷한 답이 돌아왔다. "아니요, 지금도 괜찮아요." 이어서 그녀는 더 안정적인 일자리를 구할 수 있다면 결혼을 고려

할 수도 있다고 말했다. 주 6일 야간 근무를 나가고 있으며 새벽 네 시 전에 집에 들어오는 날이 별로 없기 때문이다. 노동 시간이 특히 불규칙한 그녀에게는 관계의 안정성을 지키는 것이 결혼보다 중요하다.

핵가족에서 협상 가족으로

결혼한 열여덟 명의 정보 제공자에게 친밀함과 결부된 문제는 결혼식장에 들어선 순간 마법처럼 사라지는 것이 아니었다. 결혼은 안정된 결말보다는 끝없는 협상에 더 가까워졌다. 커플들은 자신이 경쟁하는 두 사랑 논리 사이에 갇혀 있음을 깨닫지만(Swidler 2001) 둘 중 어느 하나만을 따를 수는 없다.[7] 한편으로 이들은 양쪽 부모로 구성되고 엄격하게 젠더 역할을 나누는 전통적인 가정을 꾸리려 하지만 이 목표를 달성하는 데 필요한 경제적 수단이 없음을 알게 된다. 다른 한편으로 이들은 자아의 가장 깊은 부분까지 성장할 수 있도록 돕는 치료적 관계를 구축하려 하지만 자아를 실현하는 데 필요한 자원이 없음을 금세 깨닫는다. 결혼이 자발적이며 궁극에는 파경에 이를 수도 있는 현재의 문화적 배경하에서 커플들은 (자기 자신과 자녀에 대한) 헌신과 영속성을 유지하기 위해 개인적 욕망과 필요를 희생할지를 매일매일 판단해야 한다.

오늘날처럼 노동 시장이 불안정한 상황에서 전통적인 핵가족을 유지하기란 어렵고 때로는 불가능하다. 주방위군 주말 훈련장에서 인터뷰를 진행하던 중 만난 카이애너와 커티스는 결혼한 흑인 커플이다. 처음에 가볍게 몇 주

만나다가 의도치 않게 카이애너가 임신하게 되었다고 한다. 그녀는 패닉 상태에 빠졌다. "저는 아기를 지우려 했어요. 끔찍한 소린 건 알아요. 하지만 그때 달리 뭘 할 수 있었겠어요? 저한테는 다른 계획들이 있었거든요."[8] 하지만 낙태를 경험하고 후회한 적 있는 친구와 상의한 다음 낙태를 포기했다. 그녀는 섹스와 결혼, 사랑과 섹스를 분리해 생각할 줄 알았지만 여전히 어머니가 되는 일이 중요하다고 생각하는 편이었다. 커티스로 말하자면 카이애너와 결혼해 아이 아빠가 되는 게 당연하고도 유일한 선택지였다.

이 사람이 임신했을 때 그건 좀 더…… 제 아빠는 평생 저를 돌봐 줬어요. 저녁마다 아빠가 식사를 차렸죠. 그렇다고 해서 아빠가 그런, 무슨 얘긴지 아시죠, 아빠는 할 수 있는 일을 한 거죠. 아니, 아빠는 저희를 키우면서 모든 걸 줬고 또 훌륭히 해냈어요. 그러니 저도 아이가 있는데 아무것도 하지 않는 사람이 돼선 안 되겠죠. 할 수 있는 건 뭐든 해야죠. 아빠처럼요. 그래서 아내가 임신했을 때…… 이 사람을 사랑하지만 동시에 내가 할 일을 해야겠구나 생각했어요…… 한 생명을 세상에 내보냈는데 그냥 그렇구나 하고 넘어갈 수는 없는 거잖아요. 저는 그런 사람이 아니거든요. 그 아이가 세상에 나올 때 직접 봐야죠. 아이가 눈뜰 때부터 제가 세상을 뜰 때까지 걔 곁에 있고 싶어요. 그랬더니 카이애너도 저와 함께해야겠다고 확신했고요.

여기서 그는 결혼과 아버지다움에 대한 깊고도 절대적인 믿음을 표현할 말을 찾으려 애쓰고 있다. 그가 설명했듯 이 믿음은 헌신의 기반이 되는 단순한 '사랑'이 아니며, 아이에게 자신의 모든 것을 빚지고 있다는 깊은 감각이다.

하지만 이들은 계속 전통적인 핵가족을 이루지 못하고 있다. 커티스는 마지막 파병 이래 실업 상태다. 소수 민족이자 전역 군인이라는 지위가 경찰관이라는 목표를 달성하는 데 도움이 되기는 한다. 그런데 공무원 신규 채용이 없는 상황이라 여전히 예비역 신분인 것이다. 카이애너는 간호 학교에 들어가려 노력 중이다. 이를 위해 의료비 청구 대행업체(다행스럽게도 이곳은 아이를 데리고 출근하는 것을 허용한다)에 다니면서 커뮤니티 칼리지 수업도 듣는다. 두 사람은 카이애너 어머니 집에서 살고 있다. 세 성인이 살림에 필요한 비용을 나누어 부담하고 '여성, 유아, 아동 지원 프로그램'Women, Infants and Children, WIC의 지원도 받는 덕분에 빚을 지지는 않고 있다.[9] 개인의 자율성보다 전통적인 젠더 역할과 가족 의무를 중시하는 노동 계급 성원들은 불확실하고 리스크가 큰 노동 시장에서 계속 불이익을 겪는다. 나아가 카이애너는 현재 관계에 만족하지만 이 관계가 끝날 수 있다는 사실 역시 인지하고 있다.

지금 저는 아무것도 거리낄 게 없어요. 관계에 충실하면 되죠. 결혼 생활이 끝나면 끝나는 거고요. 그래도 저는 행복할 거예요. 딸이 있으니까요. 그리고 함께 있으면 좋은 사람을 만나서 기뻐요. 왜냐하면 제가 죽은 다음 남편이 재혼하더라도, 아니면 그냥 이혼하거나 다른 어떤 상황이 와도 남편은 언제나 제 친구일 테니까요. 그 사람이 저한테 딸을 줬잖아요.

가족에게 기울인 헌신을 설명하고자 커티스가 과거로 돌아간 반면 카이애너는 미래의 불확실성을 내다보고 있다. 그녀가 보기에 의심의 여지 없이 확고한 것은 오직 자신과 딸의 관계뿐이다.

결혼한 여성들은 또 핵가족의 외관이나마 유지하고자 잠재적인 경제력을 희생했다고 말했다(Waldfogel 1997). 역사적으로 흑인이 진학했던 대학을 졸업한 스물일곱 살 여성 토니에게는 제대로 된 결혼 생활이 원하던 일자리보다 중요했다. 그래서 대학을 중퇴한 남편이 군대 기초 훈련을 마치고 배치될 만한 곳을 찾는 동안 저임금인 의료비 청구 대행업체에서 일하기로 결정했다. "지금 저는 원하던 경력을 쌓는 걸 보류하고 있어요. 남편 때문에요. 여기서 일자리를 구하고 싶지는 않아요. 그래서 일하려면 이곳을 떠나야 해요. 제가 살고 싶은 곳에 있는 게 아닌 거죠."

자유롭고 외로운 사람들

많은 커플이 노동으로 자아를 실현하기를 바랐지만, 오직 한 커플만이 실제로 그럴 수 있었다. 교육 컨설팅 사업을 시작해 현재 연 수입이 8만 달러 가까이 되는 서른두 살 흑인 남성 닐(그는 연구 참여자 중 수입이 가장 높은 사람이었다)은 부인 켈레스트와 결혼한 지 4년 정도 되었다. 닐은 미시간주 플린트 출신인데, 탈산업화와 경제적 황폐화가 진행된 이곳은 마이클 무어의 「로저와 나」Roger & Me, 1989 덕분에 유명해진 지역이기도 하다. 닐이 태어나기 전에 이혼한 어머니는 자동차 붐이 일자 남부에서 건너와 지엠 공장에서 일했다. 닐의 형이 강도죄로 옥살이할 때 어머니는 닐은 다르게 키우기로 결심했다고 한다. 닐은 장학금을 받으며 주립 대학에서 공부했고 이후 교사가 되었다. 현재 그는 버지니아에 살면서 컨설팅 사업을 운영한다.

커플인 닐과 켈레스트는 달리기, 테니스, '해비타트'Habitat For Humanity[열악한 주거 환경으로 고통받는 사람들을 위해 집과 마을을 짓는 비영리 단체] 자원 활동, 지역 고등학교의 대학 진학 설명회 준비 등 여러 활동을 함께한다. 동시에 두 사람은 자아 성장에도 열심이며(닐은 오프라 북 클럽에서 추천한『새로운 지구: 삶의 목적 깨닫기』*A New Earth: Awakening to Your Life's Purpose*를 막 읽은 참이었다), 상대방의 목표를 주제로 여러 시간 토론하면서 확고하게 자율적인 개인이 되려는 각자의 탐색을 지원한다. 두 사람에게 어떤 리스크들이 있는지 묻자 닐―노동 시장에서 다져 놓은 기반 덕분에 다른 응답자들이 직면해 있는 거의 모든 리스크에서 자유로운―은 잠시 생각에 잠긴 다음 이렇게 답했다.

리스크라…… 좋은 질문이네요. 음, 저희는 해야 하는 일을 하고 있어요…… 저희 삶이 목적으로 가득 차 있다는 걸 확실하게 깨닫고 있죠. 아무거나 받아들이는 게 아니라 두 사람이 생각하는 목표와 비전에 맞는 삶을 살아가고 있다는 걸 확실히 알고 있어요. 그리고 목표와 비전에 맞지 않는 삶을 선택하는 게 리스크일 거예요. 아시다시피 아내는 3개월간 일을 하지 않았어요. 뭘 하고픈지 찾으려 했죠. 저는 시간을 가지라고, 아무거나 하지 말고 뭘 원하는지 잘 생각해 보라고 말했어요. 안주하면 안 돼요. 현실에 안주하면 문제가 생기기 마련이죠.

닐이 높이 평가하는 켈레스트의 면모 중 하나는 그녀가 원하는 바를 자유롭게 표현하고 그것을 이루고자 노력한다는 점이다. 이를 위해 3개월간 일을 쉬어야 했는데도 말이다. 치료 논리에 따를 때 "타인의 욕구에 수동적으로 적응하는 사람의 아이러니한 귀결은 그가 덜 가치 있고 덜 흥미로우며 호감도 덜 가는 사람이 된다는 것이다"(Bellah et al. 1985: 92). 대부분의 커플에게 결혼 생활의 핵심이 자녀인 반면 닐과 켈레스트는 출산을 미루기로 했다. "최근 아내가 여행이 잦고 직업 문제도 있어서요…… 요즘 저희가 자주 하는 시시한 농담이 하나 있어요. 다른 사람들이 말을 꺼내기 전까지 아이 얘기는 하지 말자고요. 저희는 괜찮아요. 이 집에 이사 올 때 '이 방을 아기 방으로 쓰면 되겠네'라고 말하기는 했어요. 지금은 휴식을 취하는 방으로 쓰고 있죠. 거기서 일기를 쓰거나 책을 읽어요." 서로 공유하는 의무를 지키는 데 헌신하는 것이 아니라 상대방과 함께 자신의 자아를 일군 덕분에 두 사람의 결혼 관계는 견고해지고 한층 성숙해졌다. 이들은 순수한 관계를 구현하고 있는 셈이다.

하지만 대다수 커플의 경우 경제적으로 고생하다 보면 결혼 생활이 곧 충돌과 혼란으로 가득 차게 된다. 샌디와 코디가 이 덫에 걸린 대표적인 사례다. 한편으로 이들 각자는 개인으로 성장하고 싶어 하며 자기 욕구를 충족시키기를 바란다. 가족의 필요를 희생시켜서라도 말이다. 그 결과 부부 생활이 불만족스러워지면 그 해법으로 이혼을 고려하게 된다. 코디의 컴퓨터에서 포르노를, 차에서는 콘돔을 발견한 날을 고통스럽게 떠올린 샌디는 미래에 배신당할 수도 있다고 생각해 단단히 마음먹었다고 한다. "지금은 저희 관계를 끝낼 수도 있는 시점이라고 생각해요. 전 그래도 괜찮을 거예요. 남편도 알고 있고요. 그래서 관계가 끝났다고 할 수 있는 거죠. 구석에 웅크리고 앉아 울면서 왜 이렇게 됐는지 의아해하지는 않을 거예요."

열심히 상담받은 두 사람은 개인적 욕구를 치료 언어로 소통하는 법을 배웠다. 샌디는 이렇게 설명했다. "남편은 해야 할 일이 많았어요…… 그러니까 관계가 좋아지려면 저는 저대로 제가 할 일을 하고 그이는 그이대로 자기가 할 일을 해야죠. 그렇게 해서 문제를 풀어 가면 저흰 문제를 해결하는 거예요. 저희한텐 신경 써야 하는 아이들이 있어요. 그래서 계속 싸우고만 있을 수는 없죠. 몸으로 싸우든 말로 싸우든 애들 앞에서 해서는 안 되는 일이 있는데 그런 일을 저질러 버렸어요. 그래서 그런 시점이 온 거예요…… 서로 해야 할 일을 해 보자는 시점이 말예요. 그게 잘되면 좋은 거고요." 코디는 지금 두 사람의 결혼 생활이 이전 어느 때보다 좋다고 말한다.

하지만 다른 한편으로 샌디와 코디는 각자의 선택을 넘어서는 헌신을 갈망하고 있기도 하다. 왜냐하면 두 사람과 아이들을 위해 획득한 위태위태한 안정성을 깨뜨릴 수도 있는 혼란이 닥쳤을 때 이를 헤쳐 나갈 유일한 보호막이 자신들의 관계라고 생각하기 때문이다. 둘 모두 폭력과 알코올 중독에 찌든 가정에서 자라 정말이지 상대방 외에는 의지할 사람이 없다. 코디는 자기 가족이 휴일을 어떻게 보내는지를 이렇게 묘사했다. "가족 모임이 있으면 그 전이나 후나 너무 힘들어요. 자낙스가 필요할 정도예요. 감당하기가 너무 힘들어요, 정말로요…… 가족들이랑 같이 있으려면 자낙스가 필요해요. 지긋지긋한 사람들이에요. 집에 가면 저 깜둥이 죽여라, 저년 죽여라라고 고함을 치질 않나 아이들한테 저 빌어먹을 개는 죽어야 한다고 하질 않나…… 저를 보고는 뭔 지랄 같은 일이 있었냐며 그새 엄청 살이 쪘다고 하고요." 코디와 샌디는 고통스러웠던 가족사를 되풀이하지 않기로 결심했다. 이는 아이들을 위해 결혼 생활을 지속하는 것을 의미한다. 자신의 개인적 욕구를 희생해서라도 말이다.

젊은 부모 지지 그룹을 통해 받은 치료를 돌이켜 보면서 이들은 이렇게 말했다.

코디 그 사람들 때문에 더 나빠졌어요. 덕분에 더 싸우게 됐다니까요. 이제까지 제일 심하게 싸운 몇 번도 상담을 받던 때였어요.

샌디 그 사람들은 제 얘기를 들을 땐 저를, 남편 얘기를 들을 땐 남편을 지지해 줘요. 그러다 보니 남편은 자기가 남자니까 포르노를 봐도 된다고 생각하게 됐죠. 가서 지저분하고 허세스러운 마초 스타일만 키운 거예요. 그리고 아시다시피 저는 아빠와의 문제를 생각하고 있고, 그런 남자를 멀리할 수 있는 독립적인 여성이 되려 노력하고 있어요. 그래서 집에 오면서 제가 남편을 좋아하지 않는다고 생각했죠. 남편도 자기가 저를 좋아하지 않는다고,

그리고 봐도 되는 걸 제가 못 보게 막는다고 생각했더라고요.

코디 그러다 결국 서로 마주보고 앉아 얘기하게 됐어요. "이게 우리한테 필요한 거잖아. 그냥 이렇게 얘기하자."

이 커플은 순수하게 자신을 표현하는 개인주의가 실현하기 어렵고 비싸며 터무니없다고 느꼈다. 치료적 관계의 이상을 실현할 감정적·금전적 자원을 갖춘 닐·켈레스테와 달리 샌디·코디는 자아 실현과 성장을 도모할 수단도 없고, 자신들이 보유한 약간의 안정성을 상실할 리스크가 있다면 도모할 생각도 없다. 대신 두 사람은 치료적 결혼 생활과 전통적 결혼 생활의 요소들을 융합했는데, 이것이 끝없는 갈등의 원인이 되었다.

치료적 혹은 순수한 관계는 특히 사회 보수주의자들에게서 나르시시즘과 이기심을 조장한다고 비판받아 왔다. 반면 울리히 벡과 엘리자베트 벡-게른샤임은 자율성이 불확실하고 경쟁적이며 불안정한 노동 시장의 부산물이며, 노동 시장이 이렇게 때문에 개인은 생존하기 위해 자기 힘으로 삶의 방향을 정해야 한다고 말한다. 즉 미래가 불확실하고 이해할 수 없어 보일수록, 사람들이 개인주의화되도록 강요받을수록 우리가 진정한 자아를 찾고 표현할 필요성도 커진다는 뜻이다(Beck & Beck-Gernsheim 1995). 역설적이게도 스스로를 개인으로 구축하고 자신의 자서전을 쓰도록 요구받을수록 우리는 자기 힘으로 삶의 궤도를 통제하기란 완전히 불가능하다는 사실을 깨닫는다. 그렇기에 개인으로 성장하라는 요구가 삶을 타인과의 관계에 붙박으라는 마찬가지로 긴급한 요구와 병행하게 되는 것이다. "남성과 여성이 전통 규범들에서 해방되어 '자기 자신의 삶'을 탐색할 때 이들은 가까운 관계에서 행복을 찾도록 떠밀린다. 왜냐하면 그 외의 다른 유대 관계는 너무 허약하고 신뢰하기 어렵기 때문이다. 내적인 감정을 공유하려는 욕구는⋯⋯인간의 1차적인 욕구가 아니다. 이 욕구는 우리가 개인화될수록, 그에 따른 이익이 커지는 동시에 손실도 커짐을 깨달을수록 더 강해진다"(24). 사람들은 점점 자유로워지고 있지만 그와 동시에 외로워지고 있기도 하다. 그래서 친밀 관계를 리스크와 불확실의 급습을 막아 줄 미약한 보금자리로 여기고 이에 의지한다. 개인으로 성장하라는 요구는 상대방과 지속적인 관계를 형성하라는 마찬가지로 긴급한 요구와 나란히 제기된다. 그리하여 자율성과 의존이 끝없이 전투를 벌이는 가운데 개인의 욕구와 의무가 충돌하게 된다(Beck 1992). 샌디와 코디의 관계도 이런 식으로 서로 상충하는, 하지만 또 서로 의존하는 두 자아로 구성되어 있다고 할 수 있다.

여러 인터뷰에서 드러나듯 결혼한 이들은 성인 자아를 구축하는 과정에서 자신이 과거의 견고함과 현재의 유동성 사이 경계 지대에 갇혀 있음을 깨닫는다. 이들은 젠더화된 전통적인 가족 신화, 의례, 이미지에 사로잡혀 있다. 하지만 이 모델은 (경제적으로) 유지 불가능하고 (사회적으로) 바람직하지도 않다. 결국에는 파경에 이를 수도 있는 것으로 간주되기 때문에 결혼은 성인기의 안정적이고 명확한 지표보다는 일시적이고 우연적인 지표에 가깝다.

아이들: 성인기의 마지막 "안정된 결말"?

성인기의 의미와 실천을 둘러싸고 불확실성이 증대하고 있지만 아이를 낳아 열과 성을 다해 키우는 이들에게 성인기는 뚜렷하게 경계가 나뉜다. 자신이 성인인 이유는 아이들을 책임져야 하기 때문인 것이다. 문헌들(예컨대 Edin & Kefalas 2005; Marsiglio & Hutchinson 2002; McMahon 1995; Silva & Pugh 2010)은 경제적 어려움을 겪는 부모들이 양육을 성숙함과 성인기에 이르는 수단으로 경험한다는 사실을 밝혔다. 실제로 고등 교육, 안정된 일자리, 결혼 같은 전통적인 성인기 지표들에 대한 접근성이 불균등한 상황에서도 양육은 자기 가치, 사회 통합, 지속적인 헌신을 위한 자원으로서 여전히 사람들의 마음을 사로잡고 있다.[10] 대다수가 계획하지 않은 상태로 임신을 경험했지만(내 정보 제공자 중 두 명만이 임신을 계획했다고 말했다) 자녀는 마지막 "안정된 결말"이 되었고, 결혼했든 아니든 청년들에게 "관계를 계속 유지할 수 있음"을 약속한다(Edin & Kefalas 2005). 노동 계급 남녀의 연애와 관련해서는 경쟁하는 두 논리가 있지만, 양육에 관해서는 한 가지 논리─집중하고 헌신하며 자기를 희생해야 한다는(Hays 1996)─만이 존재하며 이 논리가 부모들에게 자존감과 자기 가치를 부여해 준다.[11]

남성과 여성 모두 임신과 더불어 세계관, 인간 관계, 자신과 미래에 대한 기대가 근본적으로 변했다고 증언했다. 실제로 스물여섯 명의 응답자는 성인이 된 서사를 다음과 같이 구축했다. 과거에는 삶이 불안정하고 모호하기만 했지만 부모라는 정체성을 받아들이고 아이를 키우는 과정에서 삶의 모양과 방향이 잡혔다고 말이다. 간호 학교에 들어가고 싶어 하는 서른 살 백인 여성 셰리는 이 과정의 정신을 정확히 표현했다. "딸을 낳기 전엔 꿈이라곤 없었어요." 부모들은 아이를 키우면서 핵심적인 변화를 겪었다고 증언한다. (문제 있는 관계를 피하고자) 장벽을 치고, (자신들만 있었을 때보다) 더 많은 것을 바라며, (자기가 존경받을 만한 사람임을 증명하고 싶은 경우) 부모가 된 것이 두 번째 가능성이라 생각하고, (자기 어린 시절과는 다르도록) 새로운 길을 내고, 타인들과 더 넓고 깊은 관계를 맺었다는 것이다(Silva & Pugh 2010). 임신 사실 덕분에 폭력적인 남자 친구와 헤어질 용기를 얻은 셰리는 이렇게 이야기를 이어 갔다. "제가 돌봐야 하는 아기가 있는 거잖아요! 그게 제 말의 핵심이에요. 제가 지금 이렇게 될 수 있었던 건 딸 덕분이에요. 애가 없었으면 약이나 술에 절어 살거나 폭력적인 관계에서 벗어나지 못했을지도 몰라요!"

응답자들은 주로 어린 시절 기억을 떠올리며 이렇게 변했다고 한다. 과거를 회상하면서 어떤 부모가 되고 싶은지도 생각해 보게 된 것이다(가족사의 중요성은 5장에서 다룰 것이다). 앤 스위들러는 "하나의 행동 방침을 채택하려면 자신이 행위하고자 하는 세계의 이미지가 필요하다"고 주장한다(Swidler 1986). 젊은 부모들은 예측 불가능하고 고통스러웠던 어린 시절의 정반대를 상상하면서 육아에 관한 "세계 이미지"를 형성한다. 애슐리가 "제 인생 목표는 엄마처럼 되지 않는 거예요"라고 강변했듯 말이다. 부모가 되면 아이가 음주와 약물 복용 같은 행동을, 안전하지 못하거나 불안정한 관계를, 어린 시절에 맞닥뜨릴 수 있는 불확실과 불안전을 피할 수 있도록 보호해야 한다. 이 엄마 아빠들은 부모가 되기 전에는 꿈이 없었지만, 부모라는 정체성을 받아들이고 아이를 키우는 과정에서 새로운 포부와 목표를 갖게 되었고 자녀에게 안정된 삶을 물려주기를 바라게 되었다. 이들은 아이를 실망시키지 않기 위해 책임감 있는 사람이 되고자 하며, 그래서 자기 삶을 바꾸려 노력한다. 아이의 삶이 더 안정적으로 펼쳐지는 모습을 볼 때 이들은 얼마간은 정말로 성취감과 의미를 느낀다(Silva & Pugh 2010).

하지만 청년들이 가족을 형성할 때 그 배경을 이루는 사회 제도들은 아이를 양육하고 보호하려는 욕망을 좌절시키곤 한다. 흑인 한부모인 레이철은 제대군인원호법을 이용해 대학에 가려고 주방위군에 들어갔다. 하지만 고객 서비스 센터에서 주 40시간 일하고 주말에는 군사 훈련에 참가하는 데다가 아이까지 돌봐야 하기 때문에 대학 수업을 들을 시간이 없었다. 자신의 주방위군 부대가 1월에 세 번째로 이라크에 파병될 것이라는 소문을 듣고 레이철은 전역을 요청하고 싶어 했다. 아들과 다시 떨어져 지내는 것이 견디기 어려웠기 때문이다. 하지만 가능한 한 아들에게 모든 것을—파병 시 지급되는 고액에 세금도 붙지 않는 위험 수당으로 사 줄 수 있는 것들을 포함해—주고 싶은 마음에 그녀는 결국 서류에 서명했다.

이번 파병에 대해서는 반신반의하고 있어요. 가면 돈을 벌 수 있죠. 그러면 아들한테 더 많은 걸 해 줄 수 있고요.

지난번 파병 때는 최종적으로 1만 달러를 벌어서 돌아왔어요. 그 전에 달마다 900달러를 집에 보냈거든요. 공과금도 내고 아들 필요한 것도 사는 용도로요. 예산을 잘 짜는 게 중요해요. 조금만 집으로 보내고 나머지는 모아야죠. 그래서 이번 파병이 기대되기도 해요. 얼마를 모아야 하는지 알거든요. 그걸 생각하면 기분이 좋은데 그렇지 않기도 해요. 아들 인생의 첫 2년을 같이 보내지 못했거든요. 그런데 또 헤어져야 하니까요. 정말로 힘들어요. 견디기가 어렵죠.

본인보다 "사정이 열 배나 안 좋은 사람도 있음"을 알기에 레이철은 여전히 주방위군에 남아 있다. 아들과 맺은 관계와 아들에 대한 의무가 그녀의 인생관을 바꾸어 놓았다. 이제 그녀는 아들을 위해 더 많은 것을 이루길 원한다. 그런데 경제적으로 안정되어 아들에게 더 나은 삶을 주려면 아들을 남겨 두고 자신의 삶을 위험에 던져야 한다.

부모가 되면 새로운 꿈—경제적 안정, 고등 교육, 자택 소유라는—으로 이루어진 세계가 열린다. 이 꿈의 목표는 아이에게 자신보다 더 나은 삶을 주는 것이다. 하지만 그와 동시에 경쟁도 심해지고 리스크도 커지는 서비스 경제를 살아가고자 고투하는 과정에서 이 꿈의 한계도 드러난다. 대부분의 부모는 승진할 가망이 없는 일자리에 묶여 있고, 고등 교육에 필요한 시간과 자원, 기술도 없으며, 많은 경우 양육을 나누어 맡을 믿을 만하고 안정된 파트너를 찾기도 어렵다. 희망에 관한 이들의 이야기에는 자포자기에 가까운 어조가 배어 있다. 큰아들이 고등학교를 중퇴한 서른세 살 흑인 여성 재니사는 "딸은 대학에 갈 거예요. 어떤 대학이든 상관 없어요"라고 말했다. "걔가 전공을 선택하지 못해도 괜찮아요. 가기만 하면 그걸로 충분하다는 마음이랄까요." 아이를 낳아 키우면서 응답자들은 희망과 목표로 가득 찬 미래를 꿈꾸는 자아 서사를 창출했지만, 구조적 장벽이 삶을 변형하려는 이들의 노력을 좌절시키고 있는 것이다.

변화하는 이데올로기, 지속되는 불평등

이번 장에서 보았듯 노동 계급 남녀는 사적 영역에서 행복과 안전을 확보하는 데 필요한 물질 자원과 문화 자원을 모두 보유하지 못하고 있다. 이는 재정적 결핍뿐만 아니라 문화 또한 잠재적으로 선택의 여지를, 특히 친밀함의 영역에서 감정적인 웰빙의 성취를 제한한다는 사실을 알려 준다(Cherlin 2009; Gerson 2009; Hays 1994; Swidler 2001). 바람직한 관계의 상이 형성되어 있고 거기에 시장의 압력에 대한 취약함이 겹쳐져 헌신의 리스크가 매우 커지는 것이다. 실직, 질병, 장애 같은 경제적·사회적 충격을 개인이 책임져야 하는 시대에 친밀함이라는 장은 또 다른 투쟁 영역이 된다. 전통적인 젠더 이데올로기를 받아들이지만 예컨대 안정된 일자리가 없는 비혼 노동 계급 남성(특히 흑인 남성)은 자신이 배우자와 아이를 부양할 능력이 없으니 결혼 관계도 맺을 수 없다고 생각한다. 이들은 전통적인 젠더 배치 바깥이 있다는 점을 고려하지 못한다(Gerson 2009).

경제 면에서나 가족 관계 면에서나 극도로 불안정한 환경에서 자란 여성들은 힘들게 획득한 독립성을 유지하고자 헌신하는 관계에 신중을 기한다. 이들은 공들여 구축한 자아를 바람을 피우거나 목표를 찾지 못하거나 바라는 바가 많을 파트너 때문에 허비하고 싶어 하지 않으며, 자아의 가장 깊은 부분을 성장시키는 데 도움이 될 사람을 원한다. 남성과 여성 모두 결국에는 실패할 관계에 시간과 감정, 에너지를 쏟을까 봐 극도로 두려워한다. 불안정한 노동 시장에서 자신을 돌봐야 하는 데다가 의미 있는 미래 계획을 세울 여력도 없어 큰 부담을 느끼는 이들에게 헌신하는 관계는 또 하나의 리스크가 된다. 궁극적으로 청년들은 자신이 구조적으로 충족시킬 수 없는 기준에 기반해 성공적인 친밀 관계 개념을 구축하고 있다. 그리고 그 탓에 그냥 혼자가 되기로 결심하거나 자기 욕구를 만족시켜 줄 신통한 사람을 찾아 헤맨다. 이 사례들에서 결혼은 적어도 지금까지는 앤드루 J. 셜린이—결혼, 이혼, 재혼의—"끝없는 순환"이라 부른 것보다는(Cherlin 2009) 고려 대상조차 아닌 것에 가깝다.

결혼한 응답자들은 자율성과 의존성이 빚는 긴장을 협상해야 했다(Bellah et al. 1985; Cherlin 2009도 보라). 각자의 필요를 충족할 자원이 없고 경제 문제와 가족 문제로 괴로워하는 샌디와 코디는 자신들의 상호 의존과 아이에게 안정된 가정을 만들어 주려는 욕망이 개인적 행복보다 더 중요한지 아닌지 매일매일 판단해야 한다. 사회·문화 자본을 필요로 하는 협상력을 보유하지 못한 두 사람은 노동 시장에서 자기 운명을 통제하기가 거의 불가능하다. 그래서 이들은 무력감을 더 많이 느끼고는 서로에게 더욱 의존하게 된다. 치료적 관계는 어느 수준까지는 제대로 작동하지만 (예를 들어 코디의 포르노 중독 사례), 개인의 욕구를 주장하는 비용이 너무 커지면 작동 불능이 된다(예를 들어 두 사람의 상담 경험). 순수한 관계는 이들이 감당할 수 없는 경제적·감정적 사치인 셈이다. 젊은 부모들은 친밀 관계에서 느낀 실망감을 완화하고자 아이(자신을 배신하지 않을 유일한 사람)에게 헌신한다. 응답자들은 파트너와의 의무는 지킬 수도 있고 아닐 수도 있는 반면 아이들은 꼭 돌봐야 한다고 생각했으며, 이 무조건적인 헌신에서 목적과 의미를 찾았다.

카를 마르크스와 프리드리히 엥겔스는 결혼 제도가 "단순한 화폐 관계"를 가리는 "감성적 장막"이라며 비판했고, 가진 것 없는 프롤레타리아트에게는 이 장막이 걷혔다고 주장했다(Marx & Engels 2002: 222). 하지만 내가 진행한 인터뷰들은 전통적인 형태의 노동 계급 가족이 해체되고 있을 수는 있지만 이 형태의 감정적 중요성은 그렇지 않음을 드러내 준다. 중간 계급 남녀는 노동과 가족 배치를 유연화할 언어적·물질적·문화적 자원을 확보하고 있는 반면 (Cherlin 2009; Gerson 2009; Illouz 1997), 노동 계급 청년에게는 이를 이룰 수단과 자원이 없다. 실제로 이의 반대 사례인 닐과 켈레스테의 이야기(이들은 노동과 젠더, 가족을 유연하게 배치할 수 있고 언어 기술과 물질 자원을 갖추고 있어 성공적인 결혼 생활의 모습을 거듭 새로이 상상하고 실행할 수 있다)는 친밀함에 접근할 권한이 불공평함을—대다수 노동 계급 정보 제공자가 경험한—역으로 보여 준다.

종종 간과되는 이 불평등 형태는 노동 계급 남녀에게 심대한 영향을 미쳐 왔으며 앞으로도 계속 그럴 것이다. 이들은 환멸, 패배감, 외로움으로 고통받을 뿐 아니라 가족을 꾸리면 얻을 수 있는 경제적·사회적 이득도 챙기지 못한다. "불행히도 가족 해체를 막을 자원을 최소한만 보유하고 있는 사람들이 최고 수준의, 그리고 가장 큰 폭으로 증대한 리스크 부담을 지고 있다"(Raley & Bumpass 2003: 256). 역설적이게도 아이들이 희망과 헌신의 최후 보루—여전히 성인기의 '안정된 결말'—가 되었지만, 아이를 키우는 과정에서 젊은 부모들은 제도들 탓에 불안정한 상태에 처하게 된다. 가족을 이루려는 노동 계급 부모의 노력을 사회 제도들이 지원하지 않는 한, 이 부모들은 아무리 좋은 의도를 가지고 있더라도 친밀함과 관련된 자신의 문제들을 아이에게 대물림할 가능성이 크다.

2장과 3장에서 나는 청년들이 성인기에 이르는 전통적인 길을 밟기가 불가능함을 밝혔다. 노동과 가족 영역에서 청년들은 마찬가지로 노동 계급이었던 부모나 조부모가 걸어 온 길을 그대로 뒤따를 수는 없다는 사실을 배운다. 성인기에 대한 옛 모델이 여전히 이들의 기대와 욕망, 관습에 큰 영향을 미치고 있지만 말이다. 이제부터는 과거를 뒤로하고 경제 불안, 젠더·가족·인종을 둘러싼 불확실성, 불평등의 심화가 어떻게 노동하는 청년들의 삶에 스며들었는지, 그리고 이들이 어떻게 성인기의 의미를, 나아가 가치 있는 개인의 의미를 재형성하는지를 검토할 것이다(Lamont 1992, 2000도 보라).

4장
경직된 자아들
미국 노동 계급의 재형성

추운 1월의 어느 아침 두 자매를 인터뷰했다. 칼리는 워터 파크에서 오전 근무조로, 알리사는 호텔 주차장에서 야간 근무조로 일하고 있었다. 가로수가 늘어선 조용한 주택가에서 두 젊은 여성을 만났다. 이들은 방 세 개짜리 부모님의 단층집에 살고 있었다. 알리사는 대학에 합격해 집을 떠났다가 중퇴해 2년 만에 돌아왔고, 칼리는 아직 독립할 만큼 돈을 모으지 못한 상태였다. 커다란 청록색 눈동자를 지닌 스물네 살 알리사는 야간 근무를 마친 뒤라 피곤할 텐데도 일찍 일어나 함께 아침 시간을 보내는 친절을 베풀어 주었다. 알리사의 부모인 앤과 스티브는 아담한 거실에서 머핀과 커피를 대접해 주었다. 몇 분 뒤 일을 마친 칼리가 돌아와 내게 인사하더니 머핀을 집어들고는 소파에 뻗어 버렸다. 칼리의 다리 아래로 가족이 키우는 불독이 다가가 앉았다.

스티브, 앤, 칼리, 알리사는 나를 환영한다는 인상을 주고자 최선을 다했고, 따뜻함과 관대함을 느끼며 나도 집안을 가득 채운 정감 어린 농담을 함께 주고받았다. 하지만 내가 서서히 감지했듯 이 가족의 쾌활함 뒤에는 불안정한 경제 상황이 버티고 있었다. 건설업자 스티브는 2008년 주택 시장이 붕괴하자 일거리가 부족해져 집을 공매로 내놓을까 고민 중이었다. 앤도 파트타임 일자리 세 군데를 병행하는 와중에 가사 노동까지 떠맡느라 고생이 컸다. 건조기에서 꺼낸 빨래를 정리하려고 커피 테이블에 올려 놓으면서 앤은 웃음 띤 얼굴로 미안한 듯이 "잠깐 빨래 좀요"라고 말했다. 딸들은 최저 임금 일자리를 옮겨 다니면서 자동차 할부금과 핸드폰 요금을 내느라 서로 번갈아 돈을 꾸고 있었다. 집안 식구 중 누구도 건강보험 혜택을 받지 못했다. 또 두 딸 모두 한때는 대학 졸업장을 원했지만 고등학교에서 학자금 대출에 대해 알려 준 바가 없어 등록금을 마련할 수가 없었다.

거실 중앙에 자리한 65인치짜리 텔레비전에서는 「폭스 뉴스」[미국의 대표적인 보수 텔레비전 채널 뉴스]가 나왔다. 2008년 경제 위기 이후 정부(즉 납세자)에게서 구제 금융을 지원받은 기업의 경우 최고위 중역에게 지급하는 보너스에 상한선을 두기로 결정했다는 뉴스였다.[1] 경제 붕괴 이래 살아남으려 안간힘을 쓰는 건설 회사에 다니느라 지난달에는 주택 담보 대출 분할 상환금도 내지 못했다면서도 스티브는 뉴스를 보고는 고개를 저으며 넌더리를 냈다. "아니, 왜 보너스를 못 받게 해? 보너스는 원래 계약에 있던 거잖아. 정부가 그걸 가로채면 안 되지! 그런 사람들한테 세금을 매겨도 안 되고!" 딸들도 동의하는 듯한 말을 웅얼거리던 중에 전 국민 건강보험을 지지하는 오바마 대통령의 연설 장면으로 화면이 바뀌었다. 그러자 부모 두 사람 다 보기 싫다는 듯 손으로 눈을 가리기 시작했다. 칼리는 빨래를 개며 "엄마 아빠는 이제 오바마를 보는 것도 싫어해요"라고 말했다. "두 분 다 애국심이 강한데 오바마가 이 나라를 사회주의 국가로 만들려고 하잖아요. 나라 꼴이 어떻게 되려는지." 긴장감이 감도는 분위기에 다소 어색함을 느끼던 찰나 뉴스 앵커가 화제를 돌린 덕분에 안도감을 느꼈다. '마틴 루터 킹 기념일 세일: 소매상들의 형편없는 마케팅 수단?'이라는 덜 자극적인 듯이 보이는 뉴스였다.[2] 그런데 뜻밖에도 거실 가득 분노가 차올랐다. "뭐라고? 왜?" 알리사가 따지고 들었다. "콜럼버스 기념일에 세일을 하든 말든 아무도 신경 안 쓰잖아, 콜럼버스도 엄청 위대한 사람인데"라며 스티브가 맞장구쳤다. 이어 "킹이 흑인이라서 그러는 거야? 정말 어처구니가 없네"라는 말로 칼리가 마무리를 지었다.

10여 분 사이에 갖가지 뉴스가 순식간에 지나가면서 민영화, 규제 완화, 개인주의를 둘러싼 핵심 논쟁들을 전형적으로 보여 주었다. 이 논쟁들로 말미암아 얼마 후인 2011년에 의회는 정부 셧다운을 결정하기도 했다. 칼리와 알리사의 가족이 보기에 자신들이 겪고 있는 모든 문제의 해결책은 규제받지 않는 시장과 구속받지 않는 개인주의로 이루어진 분명하고도 확고한 신자유주의 유토피아를 달성하는 것이다. 그래서 이들은 대기업을 열렬히 지지하고 차별 시정 조치 기미가 조금만 보여도 적대감을 드러낸다. 이 가족은 상상된 과거로 돌아가기를 갈망한다. 그 과거에서는 정부가 시장에 개입하지 않아 개인―인종을 초월한―이 자기 삶의 경로를 스스로 결정할 수 있었다.[3] 매우 다른 사회적 위치에서 이들을 관찰한 외부인인 나는 제일 먼저 이런 질문을 떠올렸다. 규제 완화와 민영화의 혜택을 전혀 받지 못했을 이 가족이 어떻게 그리고 왜 신자유주의의 약속을 그렇게나 신봉하게 된 걸까? 어쩌다 미국 노동 계급은 자유 시장이 정당한 것이라고 받아들이게 되었을까?

칼리와 알리사의 가족이 허위 의식에 빠져 있다고 매도하고 넘어갈 수도 있다. 신자유주의 이데올로기에 속아 넘어가 자신의 물질적 이해 관계와 어긋나게 말하고 행동한다는 식으로 말이다. 그렇지만 내가 진행한 인터뷰들 내내 표출된 이런 감정들(격렬한 분노, 방어적인 태도, 사무친 배신감)은 한층 복합적인 설명을 요구한다. 그러려면 먼저 정보 제공자들의 과정적이고 우연적이며 지속적인 의미 형성을 들여다보아야 한다. 그래서 나는 특정한 정치적 의제를 지닌 '객관적' 관찰자로 한 걸음 물러서 있기보다는 정보 제공자들이 걷는 문화적 경로를 연구하려 한다. 이 경로를 밟아 가면서 이들이 어떤 사람이 되고자 하는지, 타인과 맺는 관계 및 타인에게 지는 의무를 어떻게 협상하는지, 21세기 미국에서 가치 있고 존엄한 삶이란 무엇이라고 생각하는지를 살펴볼 것이다.

나는 그 방을 가득 메우고선 대화를 이끌었던 강렬한 감정들이 포스트산업 사회 노동 계급이 스스로를, 그리고 타인과의 관계를 상상하는 방식을 이해하는 중요한 실마리임을 논의할 것이다. 겉보기에는 반성에 앞서고 개인적이며 내적인 이 감정들의 힘은 사회적 기원에서 비롯한다. 즉 감정들은 다른 사람과 맺는 관계와 관련되며, 그 관계에 박혀 있는 모든 희망, 기대, 욕구, 욕망을 담고 있다(Illouz 2007).[4] 달리 말하면 감정이란 역사적 의미와 사회적 관계들이 특수하게 배치된 결과이자 "능동적으로 체험되고 느껴지는 것"(Williams 1977: 132; Elias 2000도 보라)이라고 이해할 수 있다.[5] 응답자들이 가장 열변을 토했던 순간들을 가까이 들여다보면서 나는 그들 각자의 삶에서 좀처럼 드러나지 않던 사회적 관계와 문화적 의미 들의 구조를 가시화할 수 있었다. 그리고 이를 통해 신자유주의 시대에 노동 계급이 된다는 것이 무슨 뜻인지를 밝힐 수 있었다(Chauvel 1998; Mannheim 1952; Williams 1977). 그리하여 이 장은 신자유주의적 전환들이 자아의 층위에서 어떤 결과들을 낳았는지 묻는다. 내 질문은 이렇다. 포스트산업 경제에서 노동 계급이 된다는 것은 어떤 의미인가? 이들 청년 남녀는 어떤 정체성—노동, 인종, 가족, 젠더 등의 측면에서—을 형성하면서 성장하는가? 또 성인이 되는 일의 의미를 터득해 가는 과정에서 이들은 가치 있는 것과 없는 것, 자격 있는 것과 없는 것을 어떻게 경계 짓는가(Lamont 1992)?

내가 인터뷰한 남녀 모두 성장이란 그 누구에게도 아무런 기대를 하지 않는 법을 배우는 과정이라고 거듭 말했다(Putnam et al. 2012를 보라). 이들은 시간과 에너지를 들여 관계를 맺고 제도에 적응하려 노력했지만 그 노력이 일방적이라는 사실만 깨달았다고 이야기했다. 나는 성인이 되는 경험을 틀 짓는 노동 시장과 제도 모두에 배신당한 노동 계급 청년 남녀의 깨달음을 서술하려 한다. 이들은 자신이 철저히 혼자고 스스로의 운명을 책임져야 하며 리스크를 감수해야만 외부의 도움에 기댈 수 있음을 뼈저리게 느낀다. 청년들은 타인을 의심하고 불신해야 한다고 배운다.[6] 많은 이가 부당한 상황을 참고 견디며, 자립과 원자화된 개인주의를 자기 가치나 존엄과 동일시한다. 자기가 혼자 힘으로 살아남았으니 남들도 그래야 한다고 여기는 것이다. 단기 유연성, 끝없는 유동성, 공허한 제도들의 시대에 성인기로의 이행은 뒤집혀 왔다. 성인이 된다는 건 사회 집단이나 제도로의 진입이 아니라 그것들로부터의 노골적인 배제를 수반하는 과정이다.

그래서 노동 계급 남녀는 혼자 힘으로 성공하지 못한 사람들과 자신 사이에 가혹한 경계선을 긋는다. 그러면서 도움받을 자격이 없다고 여겨지는 타자들, 특히 아프리카계 미국인을 향해 깊은 적대감을 표출한다. 노동 계급 남녀는 타자와의 연대를 거부하고, 각자가 자신의 정체성과 미래를 규정할 수 있는 개인이라고 고집하며, 사회 제도와 정부에 맞닥뜨릴 때면 경직된 태도를 취하게 된다. 이렇게 이들은 자진해 신자유주의를 받아들이고 있으며, 성인이 되는 여정을 방해하는 혼란과 배신을 신자유주의가 해결해 주리라고 믿는다.

작동하지 않는 사회 계약

거의 모든 정보 제공자가 자신이 근면하고 충실하며 고용주, 고객, 동료 노동자에게 관대하다고 강조했다. 이들은 자신의 노동을 단순한 임금 이상으로, 자기 인품의 척도로 여긴다. 한 예로 레스토랑에서 서빙 일을 하는 리베카는 이렇게 말했다. "밤에 마감하고 그날 번 돈을 세어 보는 걸 제외하면 제일 기분 좋은 순간은 어른 한 분이 미소를 지어 줄 때예요. 상대방이랑 연결되거나 미소나 감정을 주고

받는 거 있잖아요." 반면 불만스러운 순간은 "업무에 쫓기거나 일이 과할 때, 아니면 제 서비스가 별로라고 느낄 때"라고 한다. 마찬가지로 서빙 일을 하는 스물다섯 살 백인 남성 크레이그도 저녁 서비스를 잘 마무리하고 손님에게 만족감을 주면 "짜릿함"을 느끼곤 했다고 한다.

스트레스가 정말 심하죠! 하지만 그래서 이 일이 좋은걸요. 불구덩이에서 빠져나온 것 같은 기분을 즐기는 편이에요. 스트레스가 가득하고 정신이 나갈 것 같은 와중에 그 상황을 잘 처리하는 거죠. 그냥저냥일 때도 있죠. 그래도 잘 마무리해서 제가 원한 만큼 손님들이 만족감을 느끼게 만들고 그분들이 가게를 다시 찾을 때가 있잖아요. 그렇게 일이 제대로 돌아갈 때면 짜릿해요. 일을 잘 마치고 그날 번 돈을 세고 있으면 기분이 정말 좋고 제 일이 그만큼 가치 있다는 생각도 새삼 들어요! 뭔가를 성취한 기분이랄까요. 그러면 막 성장한 느낌이 들죠.

점점 더 우연적이고 불안해지고 있지만 노동은 개인적 성취와 진정한 인간적 접속의 공간이라는 중요한 의미를 지닌다. 또 정보 제공자들은 동료 노동자에게 충실하다는 점도 강조했다. 고객 서비스 센터에서 일하는 젊은 흑인 여성 레이철은 노동 환경이 가족적이라고 묘사했다. "한번 가까워지면 속내를 터놓는 편이에요. 지금 입고 있는 셔츠가 저보다 상대한테 더 필요하면 그것까지 주는 성격이죠. 주머니에 지금 10달러가 있으면 그것도 줄 수 있어요. 사람들이 상처받는 게 싫고 어려움을 겪는 게 어떤지 잘 아니까 돕는 거죠. 다들 제가 그런 사람인 걸 알아요. 부탁하면 죄다 내주는 사람이라는 걸요."

하지만 정보 제공자들은 그런 노력이 일방적일 뿐이라는 것도 깨달았다고 이야기했다. 자신은 받는 것보다 더 많이 일하지만 동료 노동자들은 책임을 다하지 않으며, 고용주를 만족시키고자 무진장 애썼음에도 매정하게 해고당했다는 것이다. 남편이 기초 훈련을 이수해야 일을 그만두고 부대로 옮길 수 있어 그날이 오기만을 학수고대하는 스물여덟 살 흑인 여성 토니는 작년에 승진했지만 급여는 오르지 않았다고 한다. "제가 받는 돈만큼 사용된다는 느낌이 들어요. 매일 출근해 스트레스 심한 환경에서 일하는 게 힘들죠. 제 일에 이 정도 돈을 받는다는 건 알고 있어요. 그런데 회사에서는 계속 올려 주겠대요. 올려 준다고 하면서 더 많이 일하라고 끝없이 재촉하는 거죠." 토니는 이렇게 덧붙였다. "소박해지려고 노력하기는 하죠. 전 까다로운 사람이 아니거든요. 또 나도 알고 회사도 아니까 더 보채지는 말자고 생각해요. 저는 이런 사람이에요. 그래서 혼자 이렇게 말해요. 그만두기 전에 챙겨받을 수 있으면 진짜 다행이라고요." 고용주는 임금 인상을 피하려 하지만 자아감—소박하고 상냥하며, 열심히 일하고 마찰도 일으키지 않는 사람이라는—을 지닌 토니는 고용주와 합의한 내용을 받아 내려 애쓰고 있다.

부분적으로 이 청년들에게 성장이란 타인을 믿고 의지해 에너지를 쏟아 봤자 결국에는 상처로 되돌아올 뿐임을 배우는 과정이다. 3장에 등장한 스물다섯 살 백인 여성 질리언도 이 교훈을 뼈저리게 습득했다. 최근 지역 술집 일을 그만둔 질리언은 고등학교를 졸업하던 해 시급 5달러 50센트를 벌며 주방 보조로 술집에서 일을 시작했다. 매니저는 빌이라는 사람이었다. 알코올 중독에다 학대를 일삼던 아버지와는 딴판이라 질리언은 빌을 아버지처럼 여기며 따랐고, 착실하게 일해 그의 "오른팔"이 되었다. 빌의 오른팔이 된 뒤에는 마감 시간에 모두가 각자 맡은 테이블을 잘 마무리했는지 관리하기도 했다. 질리언이 살아가는 세계의 중심이 바로 이 술집이었다. 매일 새벽 다섯 시에 출근했고 어떤 때는 밤 열한 시가 넘어서야 퇴근했다. 가게의 야간 매출 신기록을 세우는 것이 삶의 목표였다. "모두가 합심하면 손발이 척척 맞아요. 그렇게 함께한다는 걸 느낄 때면 기분이 정말 좋아요. 그리고 모두가 서로 소통하고 열심히 일해서 가게도 번창한 거죠." 이렇게 과거를 회상하던 질리언의 목소리에서 당시의 흥분이 묻어났다. 질리언은 자신의 일을 일종의 소명으로 이해했다. 가게의 성공이 곧 자신의 성공이라고 여기며 그곳의 운영에 많은 시간과 감정적·신체적 에너지를 쏟아부었다. 그렇게 열심히 일한 결과 시급도 11달러로 올랐고 그 돈을 저축해 생전 처음으로 중고 도요타 자동차를 7,000달러에 구입했다.

　그러던 어느 주말 빌이 아팠다고 한다. 의사는 간암 말기 진단을 내렸고 남은 시간이 "몇 달도 아니고 며칠밖에 안 된다"고 일렀다. 빌이 사망하자 사장은 1년이 넘어서야 새 매니저를 고용했고 그사이 빌이 다져 놓았던 체계는 어느새 무너져 있었다. 질리언은 이렇게 설명했다 "늦게 출근해도 별 문제가 안 된다는 걸 사람들이 알게 된 거예요. 담당 구역을 깨끗이 청소하지 않아도 문제가 되지 않는다는 것도요. 책임감 있게 일하지 않아도 아무 문제가 없었어요. 그러면 안 된다고 말할 사람이 없어졌으니까요. 그래서 저한테 매니저를 시켜 달라고 애원하듯 간청했어요. 팔을 막 흔들면서 '도와주세요!'라고 외치는 것처럼요. 하지만 전혀 신경 쓰지 않더라고요." 최소 인원으로 뼈빠지게 주 70시간씩 1년간 일한 뒤 그만두겠다고 으름장을 놓았지만 사장은 남아 달라며 질리언을 설득했다. "제가 왜 그러는지 알고 있고 상황이 곧 바뀔 거라고 약속했어요. 상황을 바로잡겠다고요. 이렇게 말하는 걸 보니 좀 바뀌겠구나 싶었어요. 그런데 달라지는 게 없었고 가게 사정은 계속 안 좋아졌죠."

성장하면서 무엇이 가장 힘겨웠는지 묻자 질리언은 이런 답변을 들려주었다.

빌이 가고 가게가 망가져 갈 때 정말 많이 힘들었어요. 왜냐면 정말 열심히 일하고 싶었거든요. 그러지 말아야 할 이유도 없었고요. 존중과 인정이 저한테 참 중요한 것 같아요. 그게 모든 관계의 기본이잖아요. 그런데 가게 사람들 전부 서로를 전혀 존중하지 않았고 소통도 안 했어요. 사장은 아무 조치도 취하지 않았고요. 승진을 바란 것도 아니고 돈을 올려 달라고 한 것도 아니에요. 필요한 인원을 지원해 달라고 요청한 것뿐이에요. 그렇죠, 가게 사정이 악화됐고 제대로 돌아가질 않게 된 거죠. 그렇게 놔두는 게 정말로 정말로 힘들었어요. 거기서 6년이나 일했거든요. 게다가 빌이 있었을 땐 매니저처럼 일하기도 했고요. 빌도 저한테 정말 많이 의지했어요. 빌이 없으니 주도적으로 가게를 운영할 수 없게 됐고, 처음 이 일을 시작했을 때로 돌아간 셈이 됐어요. 모든 게 무너져 내리는 기분이었어요. 정말 힘들었죠.

질리언은 경기 침체기에 주 40시간만 일할 수 있었던 것이 행운임을 알고 있었다. "일을 하면 사장을 떠받들게 되죠. 저한테 일할 기회를 줬으니까요. 그러니 계속 입 닫고 조용히 있어야죠." 그래서 질리언은 승진이나 임금 인상을 요구하지 않았다. 그저 사장이 자신의 경험을 인정해주고 주방을 감독할 새로운 매니저를 구하기를 바랐을 뿐이다. 하지만 질리언이 얻은 것은 배신감―자기보다 훨씬 덜 일하는 동료들에게서, 그리고 자신을 "또 다른 주방 보조처럼" 취급하면서 "다른 데 가도 대접 못 받을 텐데 왜 여기서만 그걸 기대해?"라고 쏘아붙인 사장에게서는 한층 더 심하게―뿐이었다.

자아 존중감이 위태로워진 질리언은 일을 그만두었다. 그녀는 아쉬운 듯한 어조로 이렇게 말했다. "술집 일을 관두고 나니까 모든 게 엉망이 되더라고요. 거기서 한동안 잘해 냈는데 모든 게 갑자기 끽 하고 멈춰 서 버린 거죠. 차는 샀는데 이젠 일자리가 없어요. 처음부터 다시 시작해야 하는 기분이에요." 그 이후 질리언은 결국 실망만 안길 모험에 감정과 시간을 낭비하지 않고자 감정의 벽을 쌓았다. "사장 가게니까 그분 원하는 대로 뭐든 할 수 있다는 건 알아요. 그냥 더는 그런 곳의 일원이 되고 싶지 않다고 말했어요." 질리언은 지금 스스로를 돌보는 데 집중하고 있다.

끝없이 반복되는 배신

청년들의 노동 시장 경험에 만연한 이런 배신감은 성인기로 가는 길을 형성하는 강력한 제도들 속에서 재생산된다. 한 예로 교육 영역에서 이들이 느끼는 실망감이 있다. 청년들은 자신을 탓할 뿐 아니라 학교 체계에 뿌리 깊은 분노를 표출한다. 미래를 준비시켜 준다는 암묵적인 약속을 학교가 어겼다고 생각하기 때문이다.

여러 여성이 초등학교에서 학습 장애를 제대로 진단하지 못해 배우려는 의욕을 상실했다고 알려 주었다. 그래서 대학 진학은 고려도 안 했다고 한다. 빵집에서 일하는 스물여덟 살 백인 여성 앰버는 이렇게 밝혔다.

저는 제가 똑똑하단 걸 알고 있었어요. C만 받을 학생이 아니었죠. 그런데 아시다시피 한 반에 학생이 30명이나 되니까 선생님들이 너무 바쁘잖아요…… 해를 끼칠 정도가 아니면 관심을 받기 어렵죠. 제가 ADHD[7]가 있다는 걸 알고 나서는 누군가 더 일찍 알아차려 줬다면 더 많은 걸 할 수 있었겠다고 생각하곤 해요. 지금은 약을 먹고 있는데 그러고 나니 세상이 완전 딴판인 거예요. 그게 참 아쉬워요. 누군가가 알아차리기만 했어도…… 때로는 삶이 절 속였다는 생각이 들어요. 지금쯤 대학에서 공부하고 있을 수도 있었는데 말예요. 단순히 빵을 굽는 게 아니라 진짜 삶의 경력을 쌓았을 수도 있죠. 말하고 보니 참담하네요.

앰버의 이야기를 듣는 동안 나도 비통함과 회한에 어찌

할 바를 몰랐다. 누군가가 앰버를 더 행복하고 편안한 삶으로 이끌어 줄 수 있지 않았을까 생각하면서 말이다. 물론 ADHD 진단만 받았다면 그녀의 인생이 완전히 변했으리라 믿는 것도 너무 단순하다. 그렇지만 앰버가 보기에 지금 자신이 치르는 고투의 원천, 월말이 되면 "라멘 살 동전을 찾아 이곳저곳 뒤져야" 하는 처지의 원인은 바로 그것이다. 앰버는 학습 장애를 극복하고자 자조 도서를 찾아보았고, 일에 집중할 수 있는 나름의 전략을 터득했다. "이제는 ADHD에 대응할 여러 방법을 알고 있어요. 전 자조 도서 애독자예요. [그런 책을―실바] 사서 내용을 기억해 뒀다가 적용하면 돈도 별로 안 들거든요. 행동을 바꾸고 일하는 태도를 바꾸면 훨씬 낫더라고요. 집중력을 유지하는 건 여전히 어렵지만요." 요약하면 앰버는 자기 자신에게만 의지하는 법을 터득해 왔다.

다른 사람들은 대학 진학을 제대로 준비시켜 주지 않은 고등학교 교육의 실패를 지적했다. 이 학교들은 대학의 관료 체계를 헤쳐나갈 기술을 전해 주지 않았거나 단순히 이들이 열등하다고 평가했다. 고등학교에 대학 준비 프로그램이 있었는지 혹은 지원 과정이나 학자금 대출 등을 알려 주는 상담 교사가 있었는지 묻자 알리사는 이렇게 답했다. "[대학 준비반이―실바] 있긴 했지만 그 반에 들어가려면 어떻게 해야 하는지는 제대로 알려 주지 않았어요. 말해 주는 게 별로 없었어요. 단적으로 어떻게 신청해야 하는지도 몰랐거든요. 엉망진창이었죠. 진학 상담 선생님들은 전부 별로였어요. 누가 상담 선생님인지는 알았어요. 그런데 그 역할을 전혀 안 하더라고요." 진학 상담이 이 교사들의 임무였지만 그들은 제대로 이행하지 않았다. 게임의 규칙을 해독하는 책임은 온전히 알리사와 가족이 져야 했다. 그런데 가족 중 누구도 연방 학자금 지원 무료 신청서 FAFSA 작성법을 몰랐다. 마찬가지로 알렉산드라도 고등학교 때 진학 상담 교사에게서 지망하는 세 학교 전부 불합격할 것이라고 들은 경험을 씁쓸하게 회고했다. 그녀는 아무런 제도적 지원도 받지 못한 채 혼자 힘으로 원서를 제출했고 한 곳에 합격했다. 학교의 지원이나 상담은 도무지 믿을 수 없다는 것이 입증된 셈이다.

육아 도우미로 일하는 서른 살 백인 여성 바네사는 초등학교 때 여러 차례 교사들에게 받은 부당한 대우를 이렇게 설명했다.

2학년 때 체육실 창고에서 풍선을 가져와 친구들한테 나눠 줬어요. 슬쩍하는 게 나쁜 짓인지 몰랐죠. 그 나이 때 누가 알겠어요. 그냥 재미 삼아 한 건데 선생님들은 훔쳤다고 생각했어요. 풍선이 담긴 봉지가 있길래 가지고 나왔는데 그것 때문에 문제에 휘말린 거죠. 또 3학년 때는 담임 선생님의 문구 세트 작은 걸 챙겼어요. 조그만 풀이랑 테이프 같은 게 있었고 면도날도 들어 있었거든요. 그때는 면도날이 들어 있는 줄도 몰랐죠. 그 외에 볼펜이랑 연필이 있었는데 그걸로 애가 뭘 하겠어요? 그냥 좋아서 가져온 거거든요. 근데 그게 문제가 된 거죠. 그런데 부모님이 절 앉혀 놓고 "애, 남의 걸 가져오면 안 돼"라고 말해 준 적도 없어요. 부모님은 화를 냈고, 화가 났다는 건 알았는데 왜인지는 몰랐어요. 마지막으로 누가 봐도 심각한 일을 일으킨 적이 있어요…… 그냥 민무늬인 연필 있잖아요. 그 연필이 새로 나와서 애들 전부 그걸 가지고 다녔거든요. 근데 저는 여전히 노란색 연필만 있었어요. 2학년인가 3학년 때 아빠가 매일 학교까지 데려다줬는데 아빠는 자동차 계기판에 항상 주머니칼을 놔뒀거든요. 애들이 다 있는 연필을 너무 갖고 싶었고 제 연필 껍질을 벗기면 그 연필이 되지 않을까 생각했어요. 그래서 의자에 앉아 그걸 벗겨 냈어요. 산수 시간이었는데 선생님이 제 옆에 왔을 때 그걸 본 거예요. 확실히 기억나진 않지만 선생님이 소리를 지르거나 하진 않았던 것 같아요. 그냥 교장실로 불려갔어요. 아빠가 왔고 저는 교장실 밖에 나와 있었어요. 교장실에서는 아빠한테 제가 이런 일들을 저질렀으니 상담을 받아 보라고 조언했대요. 돌이켜 보면 제가 칼을 학교에 가지고 와서 누군가를 해치려 했다고 생각했던 것 같아요. 연필 껍질을 벗기려고 한 건데 말예요. 그래서 정신과 상담을 받으러 가야 했어요. 그래야 정신과 선생님한테 학교에 칼을 들고 간 이유와 누군가를 해치려 한 게 아니라는 걸 알릴 수 있었으니까요.

이 사례의 일부 내용—절도가 잘못임을 초등학교 시절에는 몰랐다는 고백—은 바네사의 기억이 정확한지 의구심을 불러일으키기도 한다. 그러나 성인이 된 과정에 대한 그녀의 서사는 현재 느끼는 원한 감정으로 채색되어 있고, 바네사는 교장이 자신의 말을 듣지 않은 것—그리고 다른 학생에게 지장을 주고 위험하며 정신과 상담이 필요한 학생으로 여긴 것—을 쓰라린 배신 행위로 이해한다. 더군다

나 중간 계급 부모들은 자녀가 문제를 겪을 때 학교 상황에 적극 개입하는 반면(Lareau 2003) 현장 기계 기술자인 바네사의 아버지와 의료비 청구 대행업체에서 일하는 어머니는 학교의 결정에 따랐다. 그 결과 두 사람은 의도치 않게 딸이 가족과 교육 체계 모두에 불신을 품게 만들었다.

교육 제도에 배신당한 또 다른 사례를 스물여덟 살 흑인 남성 제이의 이야기에서 확인할 수 있다. 제이는 대학 생활을 유지하기 위해 고군분투했는데, 부분적으로 이는 어머니가 심각한 신경 쇠약을 겪어 몇몇 수업에 낙제한 탓이었다. 제이는 학교에서 제적당한 뒤 1년 동안 일을 하면서 어머니의 건강 회복을 도왔고, 그런 뒤 대학 행정 당국에 찾아가 상황을 설명하고 재입학을 신청했다. 그는 자신이 경험한 무력함과 모욕을 열띠게 설명했다. "썩 좋아 보이지 않는 다섯 사람으로 위원회가 구성됐어요. 이런 눈물 나는 사연을 죄다 듣는 게 그 사람들 일이겠죠. 그건 저도 이해할 수 있어요. 그런데 이 사람들 태도가 이런 식이에요. '오, 어머니가 신경 쇠약에 걸리셨군요. 도와달라고 할 데는 없나요?' 엿이나 먹으라고 말하고 싶었어요. 그래도 대학에 가고 싶어 그렇게 하진 못했죠." 그래서 졸업을 하게 되었느냐고 물으니 제이는 이런 답을 들려주었다.

제이 네. 스물다섯에요. 그때쯤 되니까 환상이 깨지더라고요. 얼른 나와야겠다, 빨리 끝내야겠다는 생각만 들었어요. 무슨 말인지 아시겠죠, 그런 생각뿐이었어요. 그런 식으로 어서 끝내 버리고 싶은 심정이었어요, 정말로요. [졸업장을 받으러 학위 수여식 단상—실바] 앞으로 걸어가지도 않았어요. 졸업장 받지도 않고 끝내 버린 거죠.

실바 아무 의미도 없다고 느낀 건가요?

제이 축하할 일이 아닌 것 같았어요. 사실 학위를 받게 된 거잖아요. 그런데 이걸 정말로 내가 원했나 하는 생각이 들 정도였어요. 대충 후딱 해치우고 끝내고 싶은 기분이 었어요. 의미가 있다는 생각이 안 들었던 거죠.

3년 전에 대학을 졸업한 뒤 제이는 음식점이나 커피숍 에서 일해 왔다. 커뮤니케이션 전공을 활용해 전문직 일자 리에 취직하려고 시도할 때마다 극도의 좌절감을 느꼈다. 자신의 삶이 어떻게 흘러 왔는지 돌이켜 보면서 그는 분통 을 터뜨렸다.

솔직히 말할게요. 이제까지 들은 제일 큰 거짓말이 뭔지 아세 요. 제가 엄청 똑똑하다는 거었어요. 그래서 저는 제가 매번 A 학점 받는 우등생이 될 줄 알았어요. 사람들은 저한테 온 갖 달콤한 말을 했어요. 온 세상이 제 손끝에 달려 있고 제 가 세상을 지배할 거고 원하는 뭐든 할 수 있다는 따위의 말을요. 열다섯이나 열여섯 살 때는 지금처럼 살 거라곤 상상도 못 했어요. 매일 정장 차림으로 출근하고 제 것들 을 가지게 될 거라 생각했죠. 그런데 가진 게 하나도 없어 요. 차도 없고요. 차라도 있으면 일상이 덜 버거울 거예요.

연구자들은 교육 체계가 행위자들에게 제 정당성을 확 신시키지만 그 배후에서는 불평등을 재생산한다고 주장 한다(Bourdieu 1977). 그러나 앰버, 바네사, 제이는 제도의 논리를 내면화하지 않았다. 오히려 이들은 교육(그뿐 아니라 여타 제도)을 의심의 눈초리로 대한다. 세 사람은 학교와 교사가 자신을 돕거나 이해해 주지 않았을 뿐 아니라 악의적으로 속이기까지 했다는 사실을 알고 있다. 그래서 자신은 사회 계약을 끝까지 지켰지만—이들은 열심히 일했고 정직했으며 똑똑했다—보답으로 돌아온 건 아무것도 없다고 증언한다.

심지어 과외 활동조차 배신의 장소로 기억된다. 은행 창구에서 일하는 스물네 살 백인 샘은 중학교 때 야구 코치가 자신을 믿어 주고 스스로를 증명할 기회를 주었다면 미래가 다른 방향으로 펼쳐질 수도 있었다고 자주 생각한다.

운동 선수가 될 수도 있지 않았을까 늘 생각해요…… 야구부 마지막 해가 제일 힘들었어요. 고등학교 야구부에 들어갈 실력이 못 됐고 1루수여서 더 어렵더라고요. 애들은 공을 점점 더 빨리 던지는데 제대로 받지 못하는 일이 많았거든요. 그때 코치님이 저를 외야수로 보냈고 그 결정이 원망스러웠어요. '내야수로는 별로니 외야에서나 뛰어'라는 뜻 같았어요. 어떻게 하면 더 나은 1루수가 될 수 있는지 가르쳐 주지는 않으면서요. 저를 포기한 것 같았죠. 그래서 그냥…… 그해를 끝으로 야구를 그만뒀어요. 할 수가 없었어요. 뒤처진 신세가 되긴 싫었거든요.

샘은 계속 고군분투하고 있다. 그가 버는 최저 임금으로는 학자금 대출 상환조차 버겁다. 주에서 보조하는 건강보험에 가입하는 법도 모른다. 게다가 어머니와 두 형제자매와 살고 있는 집도 압류 직전이다. 야구와 관련된 유년기 기억은 그에게 또 다른 삶이 펼쳐질 수도 있었음을 암시한다. 누군가가 그를 "뒤처진 신세"로 놓아두는 대신 믿어 주기만 했더라면 말이다.

믿을 수 없는 국가

국가—법 체계건 군대건 정부 지원이건 간에—역시 청년들에게 혼란과 분노만 안겼고, 이들은 국가가 자신을 위해 공정하게 행동하지 않으리라고 확신한다. 청년들은 생존하려면 스스로 법을 행사해야 한다는 것을 감지하고 있다. 그 사례로 교도소에 수감되었던 두 남성이 있다. 한 명은 약물 중독자인 아버지 때문에 먹을거리를 구할 형편이 못 돼 절도를 하다 체포되었고, 다른 한 명은 여동생을 성추행한 남성을 공격했다는 이유로 감옥에 갔다. 경기장 관리인으로 일하는 스물네 살 흑인 남성 사이먼은 이렇게 설명했다. "저는 제가 해야 할 일을 했을 뿐이에요. 아빠가 떠난 뒤에 차 한 대랑 총 아홉 자루를 훔쳤어요. 그래서 열여섯부터 열아홉까지 철창 신세를 졌죠." 스물네 살 백인 남성 마이크는 이복 형제가 여동생을 성추행했는데 기소되지도 않았다고 한다. "그래서 정신이 나갔죠. 잘한 짓은 아니었어요. 전혀요. 그 탓에 소년원에 2년간 들어가 있었어요. 공격을 한 건 맞으니까 빠져나올 도리가 없었죠. 그놈이 절도발한 건 아니니까요. 그놈은 저한테 아무 말도 안 했어요. 그래서 정당한 이유 없는 공격이 된 거죠." 두 정보 제공자는 모두 완전히 혼자인 기분이었다고 토로했다. 돌봄이나 정의를 위한 다른 방안—국가나 경찰 등의—은 생각도 할 수 없었다. 이런 시도 때문에 이들은 10대 시절 몇 년을 수감된 채로 보내야 했다.[8]

돈을 벌고자 군대라는 또 다른 국가 영역에 진입한 남녀다수는 계약서를 제대로 읽지 않아 계약 보너스가 [일시불이 아니라] 몇 년에 걸쳐 분할 지급된다는 사실을 뒤늦게 알았다. 주말에 주방위군으로 일하는 스물다섯 살 트래비스는 지난 4년 동안 14개월씩 두 차례 아프가니스탄에 파병되었다(인터뷰 당시에는 세 번째를 앞두고 있었다). 그는 비통한 어조로 이렇게 덧붙였다. "맞아요, 돈이 더 필요한 상태였는데 보너스를 들이대며 저를 유인한 거죠. 거기에 낚인 거고요."

정당한 권리를 정부가 빼앗고 있다는 두려움(Hays 2003도 보라)은 여러 세대에 걸쳐 전승되었고, 새로운 기회가 등장할 때마다 형태도 바뀌었다. 그 사례로 고등학교를 졸업하고 커뮤니티 칼리지에 진학하려던 아이작의 이야기가 있다. 그는 진지한 어조로 설명했다. "교육도 더 받고 지식도 늘리고 싶었어요. 아는 게 제법 있었지만 더 많이 알아야 했으니까요." 어머니는 교도관으로 일하면서 혼자 힘으로 아이작 형제를 키웠다. 어머니가 등록금을 댈 형편이 못 돼 아이작이 학자금 대출을 알아보았다. 그런데 놀랍게도 어머니는 연방 학자금 지원 무료 신청서의 필수 기재 사항인 부모의 재정 정보를 알려 주지 않았다.

아이작 솔직히 말하면 엄마가 재정 정보를 못 알려 주겠대요. 괜히 꺼림칙하다고 하네요. 그런데 그 정보가 없으면

할 수 있는 게 없어요. 담당 부서에 찾아가 책임자들이랑 직접 얘기해 보기도 했어요. 학자금 대출 담당자와 상담하기까지 했어요. 그래도 엄마가 정보를 공유하지 않으면 할 수 있는 게 없다고 하더라고요.

실바 왜 알려 줄 수 없는지 어머니에게 여쭤 봤어요?

아이작 그럼요, 몇 번이나요. 얼마나 버는지 사람들한테 밝히는 게 불편하대요. 솔직히 엄마가 왜 그러는지 잘 모르겠지만 그렇게 느낀다니 어쩔 수 없죠. 그래도 내년에는 제가 뭔가를 해서 엄마 생각이 조금 바뀌길 바라고 있어요. 엄마를 설득해서 학자금 대출 담당실과 책임자 말고는 그 정보를 볼 수 없다고 안심시켜야죠. 그 사람들이 어디 가서 말할 일은 없을 거라고요.

현재 연방정부는 스물네 살 미만의 대학생은 재정적으로 부모에게 의존한다고 간주한다. 그래서 학자금 대출 여부를 결정할 때 부모의 소득 증빙 자료를 제출하도록 의무화하고 있다.[9] 부모의 소득세 명목에서 해당 학생이 피부양자로 되어 있지 않거나 그 학생이 전적으로 자족적이어도 마찬가지다(Dear Colleague Letter GEN-03-07 and page AVG-28 of the Application Verification Guide를 보라). 미국 교육부는 고등 교육비를 부모가 책임져야 한다는 입장이라 재정 정보를 제공하지 않겠다는 부모의 거부권을 인정하지 않는 것이다.[10] 아이작의 경우 어머니가 연방정부를 불신해 재정 정보를 알려 주지 않고 있다. 그리하여 아이작은 성공하고자 자신이 기울이는 노력을 어머니와 정부 모두가 가로막고 있다 느낀다.

"제 문제는 잘 속아 넘어간다는 거예요"

배신감은 일상적인 상호작용과 관행에 만연해 있다. 스물 네 살 흑인 남성 크리스토퍼의 이야기가 그 예다. 크리스 토퍼는 아홉 달 전에 해고당한 뒤 아직 다른 일자리를 찾 지 못하고 있었다. 부모가 이혼한 뒤 크리스토퍼는 주립 그룹홈 시설에서 자랐다. 이 경험으로 그는 겉으로는 자비 로워 보이는 정부 서비스에 완전히 질려 버렸다고 한다. "긍정적이었다고 말할 수는 없을 것 같아요. 거기서 별 더 러운 꼴을 다 봤거든요. 직원들이 애들 얼굴을 대놓고 때 렸어요. 거기서 세상이 진짜로 어떻게 돌아가는지 깨달았죠." 빚진 게 있느냐고 묻자 그는 이렇게 털어놓았다. "음, 제 문 제는 잘 속아 넘어간다는 거예요."

어느 날 전화를 받았는데 잡지 무료 구독에 당첨됐대요. 그래서 잡지들이 집으로 배달되기 시작했어요. 그런데 느 닷없이 『맥심』이랑 『ESPN』 구독료를 내라는 청구서가 날 아온 거예요. 속임수였던 거죠. 어디에 연락해야 할지도 모르겠더라고요. 전 이젠 전화를 아예 안 받아요. 그래서 저한테 전화하셨을 때도 못 받을 뻔했죠.

단순히 전화를 받았을 뿐인데 크리스토퍼는 리스크를 져야 하고 통제도 할 수 없는 상황, 사기당할 가능성에 맞 닥뜨렸다. 다른 일도 있었다. 크리스토퍼는 아파트 세입자 를 구한다는 어느 남자의 이야기에 "속아 넘어갔다". "그 남자는 제가 입주하는 데 동의했다고 생각했나 봐요. 그런데 저는 그런 적이 없거든요. 거절하기가 미안해서 그냥 살러 들어갔어요. 그런데 이 사람이 아들이랑 사촌도 그 집에 들인 거예요. 제 집 같지가 않았죠. 옛 같았어요. 그때로 돌아간다면 그렇게 어영부영 합의하지는 않을 거예요. 재수 없게 그 남자한테 완전히 속아 넘어간 거죠." 크리스토퍼는 자신의 자신감 부족을 악용하고 나중에는 합의했다고 생각했던 사항까지 어긴 룸메이트에게 분노를 느낀다. 최근에는 매사추세츠주의 건강보험에 의무 가입(매사추세츠 주의회 2006년 법률 58장 "An Act Providing Access to Affordable, Quality, Accountable Health Care")하지 않았다는 이유로 400달러의 세금이 청구되기도 했다. 실직 상태였고 무료 건강보험에 가입하는 방법도 몰랐던 그는 이 금액을 감당할 수가 없었다. 이는 매사추세츠주 서비스 노동자들이 흔히 겪는 일이었고, 이 때문에 이들 사이에서는 전 국민 건강보험을 향한 원한 감정이 싹텄다. 크리스토퍼는 성인이 된 과정이 사기("속아 넘어갔다"는 그의 표현이 입증하듯)의 연속이라고 말했다. 그리고 이런 일을 당할 때마다 감정적으로나 재정적으로나 무거운 비용을 치러야 했다.

성공하려는 노력을 정부가 아낌없이 지원하는 듯 보일 때조차도 정보 제공자들은 경계를 늦추지 않았다. 왜냐하면 어떤 결과도 정부가 약속한 것만큼 좋지는 않았기 때문이다. 백인 부부인 샌디와 코디는 부유층이 거주하는 교외 지역의 저소득 주택에 당첨되어 세 아이와 함께 살고 있다. 두 사람은 다른 저소득 가족과 전투를 벌인 끝에 당첨되었다는 생각을 분명히 밝혔다. 코디는 "여든아홉 가족

중에서 열두 가족이 당첨됐고 저희는 열세 번째였어요. 그런데 그중 한 가족이 대출 자격이 안 돼서 우리가 행운을 얻은 거죠. 그때 엄청 흥분했어요"라고 설명했다. 하지만 이들은 저소득 주택 소유가 임대보다 나을 것이 없음을 깨달았다. 샌디와 코디는 좌절된 희망을 통해 알게 된 부동산 관련 지식을 이렇게 설명했다.

샌디 문제는 되팔려고 할 때 계약상의 제한이 있다는 거예요. 시세의 3분의 1 가격으로 샀으면 같은 비율로 팔아야 한대요…… 먼저 시에 돈을 갚고 난 다음 3분의 1 가격을 되돌려 받는 거죠.

코디 저소득 가정에 우선 순위로 팔아야 해요.

샌디 저희는 이 집을 11만 6,500달러에 샀어요. 지금은 집값이 40만 얼마쯤 돼요. 그래서 지금 저소득 가정은 이 집을 16만 5,000 달러에 살 수 있대요. 대출금을 갚고 나면 저희한테 남는 건 16만 5,000달러의 3분의 1 정도예요. 그러니 아예 팔 수가 없는 거죠.

코디 그래서 그냥 여기서 계속 살기로 결정했어요.

샌디 이렇게 되팔아야 한다는 걸 살 때는 몰랐죠. 저소득 주택을 얻는다는 의미가 그런 거더라고요.

물론 두 사람은 좋은 교육 체계를 갖춘 안전한 교외에서 살게 된 것에 고마움을 느낀다. 그러나 동시에 가정을 위협하는 원심력(3장을 보라)에 맞서 가족을 지키려는 노력을 누군가(이 경우 인격화된 국가)가 충분히 보상해 주기를 바라는 마음도 완전히 충족되지는 않았다. 어떤 의미에서 이들은 안락한 삶을 보장받았지만 그 삶을 통제하거나 성공을 거두기에 충분한 수준은 아니다.

경직된 자아들

이들 청년 남녀와의 인터뷰에서 드러나듯 일반적인 생애 경로는 점점 더 불확실하고 예측 불가능하며 리스크 가득한 것이 되었다. 그래서 이들은 계속 '유연한' 상태를 유지한 채로 노동 시장의 끊임없는 변동에 맞춰 삶의 궤도를 변화시켜야 한다(Beck & Beck-Gernsheim 1995). 다시 말해 이들은 고용주나 동료에게 헌신과 충실함, 공정함을 기대해서는 안 되며, 자신은 협상력도 없고 지원도 받을 수 없다는 사실을 배운다. 질리언을 떠올려 보라. "일을 하면 사장을 떠받들게 되죠. 저한테 일할 기회를 줬으니까요. 그러니 계속 입 닫고 조용히 있어야죠."

사전은 '유연한'을 "피해나 손상을 입지 않고 반복적으로 구부릴 수 있는"이라고 정의한다.[11] 나와 이야기를 나눈 남녀는 적극적으로 유연성을 길러 노동 시장에서 경험한 좌절에 대응하고 있다. 즉 이들은 노동 시장에서 항구적으로 겪는 단절과 좌절에 쉽게 굴복하지 않겠다는 의지를 단단히 다진다. 젊은 흑인 여성 카이애너는 남편 커티스가 첫 일터에서 해고되었을 때 자신이 어떻게 반응했는지를 이렇게 묘사했다.

그저 앉아서 축 처져 있을 수만은 없잖아요. 그런다고 뭘 얻을 수 있겠어요? 그런다면 어디로 가게 될까요? 아무 데도 못 가죠. 그러면 계속 그 상태로 있거나 더 주저앉겠죠. 계속 움직여야 해요. 그렇게 움직이다 보면 개선의 가능성을 발견할 수 있어요. 남편이 첫 일터에서 해고당했는데 누가 그걸 상상이나 했겠어요? 그이는 따귀라도 맞은 기분이었을 거예요. 거기가 지금껏 찾은 최고의 일자리라 생각해서 상처를 받은 거죠. 물론 한동안은 상처를 건드리지 말아야 해요. 그러다 시간이 지나면 다시 일으켜 세워야죠. 그렇게 바닥에 주저앉게 내버려 둘 수는 없으니까요. 다른 걸 생각해 보라는 식으로 달래는 거예요. 제가 그렇게 주저앉아 있는 모습을 봤다면 남편도 똑같이 했을 거예요.

카이애너의 설명처럼 청년들은 "계속 움직이는" 법을 배운다. 자신을 사로잡은 감정들이 고통이 되어 짓누르지 않도록 기대나 행동을 재빨리 조절하게 되는 것이다.

그러나 이들은 노동 시장에서 느낀 배신감을 적극 관리하는(단기 유연성과 유동성이 자연스런 질서라는 생각을 받아들이면서) 반면, 자신을 도와줄 사람을 발견하리라 기대했던 교육, 국가, 법 같은 제도의 배신을 관리할 때는 훨씬 더 힘겨워한다. 정보 부족으로 이런 힘 있는 제도들을 한층 더 경계하고 불신하며, 의지할 사람은 자기뿐이라는 뿌리 깊은 믿음을 더욱 확고히 하게 된다. 전화를 받거나 룸메이트를 구하는 일상적인 활동조차 리스크 부담이 있고 사기당할지도 모르는 계기가 되는 것이다.

그리하여 청년들은 노동 시장에서는 '유연'해지지만 그 시장 외부에서는 경직된다. 좌절하고 상처받을 가능성에 대비하고자 내향적인 성격이 되는 것이다. 이들은 시장이

사적이고 비사회적이라고 여기지만 제도들에 관해서는 그렇게 생각하지 않는다. 이 차이는 정보 제공자들이 국가를 언급할 때 아주 분명하게 드러났다. 청년들은 사람들이 비정하고 표리부동해진 이유가 국가 때문이라고 말하곤 했다. 리치먼드에서 응급 구조사로 일하는 스물여섯 살 백인 남성 앨런은 이렇게 설명했다.

친한 친구 중 하나가 척추뼈 갈림증 환자예요. 귀하게 자랐고 해 달라는 건 부모님이 다 해 줬대요. 그리고 다리가 하나뿐인 친구도 있어요. 이 친구 부모님은 이렇게 말씀하셨대요. "넌 다리가 하나뿐이야. 그걸 받아들여야 해. 우리가 모든 걸 다 해 줄 수는 없어." 이게 맞는 태도라고 생각해요. 이 세상에 그 사람을 돌봐 줄 사람이 아무도 없잖아요. 장애인이어도 부모 품에서 벗어나면 정부는 아무 신경도 안 쓰죠. 남들한테 그러듯 세금이나 물리고요. 스스로 생계를 책임져야 해요. 아무리 적더라도 돈을 벌어야죠.[12]

앨런은 연민이나 돌봄을 기대하다가는 결국 고통을 겪을 수밖에 없다고 믿는다. 흥미롭게도 그는 노동조합을 사회 계약이 여전히 살아 있는 영역 중 하나로 여겼다. 그가 말하길 "노조에는 당신을 위해 고용주와 싸워 줄 사람이 있어요. 여기는 없거든요. 장단점이 있기는 하죠. 가입한 적이 있는데 조합비가 좀 부담되더라고요. 하지만 약속한 혜택은 보장해 줬어요. 그 이상을 해 주지는 않았지만 그보다 못하지도 않았어요." 하지만 현재 일터에는 노조가 없어 앨런은 혼자 고용주에 맞설 수밖에 없다.

학교에 너무도 깊은 배신감을 느낀 바네사는 정부를 극도로 불신한다. 그리고 이를 이용해 타인에게 보이는 경직된 태도를 정당화한다. 무슬림, 오바마 대통령('태생'을 언급하며 오바마의 자격을 문제 삼는 논쟁을 포함해), 더 일반적으로는 국가(바네사는 자신의 통화를 국가가 감청한다고 믿는다) 자체에 이르기까지 그녀는 폭넓은 대상을 의심한다. 바네사는 이렇게 설명했다.

저희 건물에 무슬림 부부가 사는데 여자 이름이 이슬람이에요. 말을 섞고 싶지 않았는데 어쩌다 주고받게 됐어요. 그런데 좋은 사람들이더라고요. 좋은 사람들이 세상에 있다는 건 저도 알아요. 그렇지만 그들이 결백하다는 게 입증되기 전에는 죄가 있다고 보는 거예요. 무슨 말인지 아시겠죠. 정부가 이런 식이잖아요. 오바마도 마찬가지예요. 결백을 입증하기 전까지는 죄가 있다고 생각해요.

어린 시절 경험한 극도의 불확실함과 배신은 청년들에게 타인을 신뢰하는 것이 위험한 게임이라고 가르쳤으며, 이 세계가 자신만을 의지해야 하는 적대적인 공간이라는 이미지를 구축하도록 몰아붙였다. 실제로 바네사는 고전적 문구(이자 법적 권리)인 '죄가 입증되기 전까지는 결백하다'를 뒤집어 표현했다. 이는 노동 계급 청년들이 사회적 유대와 그 안에서 자신이 점한 위치를 어떻게 이해하고 있는지를 드러내 준다.

응답자 대부분이 사회 안전망 없이 홀로 살아남아 왔기 때문에 이들은 자신의 고투가 도덕적으로 옳다고 여긴다.

피에르 부르디외의 표현을 빌리면 "'자기 겉옷에 맞추어 코트를 재단'하며, 그리하여 개연성 있는 것을 현실로 만드는 경향이 있는 과정들에 공모하게 된다"(Bourdieu 1990: 65). 다시 말해 이들은 도움을 요청하지 않고, 의존을 거부하며, 혼자 힘으로 살아남으려는 태도를 미덕으로 여기고, 그러면서 이런 특질들을 성인기에 대한 자신의 정의와 연결한다. 두 군데서 바텐더 일을 하는 와중에 시간을 쪼개 커뮤니티 칼리지에서 수업을 듣는 스물다섯 살 백인 여성 에마는 자랑스럽게 말했다.

> 할아버지는 가스관 묻을 땅을 파내는 일을 하셨어요. 30년 동안 가스 회사에 다니셨거든요. 풀장과 헛간이 있는 큰 집에서 30년을 살면서 그렇게 삶을 꾸려 오신 거예요. 정말 피땀 흘려 일하셨어요. 요즘 사람들은 가진 걸 활용하질 못해요. 이게 사람들이 깨닫지 못하는 교훈이죠. 부모님도 자신들 힘으로 살아왔고 저도 그러길 바라세요.

소방관인 스물네 살 흑인 남성 엘리엇도 비슷한 이야기를 들려주었다. "저는 바위 같은 사람이에요. 제 손으로 직접 해결하는 걸 좋아하죠. 그래서 도움을 부탁하는 일이 없어요."

그러나 이런 자립의 영웅담에는 어두운 이면이 있다. 타인과의 유대 관계를 끊고 내면으로 파고들며 감정적으로 무뎌지는 것이다. 예를 들어 크리스토퍼는 자신이 성인기의 전통적인 지표들을 달성하지 못했다고 인정한다. 그럼에도 적어도 부분적으로는 성인이 되었다고 믿는데 배신감을 관리해 왔기 때문이라는 것이다. 그는 이렇게 말했다. "제가 겪은 일들 때문에 결국 지금 이 모양이 된 거죠. 별의별 꼴을 다 당했어요. 사람들은 짐작도 못 할 거예요. 그룹홈에서는 직원들이 절단기로 시설 벽을 온통 뚫은 적도 있어요. 병원에서는 아이들을 몇 시간이나 묶어 놓기도 했고요. 그래선지 이제는 누가 길거리에서 다른 사람을 막 때려도 저는 비명도 안 질러요. 감정이나 느낌이 전혀 없거든요." 크리스토퍼는 사회 세계에서 완전히 떨어져 나왔다는 식의 경직된 자아 서사를 구축했다. 그는 누구에게도 의지하지 않고 철저히 혼자라고 생각하며 배신당할 가능성으로부터 자신을 보호한다.

지나온 삶을 골똘히 돌아보며 그는 이렇게 말했다. "저만의 자리가 있어야 하고 남자답게 스스로를 돌볼 수 있어야 하는데 그럴 수가 없어요. 성인이라면 이래서는 안 되는 데 말이죠. 충전할 시간이 필요해요. 어른이 되면서 제일 힘들었던 건 빌어먹을 진짜 일자리를 찾는 거였어요." 그러고는 잠시 멈췄다가 다시 말을 이었다. "포기하진 않을 거예요. 길거리에 나앉은 부랑자같이 되지 않을 거예요. 누구랑 어울리느냐가 중요해요. 그 프로그램들에 있으면서 그런 부류의 친구들을 사귀었어요. 성공한 친구가 옆에 있었다면 자극이 됐겠죠. 친구들도 하는 일이 없어요. 제일 먼저 취업한 게 저예요." 모든 형태의 의존이나 연결을 거부하는 것이 성인이 되는 첫 단계가 된다. 달리 말해 타인들이 줄기차게 짐이나 방해가 된다면 그들이 없는 편이 낫다는 것이다.

이런 식의 의미 형성 과정을 통해 신자유주의 논리는 매우 사적이고 개인적인 것, 즉 상식적인 현실이 되어 이들의 경험을 가득 메운다. 신자유주의는 추상적이며 독립된 경제 영역의 담론과 실천만이 아니라 감정 영역의 체험된 의미 및 가치 체계가 되어 사람들 위에 군림한다(Illouz 2007; Williams 1977). 경제 영역과 감정 영역은 서로를 강화하면서 이 청년들이 생각할 수 있는 범주라고는 자립과 견고한 개인주의밖에 없는 세계를 만들어 내고 있다. 신자유주의의 권력은 단순히 위에서 아래로 행사되지 않으며 "삶전체에 걸쳐 모든 실천과 기대"에 깊이 새겨져 있다. "에너지에 대한 [이들의—실바] 감각과 배치, 형성 중인 자아와세상에 대한 [이들의—실바] 지각"(Williams 1977: 110)에 이르기까지 말이다.

연대를 가로막는 신자유주의

지금까지 나는 노동 계급 청년들이 구축한 성인기 서사에서 배신이 어떤 역할을 했는지 서술했다. 다시 말해 노동시장의 유연성과 제도와의 상호작용 실패가 결합해 청년들은 자신이 완전히 혼자라고 느끼며, 의지할 사람은 자기밖에 없다는 사실을 배운다. 그리고 이렇게 배신에 예민한 감수성과 이에 수반되는 개인주의·자립에 대한 숭배는 이들이 자신과 타인 사이에 경계선을 긋고, 자신의 공동체 경계를 표시하며, 타인에게 지는 의무의 한계를 정하는 방식을 형성한다(Lamont 1992).[13] 내가 보기에 원자적 개인주의, 자립, 정부에 대한 불신으로 구성된 신자유주의 논리는 포스트산업 노동 계급이 특히 인종 영역에서 서로를 향해 긋는 경계선의 기반을 이룬다. 이런 신자유주의적 경계 긋기 과정은 미국 노동 계급의 사회적·경제적·정치적 미래에 심대한 영향을 미친다.

인종을 무시하는 개인주의의 약속(과 한계)

삶의 궤도를 형성하는 데 인종이 얼마나 중요했는지 물었을 때 백인 남녀 응답자의 3분의 1 정도가 자신의 일상에서 인종은 중요하지 않다고 명시적으로 답했다. 칼리와 알리사의 가족처럼 이들은 스스로를 인종을 초월한 개인들로 여긴다. 마이크의 답변을 보면 이 점을 분명히 알 수 있다. "인종은 전혀…… 전 인종은 별로 신경 안 써요. 그냥 사람이잖아요. 마음과 영혼을 보지 피부색은 안 봐요."[14] 이 응답자들은 동일함을 평등과 동일시하는 식으로 능력주의, 개인주의, 동등한 기회라는 이상에 몰입해 있다. 조앤 W. 스콧이 지적하듯 대부분의 미국인은 평등과 차이를 정반대되는 것으로 구조화하는 공정성 담론에 익숙하다. 그래서 사회적으로 생산된 차이를 인정하는 것마저도 평등과 대립한다고 이해한다(Scott 1988). 일부 사례—소방관이나 응급 구조사 혹은 군인처럼 백인과 흑인이 함께 일하는 비중이 높은 직종에 종사하는—에서 응답자들은 인종 구분이 집단 연대를 해칠 위험이 있다고 여겨 차이를 중화하는 전략을 취했다. 한 예로 에이리얼은 군인들이 기초 훈련 과정에서 하나의 부대로 단결하려면 집단 연대감이 필수적임을 깨닫고는 차이를 관리하고자 유머를 동원했다고 설명했다(Black 2009도 보라).

저흰 그걸 농담거리로 삼곤 해요. 음, 그러니까 잘하는 짓은 아니죠. 형제나 자매끼리 별것도 아닌 걸로 트집 잡는 거랑 비슷해요. 저희 부대에 여자가 하나 있어요. 중국인 아니면 한국인일 텐데, 아무튼 아시아인이에요. 잘은 몰라요. 왜냐하면 저희는 아무도 그런 거에 신경 쓰지 않거든요(웃음). 걔랑 아시아인이냐, 쌀밥을 먹냐, 중국 노래 한 소절 불러 봐라 그러면서 농담 따먹기를 하는 거죠. 저흰 온갖 걸로 놀려대요. 또 손가락이 여덟 개인 놈이 있는데 '여덟 손가락 맥!'이라고 불러요. 또 성이 맥마흔인 친구도 있는데 맥마흔은 손가락 열 개가 다 있고 매켄지는 여덟 개뿐이에요. 그래서 '열 손가락 맥!'이랑 '여덟 손가락 맥!'이 있는 거예요. 매켄지 쪽으로 걸어가서 "이거 봐 맥! 하이 스리!"라고 하면서 세 손가락으로 하이 파이브를 하곤 하죠. 결점을 지적하는 것처럼 보이지만 그 사람이 잘못됐다고 하는 게 아니라 차이를 끄집어 내서 재밌게 만드는 거죠. 그렇게 그걸 문제가 아닌 걸로 만드는 거예요."

이들은 백인다움이나 신체적 역량 같은 규범에서 벗어나 있는 어느 것이든 즉각 알아보고는 명시적으로 부정한다. 이로써 그 규범의 잠재적 구분 효과가 제거되는 한편 '정상'과 '비정상'을 가르는 선 역시 재확립된다. 동일함이라는 이 이데올로기에 몰두한 백인 응답자들은 동료의 인종을 가지고 노골적으로 차별하는 다른 백인에게는 적극 이의를 제기했다. 한 예로 롭은 자신의 흑인 및 자메이카인 동료들을 두고 인종주의적인 발언을 한 고위급 장교에 대한 군사 재판에 증인으로 나서기도 했다. 개인주의 논리에 입각한 롭은 자신과 동료 병사를 인종으로 구분된 개인이 아니라 공유된 사회 계약에 의해 통합된 개인으로 바라본 것이다.

같은 맥락에서 흑인 응답자들도 유머로 차이를 중화하는 방식을 택하곤 했다. 주방위군 주말 훈련 때 지휘관이 부대의 여름 훈련을 테네시주에서 실시할 예정이라고 발표하자 젊은 흑인 여성 레이철은 큰 소리로 이렇게 물었다고 한다. "흑인 친화 동네인가요?" 잠재적인 긴장감을 누그러뜨리고 동료들에게 남부에 가면 자기를 신경 써 달라고 당부하는 식으로 인종 문제를 환기한 것이다. 추수감사절 아침에 소방서에서 인터뷰를 진행했을 때도 비슷했다. 몇몇 소방관이 모여 주변 지붕에 앉아 있는 비둘기들에게 빵 부스러기를 던져 주는 모습을 보게 되었다. 흰 비둘기 무리에 갈색 비둘기 한 마리가 섞여 있는 걸 알아차린 푸에르토리코 출신 소방관—고용 문제와 관계된 차별 시정 조치를 둘러싸고 부서에 긴장감이 감돌고 있다는 사실을 익히 알던—이 농담을 던졌다. "어, 저기 나 같은 소수 민족이 있네!" 동료들은 그 말에 웃음을 터뜨렸다.

백인과 흑인 응답자들은 하나의 담론 속에서 살아가고 있다. 이 담론은 평등과 차이 중 하나를 택하라는 불가능한 요구를 제기하며 어떤 차이도 분열을 조장할 가능성이 있다고 주장한다. 이런 환경에서 일하는 백인과 흑인 응답자 중에서 자신의 위치가 안전하다고 느끼며 공동의 목표로 뭉친 이들은 자신이 사회적 범주가 아니라 그저 개인일 뿐임을 서로에게 확신시키고자 고군분투한다. 하지만 차이의 사회적 무게를 부인하는 이 전략은 불완전하다. 백인 문화의 헤게모니를 재생산하며 불평등한 사회 구조—인종이 사회적으로 생산되는 기저를 이루는—는 무시하는 거짓 중립성을 건드리지 않기 때문이다(Scott 1988). 게다가 주방위군이나 소방서처럼 전통적으로 남성적인 공간에서 흑인과 백인 남성은 대개 합심해 '공동의 적'인 동성애와 여성성에 맞섬으로써 인종 갈등을 피할 수 있다. 이런 식으로 이들은 남성성을 일종의 "결속 자본"bonding capital으로 활용해 타자를 배척한다(Putnam 2000: 22).[15] 예를 들어 육군 기지에서 롭을 인터뷰했을 때 친구들(백인 두 명과 푸에르토리코인 한 명)이 끼어들어 롭의 (동)성애를 놀려대는("자기가 게이라고 밝히던가요?") 동시에 자신들의 남성성을 드러냈다. 백인 병사가 킥킥거리며 "혀 마는 거 여성 분께 보여 드리면 어때? 이분 입안에서 하는 건?"이라며 푸에르토리코인 친구에게 말했다. 유쾌하지 않은 이 일화에서 인종 차이는 유머를 통해 중화된 반면 남성 지배는 한층 강화되었다.[16]

하지만 인종적 동일함이라는 이데올로기는 응답자들이 일자리, 특히 명시적으로 "차별 시정 조치를 주도하는" 공무원 영역(하지만 이런 정책을 제대로 시행하지는 않기 때문에 수험자들에게 혼란과 쓰라림을 안기는)의 일자리를 얻기 위해 경쟁해야 할 때 흐트러지기 시작한다.[17] 다시 한 번 정부가 내 이해 관계에 반해 행동한다는, 내가 획득한 무언가를 빼앗아 간다는 생각이 배신감을 점화하는 것이다. 이렇게 되면 흑인이라는 사실이 희소한 자원을 차지하려는 싸움에서 유리한 것처럼 부각된다.[18] 경찰, 우편 노동자, 소방관처럼 점점 자리가 부족해지는 일자리에 지원하는 백인 응답자들은 차별 시정 조치가 '역차별'이며 인종이 아니라 '개인적 장점'이 고용을 결정하는 요소가 되어야 한다고 주장한다. 응급 구조사로 아직 부모님 집 지하에 살고 있는 스물네 살 백인 남성 에릭은 씁쓸한 표정으로 이렇게 말했다. "[소수 민족이니까—실바] 모든 걸 가질 자격이 있다고 생각하지는 않아요. 보상 요구는 대부분 억지예요. 저는 노예를 부린 적이 없어요. 노예 소유주한테는 저도 화가 나요." 확실히 여기서 에릭은 인종주의를 과거의 유물로 간주하고 있다. 참전 경험이 취직에 도움이 된 백인 소방관 조지프는 소수 민족 동료들을 원망하지 않지만 앞으로 자기 아들은 군 생활을 하지 않고서도 취업할 수 있기를 바란다. "저는 편견은 전혀 없어요. 없다고 생각해요. 제가 생각하는 건 그냥…… 그 사람들이 더 이상 소수 민족이 아니게 되는 날이 언제쯤 올까요? 많은 사람이 일자리를 가지고 있어요. 조만간 소수 민족이 아니게 되겠죠. 반반이 될 거예요."[19]

공무원 부문 바깥의 백인들도 흑인 관리자는 자격이 부족한 흑인 지원자를 백인보다 더 선호할 것이라며 걱정했다. 서빙 일을 하는 백인 크레이그는 이렇게 말했다.

부매니저가 매니저로 승진했는데 새 매니저는—인종주의자처럼 들리겠지만 참고 들어 주세요—흑인이고 이 사람이 새로 고용한 사람도 다 흑인이에요. 원래 사람 중 몇은 새로 온 사람들보다 나았어요. 새로 온 여자가 하나 있었는데 돈을 훔쳤다는 의심을 받았어요. 저는 그 사람 편을 들었죠. 그런데 알고 보니 전에 일하던 두 군데서도 그런 일이 있었던 거예요. 매니저는 그 여자를 데리고 오느라 8년 동안 일한 사람을 해고했어요. 생각해 보니까 새 판을 짜려고 사람들을 걸러 냈던 거죠. 그러다 매니저와 싸우게 됐어요.

크레이그는 이야기하는 동안 스스로를 인종주의적이지 않은 사람으로 묘사하려 무던히 노력했다. 무죄 추정 원칙을 젊은 여성에게 적용했지만 그녀가 정말로 자격이 없는 사람임을 깨달았을 뿐이었다는 것이다. 그는 흑인들이 편법으로 일터에 침투해 자기 가치를 입증해 온 충실하고 정직하며 강직한 백인 노동자들을 쫓아냈다는 이미지를 만들고 있었다. 이렇게 그는 자신이 인종주의자가 아니며 개인적인 자질이나 도덕성을 비판하고 있다고 생각한다.

인종 카드 사용하기

백인들은 또 소수 민족이 '인종 카드를 사용'해 '역차별'을 유도한다며 적대감을 드러냈다. 보통 이런 비난 다음에는 백인에게 차별받았다면서 부당한 비방을 일삼은 흑인들 이야기가 이어졌다. 보스턴의 저소득층 지역에서 경찰관으로 일하는(페이스북의 '케임브리지 경찰서의 제임스 크롤리 경사를 지지합니다' 페이지에도 가입한) 스물다섯 살 백인 여성 타라는 이렇게 말했다. "누군가는 항상 그 카드를 사용해요. 사람들이 어떻게 대하든 자기가 흑인이라서래요. 어떻게 대하든 자기가 흑인이어서 그런다는 거죠! 그러면 그냥 인정하고 그대로 따라갈 수밖에 없어요. 그런데 그런 일이 정말 너무 흔해요." 타라가 보기에 모든 사람은 한 명의 개인이다. 어쩌다 보니 흑인이 법을 어기고 체포당하는 빈도가 높은 것이다. 타라는 이렇게 말을 이었다. "그럴 때 기분이 좋아요…… 예를 들어 백인 남자가 화장실이나 어디선가 바보 같은 짓을 하는 걸 붙잡을 때요. 그런 경우에는 제가 인종주의자로 보이지 않을 테니까요. 무슨 말인지 아시겠죠? 그래서 버스 정류장이나 길거리에서 백인 남자한테 수갑을 채울 때 기분이 좋아요." 백인 남성을 체포하면 자신이 편파적이지 않고 공정하다는 사실을 스스로와 타인에게 입증할 수 있다는 것이다.

서빙 일을 하는 백인 리베카는 흑인 손님들에게 부당하게 인종주의자라고 몰렸을 때 느낀 분노와 불만을 표출했다. "그냥 책임을 돌리려고 사람들이 저한테 인종주의자라고 비난한 적이 있어요. 잠깐 저랑 같이 살았던 사촌동생이 있는데 걔가 혼혈이거든요. 그러니까 저한테 인종주의자 딱지를 붙이는 건 말도 안 되죠. 자기 음식을 먼저 안내왔다는 거예요. 주문 순서에 맞게 음식이 나오는 거잖아요. 그런데 그렇게 몰아가는 거죠." 자신이 합리적이고 개인주의적이며 능력주의적이라고 자처하는 리베카는 흑인 손님을 의심의 눈초리로 대한다. 인종주의자라는 흑인 손님의 비난이 '인종 카드를 사용하는' 얄팍한 시도며 더 많은 서비스(이 경우에는 자신의 음식을 먼저 내오는)를 받으려는 술수라고 여기는 것이다. 과거에는 인종주의가 짐 크로Jim Crow처럼 분명하게 확인 가능했지만 이제는 불안정하고 애매한 형태로 진화했으며, 그에 따라 흑인과 백인의 상호작용은 불안과 의심을 더한 채로 전개되고 있다 (Bonilla-Silva 2003).

이와 정반대로 백인 응답자 중 소수는 강하고도 격렬한 어조로 자신과 다른 인종, 특히 아프리카계 미국인 사이에 경계선을 그었다. 반흑인 인종주의는 두 가지 틀, 즉 흑인은 부도덕하다는 틀과 위험하다는 틀로 표출되었다. 두 경우 모두 백인 정보 제공자들은 개인적 경험에 의지해 주장을 정당화했다. 당연한 자기 몫을 흑인들이 앗아 가(이는 기존의 배신감을 강화한다) 신뢰를 깨 버렸다(이는 고장 난 사회 계약에 보이는 원한과 공명한다)는 것이다.

서른세 살 백인 여성 아일린은 딸을 출산한 뒤 복지 수당이나 '여성, 유아, 아동 지원 프로그램'WIC 수급 자격을 얻지 못했다며 불평했다. 자산 관리 회사에서 청구서 담당으로 일하는 저소득층이지만 어머니가 자살한 뒤 물려받은 집 때문에 자격이 부족하다는 것이었다. 그녀는 이렇게 설명했다.

솔직히 일하기 싫어하는 흑인들은 문제라고 생각해요. 우리 세금이 그런 사람들 뒤치다꺼리하는 데 쓰이잖아요. 백인 중에도 그런 사람이 있고 멕시코인 중에도 있죠. 아무것도 안 하면서 뭔가를 원하는 사람들이요. 제 입장 좀 생각해 보세요. 애가 태어났을 때 양육 수당이나 복지 혜택을 신청하려고 했어요. 그런데 저한테 집이 있어서 안 된다는 거예요. 그래서 불만이 커요. 여기[흑인 밀집 지역 거리—실바] 사람들을 보세요. 길거리에서 농구나 하고 있어요. 우리 세금으로 그러는 거예요. 이게 뭐예요. 길거리에 나와 있는 사람들을 보면 정말 충분히 일할 능력이 있어요. 분통이 터지죠. 아까 얘기한 것처럼 그런 사람이 흑인일 수도 있고 백인일 수도 있죠. 그런데 제가 보는 건 대부분 흑인이에요. 제 의견일 뿐이지만요.

아일린은 모든 흑인을 게으르고 부정직한 복지 수혜자로 비난하는 태도가 정치적으로 올바르지 않다는 것을 알고 있다. 그래서 자신의 비난이 현실을 관찰한 바에 근거한다고 강조한다. 그러나 분명 그녀는 자기와 같이 열심히 일하는 백인처럼 되기를 거부하는 흑인들에게 체계가 특혜를 베풀기 때문에 자신이 복지 수급자 자격을 얻지 못했다고 믿으며, 그리하여 인종 간에 경계선을 긋고 도덕적으로 자격을 갖춘 사람과 그렇지 못한 사람을 구분한다.[20] 자신을 도울 것이라고 생각했던 제도에 느낀 배신감이 제도가 자격이 부족한 누군가를 도왔다는 분노로 이어진 것이다. 비슷하게 앨런도 응급 구조사로 일하면서 흑인 어머니가 아기를 신경 쓰지 않는 모습을 보고는 곤란함을 느꼈다고 말했다. "애가 막 나오려는 상황인데도 여자는 약에 취해서 자기가 임신을 안 했다는 거예요." 가장 솔직하게 쓰라림과 분노를 표출한 백인 응답자인 팀은 "특정 어투를 사용하는 아프리카계 미국인"이 동네의 질서와 안정을 위협한다며 불만을 표출했다.

동네에 그런 집이 몇 군데 있어요. 집 관리를 안 해요. 마당에 주차를 하질 않나, 쓰레기도 그냥 마당에 버려요. 좁은 공간에 여럿이 사니까 집이 어수선할 수밖에 없겠지만, 그걸 보고 있으면 유쾌하지는 않죠. 밖에서도 자기들끼리 몰려다녀요. 끼리끼리 몰려다니다가 다른 주민들과 마주치곤 하죠. 특별히 문제를 일으키는 건 아니지만, 자기들끼리 있을 땐 그렇게 행동해도 괜찮을지 몰라도 공공장소에서 그러면 짜증이 나잖아요. 사회에 민폐를 끼치는 거니까요.

팀은 자신의 공간으로 이해하는 곳에 흑인들이 있다는 사실에 분개하지만, 이런 인종주의가 도덕 질서를 보호하고 보존하는 것인 양 표현한다(Lamont 2000). 아일린과 마찬가지로 팀도 개인주의 이데올로기에 동의하며 인종만으로 한 개인을 판단하면 안 된다는 것을 알고 있다. 그렇지만 그 과정에서 스스로와 모순을 일으킨다. "제가 그 사람들을 '그들'이라고 불러도 오해하지는 않으면 좋겠어요. 그냥 그런 종류의 개인들이 있다는 거죠. 그들 모두가 그렇다는 건 아니니까 제가 인종주의자라고 생각하지는 않아요. 멕시코인도 마찬가지죠. 아니, 멕시코인이라고 말하면 안 되겠구나, 대부분의 라틴계 미국인이요. 그래요, 일반적인 라틴계 미국인이 그렇죠."

다른 응답자들은 아이건 어른이건 흑인이 무섭다고 말했다. 대니얼은 과체중에 나약하다는 이유로 학교에서 흑인 학생들한테 "찍혔던" 일을 회상했다. "남북 전쟁은 절대로 끝나지 않았어요. 여전히 진행 중이죠. 저를 찍었던 애들이 있어요. 저를 죽이려 들었어요. 걔들은 그런 식이었어요. 노예제가 끝났고 그 결과가 이거라고요. 끝났으니까 극복하라는 식이었죠." 대니얼은 이 아이들이 노예제를 핑계로 자신을 부당하게 괴롭혔다고 믿는다. 그렇게 그는 자신을 고장 난 사회 계약의 희생자로 구축하고 있다. 마찬가지로 애슐리도 두려움과 경멸이 섞인 시선으로 아프리카계 미국인을 바라본다.

항상 흑인들이랑 문제가 있었어요. 믿었던 사람들이랑 좋게 풀리지 않아서 그래요. 아시겠지만 저는 조심이 많은 편이에요…… 제프를 처음 만났을 때가 생각나는데, 같이 세븐일레븐에 갔더니 흑인들이 있는 거예요. 저는 겁에 질렸고 제프가 그러면 안 된다고 하더라고요. 제가 겁을 내면 자기가 두들겨 맞을 거라면서요. 그러니까 저는 바지를 엉덩이까지 내려 입는 게 이해가 안 돼요. 바지가 내려가지 않게 다리를 벌리고 서 있는 사람들 얼굴을 똑바로 쳐다볼 수가 없어요. 이 사람들은 자기가 갱스터 도시에 사는 줄 아는 것 같아요. 대체 뭘 하는 걸까요? 여자애들이 그런 사람들하고 같이 가게로 들어오면 이런 생각이 들더라고요…… 저 여자는 참 예쁜데 바지 제대로 입고 다니는 남자랑 놀 수는 없나? 너무 짜증 나죠. 저는 그냥 사람을 신뢰하는 데 조심스러운 편일 뿐이에요.

애슐리는 흑인에게 느끼는 공포를 개인적인 배신 경험으로 정당화한다(그녀가 성인이 된 서사에는 백인들의 배신이 가득하지만 애슐리는 백인다움을 인종화된 것으로 생각하지 않는다). 또 그녀는 주류인 중간 계급 백인 중심의 자기 표현 미학을 따르지 않는 흑인 남성을 조롱하고 깔보면서 옷차림이 그러니 사회적으로 배제당해도 어쩔 수 없다고 암시한다. 백인 간호사 월은 자신이 생각하는 흑인의 도덕적 문란함에서 나를 보호해 주겠다는 듯이(Lamont 2000을 보라) 확신에 찬 어조로 이렇게 말했다. 내가 자신의 동료인 흑인 간호 보조원들과 인터뷰하기를 원하지 않을 것이라고 말이다(내가 이에 항의했음에도 그랬다). "그 사람들하고 말하고 싶지 않을 거예요. 그 사람들은 아마 이럴걸요? '나랑 얘기하겠다고?'" 달리 말해 윌은 이 여성들에게서 나를 보호함으로써 자신의 도덕적 우위(와 남성성)를 증명하고자 했다.

백인 중심의 사회 규범에 동의하지 않는 사람을 향한 이 분노는 영어가 서툰 사람들에게로 확장된다. 예를 들어 샌드린은 이렇게 분통을 터뜨렸다. "사람 많은 데서 뒤돌아서면 다른 나라 언어로 말하는 건 이 나라뿐 아니라 자기 자신까지 무시하고 무례를 범하는 거죠. 자기를 존중하지 않고 스스로나 다른 사람에게 최소한의 예의조차 지키지 않는 행동이라는 뜻이에요. 저는 그렇게 교육받고 자랐어요. 그러니까 인종이랑은 아무 상관도 없어요." 동요하는 기색이 역력하고 분노로 가득 찬 샌드린은 애국심과 문화 성원권을 내세우면서 인종을 감춰 버린다. 영어 배우기를 거부하는 태도가 미국식 생활 방식에 대한 직접적인 공격─공유된 사회적 유대를 노골적으로 파기하는─이라고 이해하는 것이다.

고장 난 연대

마찬가지로 흑인 정보 제공자들도 이런 틀의 상당 부분을 받아들인다. 이들은 인종을 무시하는 능력주의, 개인주의, 자립이라는 관점과 인종주의적인 현실 경험 사이에서 위태로이 균형을 잡고 있다(Bobo 1991; Newman 1999; Smith 2007). 공무원으로 일하는 흑인 남성들은 소수 민족인 덕분에 고용되었다고 솔직하게 이야기했다. 이들이 모두 현역으로 군에서 복무했고 이라크에도 몇 차례 파병되었지만 말이다. 이들은 차별 시정 조치에 양가적인 태도를 보였고 개인적 자질과 동등한 기회라는 지배 이데올로기를 믿었다. 해병대에서 복무한 적 있는 스물네 살 흑인 소방관 엘리엇은 실용적으로 말했다. "저야말로 피부색 때문에 특혜를 받는 건 말도 안 된다고 생각하는 사람이에요. 당연히 시험 결과가 제일 좋은 사람이 합격해야죠. 그렇지만 오해하지 말고 들어 주세요. 그런 제도가 있다면 저는 활용하고 싶어요. 살면서 지원을 받아 본 적이 별로 없거든요. 그런 게 있다면 활용해야죠. 그런 기회가 온다면 저는 활용할 거예요." 이렇게 차별 시정 조치의 수혜를 받는 것은 자신을 실패자로 만든 체계로부터 무언가를 돌려받을 기회로 재구성된다. 흑인 응답자들은 모순적인 이상들을 품고 있다. 이들은 인종주의의 체계적 힘을 알아차리고 있지만 그뿐 아니라 자신을 피해자로 보는 데 저항한다. 캐서린 뉴먼의 표현을 빌리면 이들은 어떻게 "인종의 딜레마들—다른 사람들을 희생시켜 누군가에게 특권을 주는 경제 및 공통적인 문화 이데올로기의 권력과 밀접하게 얽힌—이 우리 다수에게 굴절되고 모순된 일련의 믿음을 야기하는지"를 드러내고 있는 것이다(Newman 1999: 266). 그리하여 사람들은 "능력주의가 강한 매력을 지닌다고 느끼고, 인종과 무관하게 동등한 기회가 주어진다고 상상하며,

삶을 형성하는 데 인종이 가장 부당하게 개입한다고 생각"한다.

그런데 사람들은 인종이 하나의 체계라고 믿는 대신 능력주의에 훨씬 더 많이 몰두한다. 스물일곱 살 흑인 남성 줄리언은 비극적인 진심을 담아 이렇게 고백했다. "인종이 영향을 주죠. 하지만 저는 그게 제 단점이라고 생각하지 않아요, 말이 되는지는 모르겠지만요. 매일 거울 앞에 서서 제 모습을 봐요. 당신한테 입바른 소리를 하거나 말하고 싶은 것만 얘기할 수도 있어요. 하지만 하루를 마치고 거울 앞에 서면 제 단점이 뭔지 알게 돼요. 하지 않았거나 했지만 제대로 못 한 것들이 제 단점이죠."

실제로 모든 흑인 응답자가 노골적이고도 악랄한 차별을 경험했지만, 이들은 자신을 피해자화하는 사람들에 맞서 스스로를 운명의 주인으로 보는 강한 이미지를 발전시켰다. 특히 흑인 남성들은 인종주의를 구조적인 힘이 아니라 하나의 도전으로, 자신을 정복하라는 도덕적 명령으로 여겼다. 지역 청소년 센터에서 운동 용품점을 운영하는 스물다섯 살 흑인 남성 더글러스는 자신을 인종적으로 어떻게 분류하느냐는 내 질문에 답하기를 주저했다. "인종으로 저를 분류하지는 않아요. 굳이 따지면 아프리카계 미국인이겠죠." 그러고는 이렇게 말을 이었다. "자라는 동안 동네에서 항상 '그런 남자'에 대해 들었어요. 성장하면서 인종이 정말로 사라져야 한다는 걸 깨달았죠. 세상에는 성공한 아프리카계 미국인도 있고 성공한 백인도 있잖아요." 인종주의가 삶에 미친 영향을 언급하지 않는―그리하여 인종주의를 증언하지 않는―식으로 더글러스는 인종주의에 맞서 스스로를 다지고 있다. 역사적으로 흑인이 진학한 대학을 1년 반 정도 다니다 중퇴한 네이선도 인종이 화제로 오르면 서둘러 말을 삼갔다. "백인이 졸업생 대표가 됐어요. 그 사람을 캠퍼스 여기저기서 봤죠. 걔는 쿨해 보였어요." 나는 "맞아요, 그런 일이 있었다는 이야기가 기억나네요"라고 답하면서 그의 반응을 지켜봤다. 네이선은 "이상하긴 했죠……"라고 답했지만 그 이상 말하기는 싫다는 듯이 어깨를 으쓱하더니 "다른 이야기로 넘어갈까요"라며 화제를 돌렸다.

실제로 인종 문제를 감당하며 살아가야 하는 이들 입장에서는 인종에 대해 말하면 체계에 너무 큰 권력을 부여하는 셈이 된다. 리치먼드 커뮤니티 칼리지에서 인터뷰한 스물일곱 살 흑인 남성 존은 이렇게 설명했다. "사회 때문에 그게[인종이—실바] 저한테 영향을 미치는 거겠죠. 원하지 않는데도 사회가 모두에게 꼬리표를 붙여요. 남들한테 내세울 구석이 있어야 하고 자기를 돌봐야 해요. 이건 각자가 자기를 어떻게 판단하는지, 사람들은 또 그 사람을 어떻게 평가하는지에 관한 문제예요. 인종을 버팀목처럼 활용하는 사람도 있지만 저는 아니에요." 코드 전환code-switch 방법을 배우는 것은 흑인, 특히 흑인 남성이 위협적이며 일탈적이라는 견고한 문화적 이미지를 약화하는 데 필수적이다(Anderson 1999). 존은 이렇게 말했다. "껄렁하게 옷을 입을 수도 있고 『지큐』에 나오는 모델처럼 입을 수도 있어요. 일자리에서 퇴짜 맞는 건 싫죠. 저는 어떤 식으로 말해야 하는지 알아요. 흑인식 영어도 할 수 있고 당신이 이해하기 쉽게 말할 수도 있어요. 제가 어디서 왔는지 잊지 않고 있지만 상황에 맞게 말투를 조절할 수 있다는 거죠."

이 응답자들은 또 코드 전환을 '변절'로 여기고 (카이애너가 말하듯) '게토'를 연기함으로써 자신의 행위 능력을 제한하는 흑인들과 선을 긋는다. 사이먼은 매몰차게 표현했다. "헐렁한 청바지나 입고 밥맛 떨어지게 말하고 다니면 어떻게 성공할 수 있겠어요. 인종주의가 아니라 그런 사람이 문제인 거예요. 그게 인종주의라고 말하는 흑인은 질색이에요." 신자유주의 사회 질서의 위험을 이리저리 피하는 것은 집단적이기보다는 개인적인 묘술이 되었다. 인종주의에 발목이 잡혔다고 인정하는 사람은 능력 면에서나 성격 면에서나 자신이 나약하다는 것을 인정하는 셈이 된다.

이처럼 백인과 흑인 응답자 모두 혼자 힘으로 자립할 수 없는 소수 민족을 업신여기고 있다. 젊은 흑인 여성 캔디스는 제대로 된 "사고 방식"을 갖추겠다며 공공 임대 주택 단지를 떠나 4년제 대학에 들어가게 된 자신의 역량을 이렇게 설명했다.

저소득층의 사고 방식에 머물러 있고 싶지 않아요. 이래서 흑인 대부분이 돈이 없는 거거든요. 연말 정산 시기에는 4,000달러나 5,000달러 환급 통지를 받아요. 아직 돈을 받은 건 아니죠…… 그런데도 사람들은 12월 한 달 내내 5,000달러를 어떻게 쓸지에만 정신이 팔려요. 그러니 그 돈이 들어오자마자 사라지는 거죠. 보석 하나 장만해야지, 아이들한테 브랜드 옷 입혀 줘야지, 머리도 하고 손톱 손질도 받아야지, 이러면서요. 아시겠지만 살아가는데 꼭 필요한 것들이 전혀 아니잖아요. 그냥 기분 좋게 해주는 거지. 필수품은 하나도 안 사요. 제 사촌만 해도 그래요. 수표를 두 개 받았어요, 하나는 5,000달러짜리였고 다른 하나는 3,000달러짜리였거든요. 근데 5,000달러가 1주일도 못 가더라고요. 분가루 같다니간요. 제가 그랬죠. 지금 일자리도 없지 않냐고, 그걸로 1년치 집세를 낼 수도 있다고. 도대체 생각이 있는 거냐고 물었어요. 어차피 아이들은 금방 크니까 이 옷들도 곧 작아서 못 입게 될 텐데 말예요.

사회적 위계의 상단부로 올라가려 하는 캔디스는 자신이 성장한 공동체와 자신 사이에 날카롭게 경계선을 긋는다. 그러고는 그곳 주민들이 눈앞에 있는 것만 탐낼 뿐 계획을 세우지도, 열심히 일하지도, 자립하지도 않는다며 비난한다. 실제로 캔디스는 인터뷰에 응한 것도 부분적으로는 자신이 또 다른 "부정적인 통계"가 아님을 세상에 증명하고 싶어서라고 밝혔다. "저는 당신 책이 장애물을 극복한 사람들을 대변해 주면 좋겠어요. 제 경험을 통해 동정이나 슬픔이 아니라 어려움을 딛고 승리한 이야기를 전하고 싶어요. 소수 민족이나 가난한 사람에 대한 부정적인 통계는 차고 넘치잖아요. 그런 이야기에 포함되지 않는 이들의 말에 귀 기울이는 사람은 매우 드물죠."

이런 식으로 정보 제공자들은 사회 구조상 자신과 가장 가깝고 바로 아래에 있는 사람들과 거리를 둔다. 피에르 부르디외는 "사회 공간에서 최소의 객관적 거리가 최대의 주관적 거리와 일치할 수 있다"고 했다(Bourdieu 1990: 137). 스스로 "혁명적 사회주의자"라고 밝힌 응답자 한 명을 제외하고는 누구도 부자들을 향해 분노(자기에게 수리를 맡긴 "부자 유대인"을 싫어하는 자동차 정비사를 빼면)를 표출하지 않았고, 계급과 인종, 젠더에 기반한 부정의가 진정한 장애물이라고 인정하지 않았다. 사회적 위계상 가장 가까운 사람과 자신 사이에 경계선을 그음으로써 응답자들은 일자리, 복지, 자존감 같은 자원을 둘러싼 투쟁—이것이 이들의 성장 경험을 규정한다—에 대한 인식을 표명하고 있다. 그런데 이들이 경계선을 그은 탓에 계급 의식의 가능성이 사라지게 된다. 이 경계선들이 생활 수준이 가장 열악한 사람들을 실질적으로 분열시키기 때문이다.

신자유주의 주체 되기

이 책을 집필하는 동안 정부에 대한 불신은 지난 수십 년을 통틀어 전례 없는 수준에 달해 있었다. 퓨연구센터에 따르면 대다수 미국인은 연방정부가 개인의 권리와 자유를 위협한다고 생각한다(Pew Research Center 2013). 미국인의 40% 이상이 일상적인 삶에 정부가 부정적인 영향을 미친다고 답했는데, 13년 전에 이 비율이 31%였던 것에 비하면 우려스러울 만큼 높아졌다. 정치적 논쟁에서 양당 지도자 모두 정부의 낭비를 비난하고 엄격한 경비 삭감을 우선시하고 있다. 그 와중에 CEO의 보너스는 늘고 있고, 거대 기업은 대놓고 세법을 어기고 있으며, 몇 년 전까지만 해도 정부 보조금을 간청하던 기업 경영진은 뻔뻔스럽게도 새로운 정부 규제 탓에 이윤이 부당하게 축소되고 있다는 주장을 펼친다. 최근 제이피모건체이스의 CFO 제이미 다이먼은 직불 카드debit card 수수료 제한이 "대규모 미국 은행들의 관에 못을 박는 격"이라며 불만을 터뜨렸다. 자본주의가 인간 존엄성을 개인의 역량으로 축소한 것과 마찬가지로(Sennett & Cobb 1973) 신자유주의는 자유에 대한 자유주의적 이상을 시장에서의 자족으로 왜곡시켰다(Slater 1997). 우리 시대의 "공통 감각"(Schutz 1953)은 구조적 불평등—성 차별, 인종주의, 실업, 앞날을 헤쳐 나갈 수단에 대한 접근권 부족—을 개인의 노력으로 극복할 수 있고 또 그래야 한다고 명령하고 있다.

이 청년들이 사회 안전망을 확보하거나 비슷하게 불리한 조건에 처한 타인들과 연대한다면 이익을 누릴 것이다. 그렇기 때문에 청년들이 자립의 이상 및 실천과 제약받지 않는 개인주의를 그토록 강하게 고수하는 것—이들은 단순히 현실이 그렇다고 인정할 뿐 아니라 그래야 한다고 믿는다—이 처음에는 직관에 어긋나는 듯이 보인다. 내 생각에 이들의 마음 깊이 자리 잡은 확신들은 단순히 위에서 부과된 것이 아니다. 이 확신들은 일상에서 경험한 모욕과 배신에, 자신이 의지하는 사회 계약이 깨져 버렸다는—혹은 애초에 존재한 적이 없다는—깨달음에 근거하고 있다. 노동 계급 청년들은 막대한 비용을 치러야만 타인들에게 의지할 수 있다는 사실을 거듭 배운다. 그런 다음에는 자립, 개인주의, 개인의 책임이라는 문화적 각본을 받아들임으로써 배신의 아픔과 연결의 갈망을 완화한다. 제도와의 상호작용에서 더 '유연'해질수록, 즉 단기적인 헌신과 환멸을 관리하는 법을 배울수록 이들은 자신을 둘러싼 세계에는 한층 더 '경직'된 태도를 보이게 된다.

이런 과정을 통해 청년들은 유순한 신자유주의 주체가 되어 온갖 종류의 정부 개입, 특히 차별 시정 조치에 반대한다. 그런 개입이 자기 삶의 경험에 대립하고 그 경험을 침해한다고 여기는 것이다. 이런 식으로 잠재적인 연대 공동체들은 불안정과 리스크의 부담을 버티지 못하고 갈라져 버린다. 남성은 여성 및 게이와의 경계선을 조심스레 관리함으로써 얼마 남지 않은 공공 부문 일자리를 계속 차지한다. 백인은 흑인이 정부의 돈을 가로채며 자신의 세금을 낭비한다며 도덕적 경계선을 친다. 흑인 응답자는 열심히 일하는 것만으로는 성공할 수 없는 다른 흑인들과 자신 사이에 한층 더 단호하게 선을 긋는다. 궁극적으로 노동 계급 청년 남녀는 자신이 혼자 힘으로 삶과 전투를 치러야 한다면 다른 모든 사람도 그래야 한다고 믿는다. 제이컵 해커가 말하듯 "리스크는 사람들을 결집시켜 공유된 운명 공동체를 이루도록 이끌 수 있다. 그러나 리스크는 또 사람들을 분열시키기도 한다"(Hacker 2006b: 1). 포스트산업 노동 계급은 스스로를 돌봐야 하기 때문에 원한, 두려움, 불신에 휩싸이며, 따라서 공동체를 형성하는 것은 리스크가 너무 큰 일이 된다.

정보 제공자들은 제도가 반복해 자신을 실패자로 만든 방식을 인식하고 있었다. 즉 이들은 폴 윌리스의 용어인 "부분적 간파"partial penetration, 혹은 사회 전체에서 자신이 점하는 사회적 존재와 위치의 조건들에 대한 감각을 드러냈다(Willis 1977). 이들은 도움을 주리라 믿었던 바로 그

제도들이 성공의 도구를 자신에게서 박탈했음을 깨닫고 있다. 하지만 이 깨달음은 현실에 대한 지배적인 정의定義들에 포섭된다. 신자유주의의 헤게모니 논리가 근본적으로 도전받기보다는 재차 긍정되는 것이다(Williams 1977).[21] 다시 말해 뿌리 깊은 불신 때문에 이들은 광범위하게 퍼진 신자유주의적 발상과 정책을 받아들이고 있으며, 리스크를 사유화하고 집단보다 개인을 우선시하는 사회에서 살아가는 것이 최상의 삶이라 믿고 있다. 만연해 있는 헤게모니적인 문화 틀인 신자유주의 이데올로기는 이들의 삶에 영향을 미치면서 "[신자유주의 이데올로기 자체를—실바] 생산하고 정당성을 부여하는 사회 조직"은 은폐한다(Ewick & Silbey 1995: 214). 정보 제공자들은 외로움, 불확실, 배신의 경험을 견고한 개인주의와 절대적 자립의 이야기로 번역함으로써 신자유주의 헤게모니를 표현하는 데 그치지 않고 능동적으로 구성하고 궁극에는 재생산하는 개인 서사를 창출한다(Ewick & Silbey 1995: 212).

저항처럼 보이는 행동조차 개인주의 논리에 포섭되어 있다. 이는 정보 제공자들이 불안과 분노를 완화하고자 대중 문화에 의지한다는 사실에서도 드러난다. 흥미롭게도 이번 장에서 언급한 여러 청년(앰버, 제이, 바네사)이 판타지나 과학 소설, 자조 도서를 즐겨 읽으며 때로는 직접 쓴다고 말해 주었다. 이런 장르의 책을 좋아하는 이유를 묻자 앰버는 주저 없이 "현실에서 도피할 수 있잖아요. 잠시 모든 걸 잊을 수 있으니까요. 그래서 판타지물이 좋아요!"라고 답했다. 제이는 계급 투쟁을 명시적으로 다루는 매력적인 과학 소설을 한창 쓰고 있었다.

제이 주인공은 네오 나치 스킨헤드족인데 타임 머신을 갖게 돼요. 나치는 매력적이죠. 초고에서는 골수 공화당원이었는데 별로 흥미롭지 않은 것 같아서 최고로 타락한 보수주의자를 그리려다 보니 이렇게 됐어요. 우리 모두 역겨운 것에 매력을 느끼곤 하잖아요. 제가 바라는 건……위반 예술transgressive art 아시죠? 이 작품이 그런 예술이 될 것 같아요. 사람들이 주인공을 정말 혐오하게 되는 예술 작품 말이죠. 주인공이 타임 머신을 얻게 되고 그와 패거리가 역사를 다시 써서 백인 낙원으로 만드는 내용이에요. 그렇게 백인 낙원에 살게 됐는데 그걸로도 만족을 못 하는 거예요. 모든 걸 가졌는데도 그 이상을 원하고, 또 더 많은 걸 원하게 되면서 진짜 쟁점이 백인 권력이 아니라는 걸 알게 되는 거죠. 문제는 다른 곳에 있다는 걸요. 그러면서 패거리가 깨닫지 못하는 잘못을 그가 알게 돼요.

실바 백인 권력이 쟁점이 아니면 뭐가 쟁점인 거예요?

제이 계급 투쟁이죠. 왜냐면 궁극적으로 그런 집단에 가입하는 사람들은, 그러니까 투사적인 흑인, 현대판 흑표범당 같은 또 다른 캐릭터가 있어요. 결국 이들은 서로 간의 증오가 동일한 것에 기반하고 있다는 사실을 깨달아요. 사람들이 가난하고 분노를 느끼고 있고 제대로 교육받지 못한다는 사실 말이죠.

그렇지만 부정의에 대한 인식은 대중 문화를 향하게 된다. 부정의를 개인적인 것('자조'의 문제)이나 혼자 맞서는 일(소설 쓰기)로 다루게 되는 것이다. 이들은 착취를 혼자 힘으로 해결해야 하는 무언가로 이해한다. 이들이 관료주의나 타인에 대한 근본적인 불신을 제대로 헤쳐 나가지 못한다는 사실을 고려하면 그럴 만도 하다.

조녀선 코브는 이렇게 썼다. "사회 구조가 영속적이거나 인간 통제 너머에 존재한다고 여겨질 때, 인간이 창조한 것이 불변하는 것처럼 보일 때 '자연적' 변형은 개인화된다. 당신이 세상을 어떻게 해석할 것이냐는 문제가 의식의 전면에 오며, 당신이 그것을 어떻게 필요에 맞추어 변화시킬 수 있는냐는 문제는 더 이상 현실적인 질문이 아니게 된다"(Sennett & Cobb 1973: 271). 이런 식으로 노동 계급 청년들은 장애물을 극복할 개인적 해결책을 고안함으로써 자신이 자립과 개인주의에 몰입해 있음을 다시 드러낸다. 5장에서는 어떻게 성인기 자체가 개인적인 기획이 되는지를 살펴보자.

5장
무드 경제에서 살아가기

나는 매사추세츠주 보스턴의 한 동네에 있는 아이스크림 가게에 앉아 있었다. 학생이 많이 거주하는 북적거리고 예술적인 분위기의 동네였다. 가게에서 나는 모니카를 단번에 알아보았다. 어깨에 멘 커다란 카메라와 안도하는 듯한 눈빛 덕분이었다. 서른한 살의 그녀는 막 디자인 예술 학교의 첫날을 무사히 마친 참이었다. 헝클어진 단발 머리에 플라스틱 뿔테 안경을 쓴 모니카는 입고 있던 플란넬 셔츠나 시가레트 청바지와 완벽하게 어울리는 보이시한 매력을 물씬 풍겼다. 그러나 모니카 본인은 여전히 스스로가 "완전 소심"하고 서투른 시골 출신 소녀라고 느꼈다. 자신의 섹슈얼리티를 고민했지만 집안 분위기가 보수적이라 제대로 말을 꺼낼 수가 없었고, 그래서 고등학교 시절에는 약물과 술로 외로운 나날을 버텼다고 한다.

모니카는 낙농업에 종사하는 가정에서 자랐다. 어머니는 왕진료를 우유로 지불하고 때로는 식량 배급표를 자부심 강한 남편 몰래 감춰 두었다가 긴 겨울을 나는 살림꾼이었다. 고등학교를 졸업하고 구한 첫 일자리는 근처의 완구 공장이었다. 공장에서 출하할 인형을 종일 박스에 포장하는 일이었다. 공장이 문을 닫자 전기 부품 공장으로 이직했고, 하루 여덟 시간 동안 앉아 핀셋으로 전기 부품에 스프링을 끼워 넣었다. 그런데 이 공장도 얼마 안 가 문을 닫았다. "제가 사용하던 기계는 멕시코로 보냈고 저는 해고됐어요." 그다음에는 또 어디서 일했느냐고 묻자 모니카는 길고도 뒤죽박죽이었던 자기 노동의 역사가 전부 기억나지는 않는다는 듯 눈썹을 찡그렸다. "그러고 나서…… 그러니까 여기서부터 설명하기가 까다로운데요." 이후 그녀는 서빙, 트럭 운전, 농장 노동, 텔레마케팅, 간호 보조 일을 했고, 또 한 번의 오랜 관계가 파경에 이른 20대 후반 부모 집으로 돌아가 아버지의 벌목 일을 도왔다.

2장에서 묘사한 "현재라는 감옥에 갇힌" 청년 다수와 마찬가지로 모니카도 자신에게 미래가 있다고 생각해 본 적이 없었다. 그녀는 웃음을 터뜨리며 "5년 계획 같은 걸 어떻게 세워요"라고 말했다. "정말 어릴 때부터 [술과 약물을] 했어요. 서른 살까지 살 거라고는 생각도 안 했죠. 지금 이 순간 즐거우면 된다는 주의였거든요. 저한테서 벗어날 수 있고 기분 좋게 해 주는 게 있으면 약이든 술이든 하자고 생각했어요. 나중에 어떻게 될지는 고민하지 않았죠."

그러다가 어느 순간 자신의 인생이 허무하다는 사실을 깨닫고는 정신이 번쩍 들었고, 그때부터 약물과 술을 끊기로 결심했다고 한다.

그런 순간이 왔어요. 아빠 일을 돕는 마지막 날이었죠. 엄청 추운 날 아침 벌목 현장에 갔어요. 저는 트럭 안에서 사람들이 트럭에 나무 싣기를 기다리고 있었어요. 그렇게 그냥 앉아 있었거든요. 그때…… 라디오를 꺼 놓고 일기 쓰고 있는데, 숙취로 괴로운 와중에 문득 지긋지긋하더라고요. '뭘 하면서 살고 있는 거지' 싶었어요. 엉망진창이고 어디부터 손대야 할지 모르겠다고, 저한테 문제가 있고 전혀 행복하지 않다고 느꼈어요. 원하는 건 하나도 안 하고 몇 년 동안 부모님 밑에서 일하고 있었으니…… 제 삶에서 무엇 하나 제대로 된 게 없는 것 같았죠. 그래서 잠시 기도한 다음 저 자신을 돕기 위해 다짐했어요. 변해야 한다고요. 맞아요, 그게 전환점이었어요.

병원을 찾았더니 심리 치료사가 우울증 진단을 내렸다. 의사는 항우울제를 처방해 주었고 알코올 중독자 모임을 권했다. 또 "열정을 느낄 수 있는 무언가를 찾으라"며 격려를 건넸다. 몇 차례 상태가 악화되기도 했고 보험료를 내지 못해 항우울제 복용을 중단했지만 모임에는 계속 참석하고 있다. 모니카는 자신의 삶이 좋아지는 중이라며 낙관하고 있다. 자신에게 일어난 모든 일에서 긍정적인 측면을 찾으려 노력하고 있고 행복이 자기 하기 나름이라고 믿는다. 지난 봄에 (유일한 교통 수단인) 자전거를 도난당했을 때도 "괜찮아, 어차피 산악용 자전거는 버리고 도로용 자전거 살 때가 됐잖아(웃음)"라고 생각했다고 한다. "긍정적인 마음으로 하루를 보내는 게 중요하니까요."

어렸을 때 모니카 가족은 가난했지만 아버지의 벌목 사업 덕분에 마침내 어느 정도는 경제적으로 안정되었다. 자신과 부모 세대의 차이를 곰곰이 생각한 뒤 그녀는 이렇게 말했다.

엄마 아빠는 진짜 노동 계급처럼 당신들 혼자 힘으로 해냈어요. 그렇게 열심히 일했으니 지금 가진 걸 누릴 자격이 있는 거죠. 저도 노동 윤리가 강한 편이에요. 그렇지만 싫은 곳에서 노예처럼 일하진 않을 거예요. 그래서 열정을 느낄 대상을 찾았고 그게 예술이에요. 돈을 많이 벌거나 생계를 유지하려면 정말 몸부림을 쳐야겠죠. 그게 부모님 세대와 크게 다른 점이고요. 엄마 아빠는 저를 지원하느라 고생을 많이 했어요. 제가 혼자 힘으로 살아가지 못할까 봐 많이 걱정했거든요. 이리저리 옮겨 다니며 일자리를 자주 바꾼 것도 다 알았고요.

경제적 안전, 재정적 안정, 가족을 가치 있는 삶의 토대로 여기는 부모와 달리 모니카는 성공을 열정과 창의성의 측면에서 재정의했다. 일도 관계도 오래 유지하지 못한 채 끝없이 동요하던 몇 년을 거치면서 그녀는 일자리나 가족을 자아감의 중심으로 삼으면 끝없이 찾기만 하는 수밖에 없다는 것을 배웠다.

그래서 모니카는 성인이 되는 과정을 다르게 이해하는 서사를 만들어 냈다. 그 어떤 전통적인 (그리고 깊이 젠더화된) 성인기 지표에도 기대지 않고, 대신 자기 안의 괴물을 발견하고 중독을 극복하면서 진정한 자아를 실현한다는 서사였다. 모니카는 이렇게 반추했다.

취하지 않은 상태로 보내는 시간이 늘면서 많이 성장한 것 같아요. 제가 한 일 중에서 전혀 자랑스럽지 않은 게 수천 가지는 돼요. 그 사실을 바꿀 순 없죠. 그리고 그런 일들을 겪지 않았다면 지금의 제가 되지 못했을 거예요. 저는 온갖 일을 경험하면서 성숙했고 그러면서 온전한 저 자신이 됐어요. 그 과정에서 혼자 힘으로 배우고 겪어야 했던 정말 많은 가르침을 얻었죠.

현재 모니카는 예술 대학에서 학사 과정을 밟기 시작한 상태다. 전문 사진가가 되리라는 희망을 품고 등록금과 생활비 용도로 3만 달러 가까이 대출받았다. 리스크가 몹시 크지만 고통과 자아 변형의 서사에 기대어 희망을 잃지 않고 있다. 자신의 삶과 관련되어 있는 구조적 불확실, 긴장, 실패를 자아라는 가장 내밀한 수준에서 해결하고 있는 것이다. 다시 말해 모니카는 "재정적으로 늘 위태위태"하며 한동안은 장기적인 관계를 맺을 수 없지만, 올바른 길을 계속 걸어갈 수 있는―약물과 알코올에 빠지지 않고 맨정신을 유지하는 한―자신의 능력을 믿고 있다. "그러지 않으면 저는 또 술을 마시게 될 테고 그건 모든 걸 잃는다는 뜻이니까요."

"동요하는 시간"인 성인기

모니카의 이야기에서 드러나듯 노동 계급 청년 남녀는 과거에 성인 정체성을 구축하는―성인이라고 느끼는―기반이었던 수행performance들이 구조적으로 이용 불가능하며 때로는 바람직하지도 않게 되었음을 배우고 있다. 앤 스위들러가 주장한 것처럼 이런 동요하는 시간을 겪으면서 사람들은 "당연하게 여겨지던 습관이나 경험 양식을" 변화 중인 에토스에 더 잘 어울리는 새로운 의례들로 "재조직" 한다(Swidler 1986: 279). 따라서 이 장에서는 청년들이 의미, 질서, 진보를 성인이 되는 과정에서 겪는 탈구되고 탈제도화된 경험과 결부시키는 새로운 방식을 탐구하려고 한다(Silva 2012도 보라). 그러면서 불안전과 불확실의 시대에 성인이 되는 것이 무엇을 뜻하는지를 확인할 것이다.

　나와 대화를 나눈 남녀 중 4분의 1 정도는 성인이 된 과정을 이야기하면서 이 과정을 전통적인 기준을 충족하거나 이를 위해 진보하기를 희망하는 여정으로 묘사했다. 이들은 성인기를 명확히 정의된 역할 이행role transition으로 이해했으며, 이런 역할을 구조화한 것은 (조지프의 사례에서 볼 수 있듯) 전통적인 젠더 역할이나 (레이철의 경우처럼) 신 같은 외적인 권위 원천들이었다. 그렇지만 나머지 대다수는 이와 달랐다. 이들이 성인기를 이해한 방식은 집에서 독립하고 학업을 마치며 안정된 일자리를 찾고 결혼해 아이를 낳는 규범화된 과정―제2차 세계 대전 이후 몇십 년간 청소년기와 성인기를 명확히 구분한―과는 닮은 점이 거의 없었다. 대신 이 남녀들은 전통적인 통과 의례가 부재하는 와중에 성인기를 치료적인 것으로, 즉 내면을 향하며 심리적 발전에 몰두하는 것으로 재구성하고 있었다. 앞으로 살펴보겠지만 성인기에 이르는 과정에 대한 이 대안적인 치료적 이야기는 결혼하거나 가정을 꾸리거나 경력을 쌓더라도 끝나지 않는다. 이 이야기는 고통스러웠던 과거를 고발하고 해방된 자아를 재건설함으로써 완수되는 자아 실현과 더불어 마무리된다(Illouz 2008을 보라). 이들 노동 계급 남녀는 치료 서사를 활용해 일과 가정에서

탈구되었던 경험을 고통스러웠던 과거를 극복한 승리 서사로 재구성한다.[1]

　나는 무드 경제 개념으로 치료적 성인기라는 현상을 이해해 보고자 한다. 내 주장은 노동이나 결혼 같은 전통적인 통화通貨가 아니라 까다로운 감정들을 자아 변형 서사로 조직하는 능력이 성인의 정당성이나 자존감을 구매하는 수단이 된 사회 세계에 노동 계급 남녀가 살고 있다는 것이다.[2] 무드 경제는 자아를 조직하는 보다 전통적인 형태들(모니카의 노동 계급 부모를 떠올려 보라)을 대체하고 있다. 그리고 치료 서사가 이 경제를 구체화하고 예시한다. 무드 경제에서는 감정 관리가 노동 계급 성인기의 새로운 통화가 되며, 고통을 공식적으로 비난하면 자아 변형─그리고 그토록 바라던 진보─을 이룰 수 있다는 약속이 제시된다. "고통을 겪고 있는 사람들은 그 고통을 흥미진진한 정체성 서사로 바꾸라는, 고통을 잘 다루어 의미 있는 삶의 기획으로 바꾸라는 강요를 받고 있다"(Illouz 2003: 161). 모니카가 자신의 삶을 돌이켜 보았을 때를 생각해 보자. 중독에서 벗어나고자 개인적으로 고투하는 동안 감내했던 고통이 강조됨으로써 안정적인 일자리를 구하지도, 낭만적 관계를 유지하지도 못했다는 사실이 가려져 버렸다. 무드 경제는 모니카가 성인기에 도달한 이야기를 되감기해 이야기할 수 있도록, 즉 이미 '변형된' 현재의 자아에서 시작해 그 자아를 구축하면서 겪은 감정적 시련들을 회고적으로 이야기할 수 있도록 해 주었다. 그리고 모니카는 그 덕분에 자기 가치, 의미, 진보의 가능성을 떠올릴 수 있었다. 하지만 무드 경제에는 어두운 이면이 있다. 자립─

그리고 사회적 유대 관계들과의 단절—을 자존감 있는 삶에 이르는 유일하게 상상 가능한 길로 만들 위험이 있는 것이다.

치료적인 것의 승리?

나와 이야기를 나눈 대다수 남녀는 성인이 되는 과정을 자기 과거의 악마들과 싸워 승리하기 위한 심리적 고투로 재상상했다. 이 '악마'들은 여러 형태를 취한다. 과거의 관계에서 겪은 고통이나 배신, 감정·정신·인지 장애(이를테면 우울, 난독증, 불안), 약물·알코올·포르노 중독 등등.[3] 이런 괴로움의 뿌리에는 자신에게 고통을 안기고 상처를 입힌 가족의 배신이 자리 잡고 있으며, 그리하여 이들은 다친 자아를 치유하려는 노력을 성인기 정체성의 토대로 삼는다. 힘겨웠던 과거에 맞선 이야기를 들려주면서 이들 노동 계급 남녀는 전통적인 성인기 지표가 아니라 감정적 트라우마를 극복하고 생존자가 된 경험에 기반해 존엄과 존중의 권리를 주장했다.

과거에 사로잡힌: 친밀 관계가 안긴 고통과 배신

일부 정보 제공자는 고통스러웠던 과거 관계를 극복한 경험을 성인이 된 서사의 주축으로 삼았다. 이들 남녀는 고통과 자아 변형을 통해 성인 정체성을 구축했으며, 그 중심에는 병리적인 가족 패턴에서 벗어나고 불행한 과거에서 해방되었다는 주제가 닻을 내리고 있다. 자신이 전통적인 성인기 기준을 충족하지 못한 이유를 (자신에게나 타인에게나) 설명하면서, 그리고 현재의 불황에 대한 경험을 의미, 질서, 진보와 연결하면서 이들은 가족 병리를 언급했다.

아일린은 스스로를 "생각이 구식인 전통 남부 스타일"이라고 묘사한 서른세 살 백인 여성이다. 그녀는 리치먼드 외곽에서 한 시간 거리에 있는 트레일러 파크에서 자랐다. 내가 (분위기를 부드럽게 만들고자 종종 던지는 겉보기엔 평범한 질문인) 부모 직업을 묻자 아일린은 깊이 숨을 들이쉬더니 단호하게 답했다. "그 사람들은 나랑 닮은 점이 하나도 없다고 저 자신에게 거듭 얘기해요. 그렇게 계속 되뇌면서 저로서는 결코 이해할 수 없는 그 모든 걸 깨닫고 이해하려고 노력하는 중이에요." 아일린은 눈물을 삼키며 아버지가 무장 강도와 미성년자 성매매로 평생 감옥 생활을 했고, 자신이 태어났을 때 겨우 열다섯이었던 어머니는 딸이 10대 후반이 될 무렵 자살했다는 이야기를 들려주었다. 어머니의 자살을 받아들이고 극복하려 애쓰던 (그녀는 어머니의 항우울제 복용을 말렸고, 그 죄책감 때문에 슬픔도 더욱 컸다) 아일린은 비슷한 시기에 형을 자살로 잃은 스콧과 사랑에 빠졌고 얼마 안 가 그의 아이를 임신했다. 그렇게 태어난 딸 엘리자베스가 네 살이 되었을 때 스콧이 딸을 성추행하고 있음을 알게 되었고, 당황해 어쩔 줄 몰라 하며 사회복지부와 경찰에 신고했다. 끔찍했던 몇 년이 흘러 마침내 그 "괴물"이 친권을 포기했지만 아일린으로서는 전혀 이해할 수 없는 이유로 유죄 판결은 받지 않았다(제도가 안긴 배신과 혼란스러움에 관해서는 4장 논의를 참조하라).

그 뒤 아일린은 다른 사람과 결혼해 딸 하나를 더 낳았다. 이름은 소피고 현재 네 살이다. 그녀는 새 일자리를 찾는 중이다. 한 부동산 관리 회사의 "회계부"에서 일했는데 승진할 가능성이 보이지 않아 얼마 전에 그만두었다. 고된 노동, 자립, 아메리칸 드림을 굳게 믿는 아일린은 "저한테 도움이 되는 거라면 뭐든" 할 준비가 되어 있다. "저는 기회가 오면 잡는 사람이에요. 저도 요즘 경제 상황 같은 거 잘 알아요. 사람들은 일을 그만두면 안 된다고 말하죠. 하지만 저는 기회를 잡는 사람이거든요. 딸들을 위해 그래야죠." 그러나 몇 달간의 구직 활동이 허사로 돌아가면서 희망도 사그라들고 있다. "미래가 장밋빛이라고 느끼진 않아요. 일자리 없이 지내다 보니 그렇게 되네요. 제 탓이죠. 리스크가 있기는 해도 한두 달 안에는 일할 곳을 찾을 거라 확신했거든요. 운이 없네요. 패스트푸드 체인 빼고는 온갖 곳에 지원했는데도요. 심지어는 가사 도우미 일도 알아봤어요." 아일린의 가족은 남편의 트럭 운전으로 겨우 버티고 있다. 트럭 일로 남편이 일주일에 닷새를 길에서 보내기 때문에 아일린이 구직 활동을 벌이기도 쉽지 않다.

삶을 돌아보면서 아일린은 이렇게 반추했다. "전 언제나 결혼한 다음 아이를 낳고 그런 다음 대학에 가고 싶었어요. 그런데 잘 풀리지 않더라고요. 대학에 가고 싶다고 계속 되뇌지만 그렇게 되지가 않는 거예요." 아일린은 이 목표를 달성하지 못한 근원을 어린 시절에서 찾는다. "항상 올바르게 살고 싶다고 생각했어요. 엄마처럼 되지 말자고요. 그런데 크면서 점점 더 엄마랑 생활 방식이 비슷해지는 것 같아요. 제 행동을 그 생활 방식 탓으로 돌리고 싶지는 않아요. 하지만 제가 잘 풀리지 않은 데는 그 영향도 있다고 생각해요." 요즘 아일린은 과거를 떠올리면서 대부분의 시간을 보낸다고 털어놓았다. 그러면서 가족을 덮친 끔찍했던 비극을 받아들이려 노력하고 있다고 말했다. 그녀는 딸을 추행한 전남편을 이렇게 설명했다.

엄마가 돌아가시고 나서 뭔가를 찾아다녔어요. 그런 [스콧 같은—실바] 사람은 거머리처럼 들러붙어요. 나중에 깨달은 거지만 그렇게 들러붙는 게 이 사람들이 살아가는 방식인가 봐요. 사탕발림을 하지만 사실은 그런 사람이 아닌 거죠. 그래서 저는 어린 시절에 관해서도 그랬던 것처럼 제가 경험한 모든 걸 받아들이려 노력하고 있어요. 그런 사람인 줄 몰랐어요. 겪어 보기 전에는 어떤 사람인지 알 길이 없잖아요. 그 사람이 너무 끔찍한 인간이어서 저 자신을 많이 탓하기도 했죠. 이제는 그런 상황에서 벗어난 것 같아요.

지난 2년간 아일린은 아동가족복지국Children and Family Services에서 무료 상담을 받았다. 상담사가 외상 후 스트레스 장애 진단을 내려 약물 치료와 심리 치료를 병행 중이다. 그녀는 힘겨웠던 과거의 가족 관계를 자기 의식적으로 대면하고 해로운 가족 패턴에서 벗어나는 것을 중시하는 자아 서사(그리고 변화 서사)를 말하는 법을 서서히 배우고 있다. 아일린은 책임감을 가지고 "거기서 빠져나오려" 노력했고, 그 과정에서 극심한 고통과 자아 변형에 기반한 성인 정체성을 마련해 왔다. 그녀는 딸들에게 들려줄 교훈을 깊이 생각한 다음 그 내용을 이렇게 요약했다. "때로는 고되게 삶을 배워야 해요. 우리는 완벽하지 않고 실수도 저지르지만 그걸 통해 배우려고 노력하는 존재라는 걸 깨달아야죠. 우리는 천천히 앞으로 나아가지만 그렇다고 포기하지는 않아요."

(내적) 장애에 맞서 싸우기

다른 사람들은 인지·감정·정신 장애를 중심으로 이야기를 풀어 갔다. 이런 장애가 자신의 삶을 괴롭히고 진정한 잠재력을 발휘하지 못하도록 가로막았다는 것이다. 이들이 언급한 장애는 자가 진단한 '분노 조절'부터 강박 신경 장애와 우울증에 이르기까지 다양했다. 이런 장애에 맞서 싸운 서사를 구축할 때 응답자들은 자신의 증상을 정당한 질병으로 이해하게 된 과정을 강조하며, 그 전에는 의식하지 못했던 이 문제를 통해 자신의 생애사를 새로이 조망한다(Martin 2007). 또 응답자들은 자신의 문제를 발견하지 못하게 방치한 가족에게 느낀 배신감도 강조한다. 정보 제공자들은 장애를 내적인 무언가, 즉 생물학적·화학적·감정적 기능 부전에서 유래한 무언가로 이해한다. 그러면서 자신의 문제를 통제 가능한 것으로 구축하며, 이 악마들을 물리치면 보상으로 성취감을 느낀다.

서른세 살 흑인 남성 조지는 어느 모로 보나 성공한 사례다. 육류 가공 공장에서 일한 홀어머니 슬하에서 자란 그는 일곱 살부터 열여덟 살까지 (그가 셈하기로) 서른여덟 번이나 이사를 다녔다. 사글셋방부터 학대 피해자 쉼터와 비좁은 원룸형 아파트에 이르기까지 온갖 곳에서 살았다고 한다. 고등학교 때 워크인 클로짓walk-in closet 안에서 잤던 일을 떠올리면서는 웃음을 터뜨리기도 했다. 고등학교를 다닌 도시가 공립 학교 전통이 강한 편이어서 진학 상담 교사와 친구들에게 대학에 지원하고 등록금을 대출받는 방법을 배울 수 있었다. 영리하고 통찰력 있으며 성격도 좋은 조지는 남부의 한 국립 대학을 졸업한 뒤 안정된 공공 기관의 회계 관련 일자리를 구했고 지금도 거기서 근무하고 있다. 몇 년 전에는 일이 지루하고 불만족스러워져 대학원에서 심리학으로 석사 학위를 받으려 했다. 그런데 대학원 수업의 스트레스 때문에 얼마 후 포기했다고 한다.

조지 학교를 그만둔 진짜 이유가 궁금하세요?

실바 네, 그럼요.

조지 강박 신경 장애[4] 때문이었어요. 아직도 엄청 고생하고 있어요. 주제와 상관 없는 얘기일 수도 있지만 학교를 그만둘 때쯤엔 최악이었어요. 1월이나 2월이었던 거 같은데…… 정말 괜찮아진 건 그해 4월 아니면 5월 정도였어요. 치료 프로그램에 등록했고 약도 복용했어요. 다른 사람들도 그런다던데 그러고 나니까 남한테 의지하기가 싫어지더라고요. 그래서 약도 끊고 프로그램에도 안 나갔어요. 괜찮아졌다고 생각했는데 다시 기분이 다운됐어요. 치료 프로그램이나 약을 이용하면 다시 기분이 나아지고요. 그런 다음 또 그만뒀고 지금은 엉망진창인 느낌이에요. 아쉽게도 심리 치료사들은 건강보험에서 인정하는 자격을 가지고 있지 않아요. 그래서 먼저 돈을 내고 나중에 돌려받는 과정을 거쳐야 해요. 갈 때마다 250달러씩 내야 되는데 어떨 때는 한 달에 두 번 가기도 해요. 그러다 보니 지치더라고요.

요즘 조지는 병원에 가지 않는다. 건강보험을 적용받기 위해 보험사와 실랑이 벌이는 일이 두렵기 때문이다. 대신 그는 자신의 상태를 최대한 많이 알아보려고 노력해 왔다. 그는 이렇게 말했다. "2년 전에 강박 신경 장애 재단의 컨퍼런스에 간 적이 있어요. 거기서 조너선 그레이슨이라는 분을 만났는데 강박 신경 장애 전문의로 유명하더라고요. 강박 신경 장애의 달인이라고 할 수 있죠. 「오프라 쇼」에도 나왔어요. 대단한 분이죠. 이분이 쓴 책도 샀어요."

조지는 강박 신경 장애를 다룬 책을 읽고서 불안정과 불확실, 배신으로 가득한 과거 경험을 일관되고 이해 가능한 서사로 조직하는 법을 익혔고, 그리하여 고통을 겪었지만 자아 변형에 성공했다는 식으로 자기 정체성을 굳게 다졌다. 삶을 돌아보면서 그는 이렇게 회상했다.

늘 그랬어요. 대학에 가서 관련 책을 읽기 전까지는 그게 뭔지 몰랐던 거죠. 일곱 살 때 시작된 거 같아요. 제 머리카락을 뽑았던 기억이 나요. 뭐라 설명하기가 어렵네요. 발모벽trichotillomania이라고들 부르는 것 같아요. 머리카락을 뽑는 버릇이 있고 그래서 그 뒤로는 계속 머리를 짧게 잘랐어요. 지금도 그러긴 하는데 학교 다닐 때나 일할 때만큼 심하지는 않아요. 제가 왜 그러는지 몰랐고 대책이 필요하다고만 생각했어요. 그런데 엄마는 제대로 교육을 받지 못했고 그래서 그만하라는 말밖에 안 했죠. 중학교 다닐 때는 녹슨 물건을 엄청 무서워하는 결벽증 비슷한 게 있었어요. 고등학교에 가니 상태가 더 안 좋아져서 엄마한테 얘기했어요. 엄마 차가 흰색이었는데 조수석 창문 단열재인지가 닳아 있는 상태였던 게 기억나요. 철재가 보였는데 완전히 녹슬어 있었거든요. 그래서 차를 탈 때마다 이렇게[양팔로 몸을 방어하는 자세—실바] 해야 했어요. 창문도 못 열었고요. 그래서 한때는 연립 주택에서 엄마랑 형만 같이 산 적도 있어요. 하여튼 그때 차랑 콘크리트 벽 사이를 지나 차고로 걸어가면서 최대한 차에 안 닿으려고 애를 쓰곤 했어요. 엄마가 그 모습을 보더니 이렇게 얘기했죠. "너 뭐 하는 거니?" 설명을 못 하겠더라고요. 엄마는 크게 화를 냈어요. 왜 그러는지 묻는 대신 화만 냈죠. 그러고는 이렇게 말했어요. "너한테 문제가 있나 보다." 그래서 저도 말했어요. "맞아, 내가 엄마한테 12년 동안 얘기하려고 했던 게 바로 이거야."

고통스러웠던 과거를 회상하면서 조지는 어머니가 도와주지 않았다며 원한과 분노를 표출했다. 그리고 어린 시절 자원과 지식이 부족해 자신의 장애에 이름을 붙이고 관리하지 못한 것을 후회했다.

조지는 자신의 질환이 전적으로 자기 내면에 존재한다고 강하게 믿는다. 극도의 불안과 주변 환경을 통제하려는 강박을 야기한 사회적 맥락이 자신과 관계 있다고는 생각하지 않는다(그레이슨이 강박 신경 장애를 다룬 자조 도서의 부제가 '불확실함과 더불어 살아가기 위한 맞춤형 회복 프로그램'임을 고려하면 이는 특히 흥미롭다).[5] 조지가 보기에

이 질환은 자신이 더 나은 삶을 건설하지 못하도록 가로막는 것인 동시에 큰 변화와 유동성으로 가득 찬 삶에 끊임없이 존재하는 것이기도 하다. 통제되고 관리되어야 할 무언가인 질환은 그의 성인 정체성을 이루는 중요하고도 일관된 한 부분이, 그리고 어머니의 배신을 가리키는 영구적인 상징이 되었다.

응답자들이 공통적으로 언급한 장애는 불안과 우울이었다.[6] 이들은 진정한 정서적 웰빙에 이르기 위해 이 문제들을 극복하려 한 시도를 상세히 설명해 주었다. 스물일곱 살 백인 남성 비니는 고등학교를 졸업한 뒤 시간당 8달러를 버는 경비원 일을 시작했다. 의욕이 넘치고 경쟁심도 강한 비니는 초과 근무도 마다하지 않아 곧 관리자가 되었고 이후 감독관으로 승진했으며 마침내 회계 관리 매니저 자리에 올랐다. 비니는 대학 졸업장도 없이 이 회사에 10년 가까이 다닌 것이 커다란 행운이라고 느낀다. 그런데 회사의 기대에 부응하지 못할까 봐 두려워 매일매일 자신을 몰아세운 나머지 탈진 직전까지 갔다고 한다.

아까 얘기한 대로 책임질 일이 많아 스트레스가 커요. 한때는 일이 저를 잡아먹도록 놔두기도 했어요. 그러다가 정말, 진짜로 아픈 지경이 돼 버렸죠. 일에 관한 온갖 불안을 키워 버린 거예요. 농담이 아니라 사나흘 동안 전혀 눈을 못 붙인 적도 있어요. 더 많은 일을 더 잘하려고 저를 강하게 몰아붙이느라 그랬죠. 숫자에 완전히 꽂혀서 말예요. 제가 그걸 좀 잘하거든요. 머릿속에 다 담아 두고 월간 회의에서 이 숫자들을 발표하곤 했는데, 지금도 그 숫자들이 머리에 남아 있어요. 제가 제일 잘할 수 있는 일이니까요.

결국 비니는 건강을 회복하기 위해 두 달간 병가를 냈다. 복직한 뒤에는 원래보다 낮은 직급인 교대 감독관으로 다시 시작해야 했는데 "숫자"에 대한 강박이 오히려 더 심해졌다. 그는 이렇게 불안을 없애려 계속 고투하는 한편 자신을 진정시킬 대응 전략도 고안했다.

일단 불안이 밀려오면 이게 다 머릿속에서 벌어지는 일이라는 걸 떠올려야 해요. 그리고 그 생각에서 빠져나오라고 저 자신한테 말해야 하죠. 그러니까 물 한 잔 들이키고 크게 심호흡한 다음 생각이 사그라들게 하는 거죠…… 실신할 것 같은데 왜 그런지 모르면 공황 상태에 빠지게 돼요. 병원에 입원해 아티반[불안을 빠르게 경감하는 약—실바]을 처방받죠. 이런 어리석은 순환이 반복되는 거예요. 그렇지만 이게 어떤 건지 알고 제어할 수 있으면 공황 상태에 빠지지 않을 수 있어요.

노동 시장의 불안정함이 아니라 자신의 감정을 감지하고 관리하는 것이 매일을 견디는 유일한 방법인 것이다.

"바닥을 치고" 중독에서 벗어나 구원받기

셋째 유형의 치료 서사에서는 알코올·약물·포르노 중독에 맞서 싸운 이야기가 핵심이 된다. 중독은 가족이 입힌 깊은 정신적 상처에 대처하는 대응 메커니즘으로 이해된다. 이 장 첫 부분에 등장한 모니카처럼 이들 남녀는 "바닥을 친" 이야기를 중심에 놓고 선형적인 서사를 엮는다. 그리고 이 서사는 중독이라는 질환에 굴복할 수밖에 없는 무력함을 받아들여야 한다는 깨달음으로 이어진다(Denzin 1987). 하지만 이들은 또 희망의 감각, 중독에서 벗어나 구원받았다는 감각도 표출한다. 중독을 끊고 버틴 며칠, 몇 달, 몇 해라는 숫자를 통해 자신이 이룬 진보를 공들여 평가한다.

로런은 스물네 살 백인 여성이다. 레즈비언이라는 이유로 열여섯 살 때 아버지에게 쫓겨난 이후 혼자 힘으로 삶을 꾸려 가고 있다. 인터뷰를 시작하면서 로런은 중간에 담배를 피울 시간이 있으면 좋겠다고 말했다. 내가 질문하면 로런이 짧게 대답하는 식으로 몇 분간 인터뷰를 진행한 뒤 나는 원한다면 밖에서 대화해도 괜찮다고 이야기했다. 그러자 로런은 담청색 눈동자를 반짝이며 "당연히 좋죠!"라고 답했다. 비가 쏟아지고 있어 우리는 우산을 쓴 채로 그녀가 제일 좋아하는 커피숍 밖에 서 있었고, 로런은 줄담배를 피우며 떨리는 목소리로 중독과 회복의 이야기를 들려주었다.

우울증이랑 사회 불안을 엄청 겪었어요…… 감정 문제랑 정신 문제를 점점 더 많이 겪게 되더라고요. 처음에는 정신과에 가서 상담을 받았는데 그 뒤에는 약물에 빠졌어요. 그래서 고등학교 시절을 제대로 보낼 수가 없었죠. 대마초 피우느라 너무 바빴거든요…… 할 수 있는 건 다 해봤어요. 순화 코카인free-basing 빼곤 다 했죠…… 따지고 보면 크랙을 했으니까 그것도 했다고 볼 수 있겠네요. 전부 다 해 봤어요. 음…… 그중에서 코카인이 제일 맞더라고요. 매일 그걸 사느라 있는 돈을 다 썼어요. 그래서 일자리도 못 구했죠. 수업을 듣기 시작했는데 그것도 그만뒀고요. 다시 들으려 했지만 또 포기하고. 자립해 보려고 시도하긴 했는데 성공하지는 못했어요. 중독은 저희 집안 내력이에요. 엄마도 알코올 중독이고 아빠도 그래요. 외삼촌은 권총을 입에 넣고 방아쇠를 당겼는데 약 때문이었어요. 우리 가족은 중독자투성이고 저도 그중 하나라는 걸 깨달았죠.

로런은 엿새 동안 먹지도 자지도 않은 뒤 도움을 청해야 한다는 걸 깨달았다. 건강보험이 없어 치료 센터에서 거절당한 다음 약물 중독자 모임을 발견했고 거기서 인생의 전환기가 시작되었다. 그녀는 결연한 태도로 "중독을 끊을 수 있게 도움을 받자고 마음먹은 순간부터 장애물들이 성장과 배움을 돕는 경험이 됐어요"라고 말했다. 중독자 모임에서 로런은 '고통을 통한 역량 강화empowerment'라는 새 언어를 익혀 자신의 자아감을 개념화할 수 있었다. 그녀는 이렇게 선언했다. "세상 모든 사람의 삶이 다 엉망이잖아요. 그러니 정신 차려야죠! 엄마는 알코올 중독이고 아빠는 집에서 절 쫓아냈어요. 이건 약점이 아니에요. 그 덕에 제가 더 강해진걸요." 바리스타 일이 마음에 안 들고 학교로 돌아갈 여력도 없지만 로런은 중독을 극복한 것만으로도 커다란 진보며 자신이 생존자라는 의미 있는 정체성을 버렸다고 느낀다.

정보 제공자들은 알코올 및 약물 중독자 모임을 통해 중독자로서 세상과 마주하는 법을 배운다. 이들은 중독과 중독을 부추긴 근원적인 고통이라는 렌즈를 이용해 실망스럽고 실패투성이였던 과거를 이해한다(Denzin 1993). 한 예로 서빙 일을 할 때 동료들과 잘 지내지 못했던 과거를 돌아보며 모니카는 이렇게 말했다. "지금 생각하면 그 사람들이 그냥 농담을 좋아했던 거예요. 그런데 제가 공격적으로 반응했던 거죠. 저한테 뭐라고 하기라도 한 듯이 말예요. 제가 알코올 중독이어서 더 그랬던 거 같아요. 모든 게 저랑 관련된 듯이 느껴지거든요. 제 성격에 결함이 있다고 생각하게 되는 거죠." 이렇게 정보 제공자들은 자아 발견이나 변화를 통해 앞으로 나아갔다는 식의 성장 서사를 만들어 냄으로써 겉으로는 서로 관련이 없어 보이는 혼란스러웠던 과거의 사건들을 연결한다(Illouz 2007).

중독을 이겨 내 구원받은 또 다른 사례로 스물다섯 살 백인 여성 캐슬린이 있다. 캐슬린은 지나친 음주로 낙제하는 바람에 1학년을 마친 뒤 (등록금도 대출받았던) 작은 사립 대학에서 퇴학당했다. 대학을 다닌다고 믿는 친구들과 가족에게 말하려니 너무 창피해 캐슬린은 1년 반 동안 중독 치료 시설에서 지냈다.

실바 시설은 어떻게 운영되나요? 비용을 지불해야 하나요, 아니면 무료로 있을 수 있나요?

캐슬린 그냥 있을 수 있어요. 정부가 기금을 대요.

실바 등록하면 아무나 거기서 지낼 수 있는 건가요?

캐슬린 그렇죠. 자격이 되면요. 면접을 보는데 그 사람이 정말로 삶을 변화시키고 싶어 한다고 판단하면 시설에 들여보내 줘요. 그때 제가 제일 어렸는데 다른 사람들이랑 스무 살 넘게 차이가 났을 거예요…… 일종의 몸부림이었는데, 성장이 이런 거 아니겠어요. 고통을 느끼기 싫어 술을 마시기 시작했어요. 엄마가 저를 버렸다고 생각했거든요. 아빠는 맨날 일만 했어요. 얼굴을 본 적도 별로 없을 정도로요. 그래서 학교 다니는 것도 힘들었어요. 그 이후로 뭔가를 이루자고 다짐했죠.

캐슬린은 어머니의 관심 부족이 초래한 감정적 트라우마에 대한 반응으로 술을 마시기 시작했다고 스스로를 이해하게 되었다. 우상으로 여긴 아버지는 교도관으로 일했는데 가족의 생계 때문에 초과 근무가 잦았고, 그래서 그녀는 대부분의 시간을 혼자 보내야 했다.

자신의 서사를 재구축하면서 캐슬린은 자부심과 역량 강화의 언어를 사용했다. 어린 시절의 트라우마를 극복해 더는 술에 취하지 않게 되었고 의미 있는 삶을 새로이 시작했다는 것이다. 무엇보다 캐슬린은 회복을 하나의 선택으로 이해한다. 그녀는 곤란한 감정을 맞닥뜨릴 수 있을 만큼 강하고 결단력 있는 사람은 행복과 건강을 누릴 수 있다고 강조한다(Morrison 2011). 2장에서 나는 노동 계급 청년들을 "현재라는 감옥에 갇힌 사람들"이라고 불렀다. 어쩌면 "과거에 사로잡힌 사람들", 과거에서 자유로워져야 하는 사람들이라고 묘사해야 더 정확할지도 모르겠다. 자신을 어머니와 비교하면서 캐슬린은 이렇게 회고했다.

엄마 머릿속에는 무엇도 할 수 없다는, 어떤 의미에서는 포기했다는 생각이 박혀 있었던 것 같아요. 저는 그게 힘들었어요. 저는 무슨 일이 생기거나 하루이틀 기분이 가라앉아도 다시 정신 차릴 수 있거든요. 저와는 다른 사람을 보는 게 힘든 거죠. 엄마도 저 같은 사람이 되게 해 달라고 하느님께 기도하고 있어요. 엄마가 그런 삶을 살지 않으면 좋겠어요. 하지만 엄마가 원하지 않으면 결코 좋아질 수 없다는 것도 알고 있어요.

여기서 캐슬린은 건강하고 제대로 기능하며 행복하려는 의지가 없는 사람들과 자기 사이에 강한 도덕적 경계선을 긋고 있다. 그녀가 자아감을 확보한 것은 전적으로 자신의 감정적 진보를 개인의 선택으로 틀 지은 덕분이다.

캐슬린은 3년째 금주 상태를 유지하고 있고 최근에는 아동 상담사가 되려고 (예전보다 덜 비싼 공립) 학교에 다니기 시작했다. "정신과 치료 병동에서 일하는 걸 생각 중이에요. 아동 분야에 주력하고 싶어요. 문제가 이미 나타난 다음에 고치기보다는 문제가 생기기 전에 방안을 마련해 보려는 거죠." 캐슬린의 중독은 가족 해체, 실패, 구원이라는 서로 이질적인 경험을 꿰는 실이 되었으며, 궁극적으로는 그녀가 자기와 비슷한 처지의 타인들을 돕겠다는 목표를 세우도록 영향을 미쳤다.

고통에 의미 부여하기

노동 계급 청년 남녀가 들려준 고통과 자아 변형 이야기를 해석하면서 나는 다음과 같은 가설을 세웠다. 치료 서사가 강조되는 이유는 정보 제공자들이 '실제로 일어난 일' 전체를 명료하게 이야기할 수 있게 해 주기 때문이 아니라 복잡한 감정과 경험을 조직해 자신의 삶을 이해 가능하고 의미 있게 만들도록 해 주기 때문이라는 것이다. 에바 일루즈를 따라 나는 치료 서사가 문화적으로 가용한 연장 세트를 제공한다고 주장하고 싶다. 이 연장 세트는 이들의 힘겨운 감정에 의미를 부여하며, "고통과 자조의 서사를 이끌어 내 이들이 '작동'하도록 돕는다"(Illouz 2008: 69). 이런 식으로 치료 서사는 남아 있는 모든 의미와 질서를 빼앗겠다며 노동 계급 청년의 삶을 매일같이 위협하는 혼란, 절망, 불안전과 맞서 싸우는 데 필수적인 대응 메커니즘이 되었다.

짚고 넘어갈 것이 있다. 성인이 되는 과정에 대한 치료 서사의 중심에는 노동, 종교, 젠더 같은 정체성의 전통적인 원천이 아니라 가족이 있다. 이때 가족은 각자가 지닌 개별성의 원천, 자아의 원천 그리고 벗어나야 하는 신경증의 원천이다(Illouz 2007). 과거에 향수를 느끼고 현재는 마비 상태인 채 미래를 경계하는 포스트산업 노동 계급 청년은 과거 중심의 치료 서사를 이야기하는 법을 배우면서 오랫동안 기다렸던 경험의 감춰진 진실이 마침내 드러났다고 느낀다. 앨리 러셀 혹실드는 친밀한 삶의 상업화를 다루면서 이렇게 주장한다. "아내와 어머니라는 감정적 영역을 둘러싼 영토를 상품 영역이 침식할수록 남아 있는 돌봄의 원천들은 더욱 과잉 상징화된다"(Hochschild 2003: 39). 이와 유사한 과정을 통해 시장이 미래를 상상 불가능한 것으로, 현재를 관리 불가능한 것으로 만들수록 가족의 과거는 더욱 과잉 상징화된다.

무드 경제를 살아가는 노동 계급 청년, 특히 자신의 일자리나 미래에서 내재적인 의미와 희망을 찾지 못하는 청년들은 불확실, 혼란, 배신, 실패를 의미 있는 것으로 만든다. 인터뷰 기록에서 드러나듯 치료 담론은 이들이 성인이 되는 경험을 틀 짓는 제도들, 즉 학교 심리학자, 사회 복지 서비스, 자조 문헌, 무료 약물 시험, 알코올 및 약물 중독자 모임 등의 제도에 깊이 스며들어 있다. 고통이 만연하고 노동과 가족을 신뢰할 수 없는 무드 경제에서는 재정 독립, 경력, 결혼 같은 전통적인 지표가 아니라 심리적 발전—금주 성공, 중독 극복, 정신 질환과 벌이는 전투, 혹은 단순히 아이 낳지 않기—을 통해 성인 자격을 갖추게 된다.

일례로 아일린은 이야기를 들려주면서 실패한 관계, 죄책감과 후회, 혼란만을 안긴 제도, 침체한 노동 시장 등의 경험을 토대로 감정적인 자아 변형에 이른 선형적인 서사를 만들어 냈다. 그녀는 자기가 "괴물"에 끌린 이유를 알아내고, 상처받은 마음을 치유하며, 딸들을 위해 강한 사람이 되는 능력을 중심으로 자신의 진보를 측정했다. 이제는 성인이 되었다고 느끼느냐는 내 질문에 아일린은 이렇게 대답했다.

그럼요. 아직도 게임이랑 딸아이들과 이것저것 하는 걸 좋아하긴 하지만요. 생각해 보면 엄마랑은 이런 걸 한 기억이 없어요…… 엄마와 아주 다른 사람이 되고 싶은 건 아니지만 엄마보다는 더 책임감을 가지고 싶어요…… 이

런 게 성인이 된다는 뜻 아닐까요. 딴 얘기로 샌 감이 있지
만 이게 제 답인 것 같아요(웃음).

아일린은 정서적 성장을 의미화하는 치료 서사의 렌즈
로 성인기를 재구성한다. 처음에는 아이들 게임을 즐김에
도 성인이기는 하다는 농담으로 답변을 시작하지만, 곧장
과거를 끌어들여 어머니가 자신을 방치했던 어린 시절을
언급한다. 파괴적인 가족 패턴에서 어떻게 해방되었는지
를 보여 주려는 것이다. 자기 자신이나 가족의 병적 증세
와 고통을 이겨 내 결국 참되고 해방된 자아를 실현했다
는 이야기가 성인이 되는 과정에 대한 그녀의 서사를 포
괄한다. 그녀가 다른 종류의 이야기를 시작할 때도 그랬
다. 무드 경제에서 자아를 해방하는 유일한 길은 고통을
능동적으로 기억해 내는 것이다. 에바 일루즈가 설명하듯
"치료 서사는 생애 사건들을 자아 발전의 경로에서 실패
한 혹은 좌절된 기회의 지표로 삼을 때만 작동할 수 있다.
이렇게 자조 서사는 근본적으로 고통 서사를 통해 유지된
다"(Illouz 2008: 173).
　　아일린과 비슷하게 캔디스도 고통을 겪고 진정한 자아
를 실현한 과정을 성인기와 연결한다.

캔디스 성인이 된다는 건 단점이 너무 많은 누군가가 다른
사람들이 자신에게 뭘 원하는지, 뭘 기대하는지, 뭐가 좋
다고 생각하는지에 맞춰 스스로를 만들어 나가는 과정이
라 생각해요. 그런 생각이 저한테도 도움이 됐죠. 사람들
의견을 굉장히 진지하게 받아들이는 편이거든요. '진짜 캔

디스'는 남들이 저한테 기대하는 바나 그들이 저와 함께 하는 일이랑은 관계가 없어요. 살면서 처음 결정한 건 [학교에서—실바] 달리기를 하지 않겠다는 것이었어요. 제 행복을 위해 내린 첫 결정이었는데 정말 신났죠.

실바 학창 시절이 힘들었다고 했죠.

캔디스 아휴, 힘들었다는 말로는 한참 부족해요. 심리 치료사도 자퇴하라고 할 정도였어요. 치료사 선생님한테 말했죠, 저는 그렇게 쉽게 포기하는 사람이 아니라고요. 절대로 자퇴하지 않을 거라고요. 자퇴하면 1년 뒤에야 돌아올 수 있으니까요. 계속 다니겠다고 했어요. 약간 사족 같긴 한데 성인이 돼서 대학에 갔을 때 가장 힘들었던 건 주변을 둘러보는 일이었던 것 같아요…… 그때 가족한테서 굳건한…… 그러니까 가족이 뒤에서 굳게 지원해 줘야 하는데 저희 가족은 그렇지 않다는 걸 알았죠. 엄마가 출소했을 때 저한테 몇 학년이냐고 묻더라고요. 몇 학년인지도 모른다고 생각하니 정말 슬펐어요. 3년 정도 전인 거 같네요. 지금은 엄마랑 잘 지내기 시작하고 있어요. 얼마 전에는 이사 도와준다고 제 아파트에 오기도 했어요. 그래서 앨범 두 권이랑 졸업 앨범도 보여 주고 고등학교 시절 얘기도 들려줬죠. 고등학교 시절을 엄마가 하나도 모르거든요. 슬프면서도 기분 좋은 경험이었어요. 또 갓 성인이 됐을 뿐인데 저를 돌봐 줘야 할 엄마한테 되려 어른 역할을 해야 하는 게 힘들었어요.

캔디스가 성인이 된 이야기에는 어머니의 약물 중독으로 인한 좌절, 고통, 배신을 극복해 안정되고 건강하며 온전한 자신이 된 과정이 담겨 있다. 불평등하고 리스크 가득한 사회의 일상이 초래하는 혼란, 배신, 실패에 대처했다는 캔디스의 이야기를 지탱하는 것은 자신이 특별하다는 감각이며, 이를 통해 그녀는 의미와 존엄, 일관성을 확보하고 있다.

노동 계급 성인기의 변형

이처럼 성인이 되는 과정에서 감정적 트라우마를 겪고 자아를 변형했다는 이야기는 미국 노동 계급에 대한 일반적인 설명에 이의를 제기하는 것일지도 모른다. 실제로 노동 계급의 상징과도 같은 제강 노동자나 광업 노동자가 자신의 정신적 고통을 드러내는 모습—터놓고 이야기하는 모습은 말할 것도 없고—을 상상하기란 쉽지 않다. 마찬가지로 이 책의 정보 제공자들이 구축한 성인기 서사는 미국의 (대체로 백인 남성) 노동 계급을 다룬 폴 윌리스(Willis 1977)나 릴리언 루빈(Rubin 1976), 심지어 최근의 미셸 라몽(Lamont 2000) 같은 이전의 연구에서 확인할 수 있는 서사와 극적으로 달라 보인다. 앞선 연구들에서 [노동 계급의] 존엄은 경제적 자족, 강인한 남성성, 신·가족·나라에 바친 헌신, 도덕 질서의 준수를 통해 생겨나는 것이었다. 에바 일루즈는 이렇게 설명한다.

영국 사회학자 폴 윌리스가 공장 현장을 기록한 민족지 연구에서 보여 주었듯 블루 칼라 노동은 용기, 강한 힘, 말에 대한 불신이라는 에토스를 동원한다.……노동 계급 남녀의 개인주의는 역경에 맞선 투쟁 서사를 특징으로 한다. 이들의 강고한 개인주의는 불신, 강인함, 신체적 힘을 강조한다. (Illouz 2008: 235)

과묵하고 금욕주의적인 감정 스타일을 요구하는 산업 노동 계급의 노동과 가정 생활에는 치료 담론의 자리가 없다. 이와 대조적으로 내 연구가 시사하는 바는 노동 계급이 자아다움을 이해하는 방식이 변화 중이라는 것이다. 이들은 개인의 자아 성장과 감정 표현이라는 치료적 관념을 가지고 있다. 그리고 이 관념은 자아를 정의하는 더 오래되고 전통적인 형태들과 섞이고 경합하며 그것들을 대체하기도 한다.

내 사례들에도 성인기에 대한 전통적인 이해와 행위의 잔여물이 나타난다. 이런 이해와 행위는 치료적 자아 표현이 아니라 고된 노동, 가족 돌봄, 신에 대한 헌신에 근거한다. 그중 성인기에 대한 전통적인 남성적 관점을 가장 일관되게 환기시키는 집단은 남성 소방관이다. 예를 들어 조지프가 자라는 동안 아버지는 마약 판매와 복용으로 교도소를 들락거렸고 어머니 혼자 다섯 아이를 키우느라 안간힘을 써야 했다. 조지프는 고등학교를 졸업한 뒤 해병대에 입대해 생애 처음으로 비행기를 타고 신병 훈련소로 떠났다. 짧은 휴가 기간 동안 고등학교 때 사귄 여자 친구와 열아홉 나이로 결혼했고 2년 뒤에는 군 기지에 있는 동안 첫째가 태어났다. 그는 견고한 핵가족을 꾸리고자 노력하고 있다. 경기가 침체되기 시작하자 시에서는 초과 근무 수당을 없애 버렸다. 그래서 조지프는 휴대 전화 기지국을 모니터링하는 부업을 구했고 부인은 집—이들 소유인—에서 탁아소를 운영한다. 그렇게 해서 간신히 생계를 유지하고 있다. 그의 성인 정체성은 깊이 젠더화되어 있으며, 좋은 아버지이자 남편이 되고 싶다는 바람이 그 근간을 이룬다. "저한테는 확고한 우선 순위가 있어요. 저는 아내와 아이들이 집에 있는데 친구들이랑 바에 앉아 술이나 마시는 사람이 아니에요."

조지프의 가족이 다른 가족에 비해 균열이나 고난을 덜 겪은 것은 아니다. 하지만 그는 과거의 고통을 자기 정체성의 핵심으로 여기지 않는다. 그는 부모를 원망하지 않으며, 부모나 조부모 세대가 얼마나 힘들게 살았는지 자기 세대가 전혀 모른다고 믿는다. 최근에는 아버지를 다시 받아들였다. 대화를 통해서가 아니라 집에 아버지 방을 만들어 관계를 개선하고 있다. 그는 자신이 미래에 집중하는 사람이라고 말한다. 결단력과 고된 노동으로 계층 상승을 이룰 수 있다는 믿음이 조지프 서사의 주축을 이룬다.

두 분 모두 많이 가난했죠. 아버지 쪽은 그렇게 가난하지 않았을지도 모르지만, 어쨌든 아이들도 모두 돈을 벌어야 했거든요. 그때 가족들은 다 그랬잖아요. 그런데 그때와 비교하면 지금은 아이들이 목표를 더…… 그래서 저는 졸업한 다음 빈둥거리면서 잘 풀리겠거니 생각하지 않고 한발 앞서 나갔어요. 그런 게 살면서 할 수 있는 가장 중요한 일 같아요. 부모님 세대는 그렇게 하지 못했을 뿐이죠. 부모님 세대처럼 고생하며 살긴 싫었어요. 그래서 집에서 나와 제가 해야 하는 일을 했죠.

조지프나 동료 소방관들이 치료적 성향의 정보 제공자들과 다른 점은 이들이 전통적으로 남성적인 분야에 속했던 안정적인 공공 부문에서 일하고 있다는 것이다. 이들은 관리 가능하며 확실한 미래를 보장받고 있어 과거의 고통과 구원에 뿌리를 둔 자아의 언어를 발전시킬 필요가 없다. 더구나 남성성과 여성성의 영역을 엄격히 단속하는 소방 같은 분야에서는 감정을 표현하더라도 득 볼 일이 거의 없다. 사실 소방서에서 인터뷰를 진행할 때마다 동료 소방관이 불쑥 방문을 열고는 "이놈 게이인 거 아시죠?" 같은 말을 던져 떠들썩한 웃음을 이끌어 냈다. 모니카처럼 치료적 성향을 드러낸 정보 제공자들은 인터뷰를 자기 사연을 이야기하는 신성한 공간으로 이해했다. 반대로 이 젊은 소방관들은 인터뷰를 남성 유대를 강화하고 여성 인터뷰 진행자에게 짓궂게 대하며 심지어는 치근덕대는 기회로 삼았다. 이 사례가 증명하듯 청년들은 성인이 되는 과정과 결부된 제도들에서 가용한 문화적 자원에 맞춰 자아를 구축한다.

소수의 흑인 여성은 성인기로의 이행이 지체된 상황을 이해하는 1차 수단으로 종교적 신앙을 활용했다. 이 여성들은 전통적인 성인기 지표를 포기하는 대신 신의 시간에 다가갈 것이라고 굳게 믿는다. 군 훈련소에서 인터뷰한 스물일곱 살 흑인 여성 레이철은 전자 제품 상점에서 고객 서비스 담당으로 주 40시간 일한다. 그녀는 어머니가 정한 규칙을 따르지 않는다는 이유로 열여섯 살 때 집에서 쫓겨났다. 그 뒤 몇 년간 살 방도를 "이리저리 궁리하면서" 친구 집 소파 신세를 지거나 신용카드에 기대 연명했다. 레이철은 그 시절을 이렇게 회고했다. "2년이나 그랬어요. 병원에 갈 일이 생기면 돈을 내야 하는데 별 볼 일 없는 일만 했고 어떨 때는 아예 일자리가 없었어요. 그래서 병원비를 낼 수가 없었죠. 그렇게 빚이 쌓이고 쌓이고 또 쌓여서 결국 신용이 바닥까지 떨어졌어요. 그것 때문에 정말 무서웠어요." 레이철은 열여덟 살이 되자마자 주방위군에 등록해 기초 훈련을 받았다. 수천 달러의 빚을 갚고 제대군인 원호법 혜택으로 대학에 가기를 희망하면서 말이다.

10년 후에는 빚이 2만 달러로 늘었다. 어머니 집에 다시 들어갔고 학교 다닐 시간은 여전히 확보하지 못한 채다. 그녀는 군대 경험이 "가져 본 적 없는 아빠나 남자 형제들" 같았다고 애정을 담아 말하지만 그럼에도 두 번의 이라크 파병이 깊은 감정적·신체적 피해를 입혔다고 인정한다. 레이철은 몸을 떨며 이렇게 회상했다. "매일 아침 일어나면 하느님께 기도했어요. 제발 무사히 집에 돌아갈 수 있게 해 달라고요. 부디 오늘만은 아니면 좋겠다는 식이었어요. 뭔가 일이 벌어지는 날이 오늘 밤은 아니길 트럭을 몰면서 빌었죠." 그녀는 네 살배기 아들 마크를 언급하며 "걔가 제 삶의 이유예요"라고 말했다. 혼자 마크를 키우는 레이철은 아이 아버지를 이렇게 묘사했다. "애인이라고 할 수도 없는 사람이에요…… 일해 본 적도 없고 마약이나 팔았죠. 숨기는 게 엄청 많고 일이 터진 뒤에야 제가 알게 되는 식이었어요." 마크 아버지가 될 만한 사람을 찾기 어려운 상황이라 마크에게 더 나은 삶을 보장해 주려면 이라크에 한 차례 더 파병되어 위험 수당을 챙겨야 한다는 사실을 레이철은 알고 있다. 아직은 "반신반의" 상태다. "파병을 생각하면 기분이 좋은데 그렇지 않기도 해요. 아들 인생의 첫 2년을 같이 보내지 못했거든요. 그런데 또 헤어져야 하니까요. 정말로 힘들어요. 견디기가 어렵죠."

포기하고 싶다고 생각한 적 있느냐는 질문에 레이철은 솔직하게 대답했다.

한번 비가 오면 퍼붓는다는 말 아시죠? 아무리 애를 써도 한 발짝 앞으로 내디뎠다 싶으면 열 걸음 뒤로 밀려나 버리더라고요. 뭘 해도 좀처럼 앞으로 나아가지 못하고 일이 맘대로 풀리지 않는 것만 같아요. 아까 얘기한 대로 그냥 하느님께 맡기는 거죠. 하느님이 저를 위해 계획하신 바가 있을 테고 저는 그걸 믿으니까요. 제가 특정한 방향으로 가기를 원하신다면, 아니면 차분히 있거나 돈을 많이 벌기를 원하신다면 그분 뜻에 따라 그렇게 되겠죠. 우울할 때마다 그렇게 생각하려고 노력해요. 아직도 그런 날들이 있어요. 잠자리에 들었는데 다음 날 깨고 싶지 않을 때 말예요. 그러다가 아들을 생각하고, 내가 그 아이를 돕거나 지키지 않으면 누구도 걔를 지켜 주지 않을 거라는 사실을 깨닫죠. 하느님과 제 아들, 이 둘이 저를 지탱해 주고 있어요. 그래서 희망을 느껴요. 제가 하는 일에는 이유가 있다고 생각하고요.

레이철의 인생 경험에는 고통과 자아 변형이라는 치료 서사에 사용할 원료가 풍부하다. 그런데 성인기로의 이행을 형성한 제도들―군대, 가족, 교회 같은―을 거치면서 그녀는 다른 이야기를 말하는 법을 배웠다. 모니카처럼 레이철은 행복이란 자신이 관리할 수 있는 것이 아니라 신의 손에 달린 무언가라고 믿는다. "하느님이 저를 위해 계획하신 바가 있을 테고 저는 그걸 믿으니까요." 여기서 고통은 스스로 치유해야 하는 심리적 상처의 기호가 아니라 자신으로선 이해할 수 없는 더 큰 계획의 일부로 해석된다.

실제로 레이철은 자신이 감정과 소통하는 법을 알지 못하며, 감정을 관리하거나 통제할 수 있는 것으로 보지도 않는다고 인정했다.

저는 울지 않아요. 신경 쇠약에 걸려 울기만 하는 사람이 아니에요. 일어서고 싶지 않다고 느낄 때를 제외하면요. 그럴 때는 감정을 주체 못 하고 울어요. 유일한 배출구는 아이팟이에요. 아이팟으로 음악을 듣고 있으면 중심이 잡히면서 마음이 진정되고 기분도 나아져요. 저는 남들한테 속을 드러내는 편이 아니에요. 저희 가족, 그러니까 엄마랑 저는 군대 스타일이에요. "사랑해"라고 말하거나 서로 껴안고 입 맞추는 사람들이 아니거든요. 서로 사랑한다는 건 알지만 말로 표현하지는 않아요. 애정을 막 드러내는 편이 아닌 거죠. 엄마는 말 건네기가 쉬운 사람이 아니에요. 그래서 전 말할 사람이 아무도 없다고 느껴요. 감정들을 꾹꾹 눌렀다가 혼자 힘으로 감당하고, 그렇게 흘러가게 놔두다가 결국 주체하지 못하는 거죠. 아이팟 덕분에 기분이 나아져요. 어떤 문제가 생기든 아이팟을 듣다 보면 마음이 차분해져 모든 걸 처리할 수 있게 돼요.

인용문에서 드러나듯 고통은 심리적으로 해결해야 하는 것이 아니라 견뎌야 하는 무언가다. 레이철은 이따금씩 감정에 포위된 듯한 기분을 느끼지만 이 감정들을 어떻게 관리해야 하는지는 모르겠다고 말한다. "감정들을 꾹꾹 눌렀다가 혼자 힘으로 감당하고, 그렇게 흘러가게 놔두다가 결국 주체하지 못하는 거죠." 달리 말해 무드 경제 밖에 있는 레이철은 고통을 진보나 의미로 전환하지 못한다.

이전의 연구들(그리고 내 인터뷰의 일부 사례)에서 묘사된 산업 노동 계급의 자아감과 내 연구 사례 곳곳에 만연한 치료적 성인기 관점을 대조하다 보면 자아다움과 존엄에 대한 문화적 정의가 시간이 흐르면서 어떻게 변했느냐는 질문을 던지게 된다. 감정사회학의 핵심 통찰이 도움을 줄 수 있을 것이다. 사회 구조들—그리고 이 구조를 유지하는 일상적인 언어 기술, 체화된 관행, 상호작용—내에서 누군가가 위치한 자리가 감정을 느끼고 표현하는 역량을 만들어 낸다는 것이다. 그러므로 분노건 자부심이건 욕망이건 간에 감정들은 반성에 앞서는 것이자 매개되지 않은 것으로 경험된다(Collins 2004; Goffman 1959; Hochschild 1995; Illouz 2007; Williams 1977). 간단히 말해 외부에 있는 것이 계속해서 내부에 있는 것을 구축하는 것이다. 따라서 감정은 안과 밖을 오가는 피드백 루프에서, 즉 하비투스—사회 구조뿐 아니라 사회 불평등에 의해서도 구성되며 또한 이것들을 구성하는—에서 가장 덜 의식적인 부분이다(Illouz 2007). 정말이지 특수한 감정을 느끼는 능력, 나아가 표현하고 관리하는 능력은 사회 구조에서 그 사람이 젠더나 사회 계급, 인종 등에 따라 점하는 위치에 의해 형성되며 그런 다음에는 다시 그 위치를 형성한다(Hochschild 2003; Illouz 2007, 2008; Lively & Heise 2004).

감정을 사회 구조와 연결하면 감정들이 사회 불평등의 재생산에 심대한 영향을 미칠 수 있음을 알게 된다. 이런 생각의 선구자인 에바 일루즈는 노동 계급이 혼란과 배신 같은 내밀한 경험을 일관된 치료 서사로 조직하는 데 필요한 언어적·감정적 기술을 보유하고 있지 못할 수도 있다고 주장한다(Illouz 2008).[7] 그러므로 감정을 느끼는 역량과 표현의 측면에서 생기는 차이들을 "일상적인 웰빙 형태들에 접근할 권리를 획득하는 것과 관련된 기회의 불평등"으로 이해해야 한다(2008: 235). 남들에게 "속을 드러내"지 않으며 자신의 감정을 다루지 못해 결국에는 감정에 압도되어 "주체하지 못한다"는 레이철의 말을 떠올려 보라.

일루즈의 인터뷰들은 1980년대 후반부터 1990년대 사이에 진행한 것이고 내 인터뷰들은 그보다 몇십 년 뒤의 것이다. 내가 인터뷰한 다수의 노동 계급 청년 남녀는 개인적인 고통과 자아 실현에 대한 자기 의식적 서사를 만들어 낼 수 있고 또 실제로 그렇게 하고 있다. 노동 계급의 감정 표현에서 벌어진 이 심대한 변화는 노동 계급의 경험이 자아의 층위에서 무엇을 뜻하는지에 관한 세대차가 상당히 크다는 사실을 드러내 준다(Chauvel 1998; Mannheim 1952). 내가 인터뷰한 포스트산업 노동 계급 남녀가 보기에 자신의 생활 세계를 특징짓는 것은 노동하는 작업 현장보다는 그 현장의 소멸을 받아들이려는 과정에서 벌이는 분투다. 이들은 블루 칼라 공장 노동이 쇠퇴하던 시기에 성인이 되었고, 탈산업화나 신자유주의 정책·이데올로기의 부상이 초래한 불안전과 불확실을 개인적으로 경험했다. 그와 동시에 자신의 삶을 형성하는 제도들 내에서 치료 담론의 가용성이 증대함에 따라 자아 및 타자와의 관계를 이해하는 데 쓰이는 일련의 새로운 담론과 실천을 채택하게 되었다(Illouz 2007).[8] 치료적인 제도들은 전문직 중간 계급이 감정적 자아 실현과 웰빙에 이르도록 도와줄지도 모른다(Illouz 2008). 반면 이 제도들은 노동 계급과 관련해서는 다른 목적에 복무하고 있는 듯하다. 즉 치료 서사는 노동 계급 청년들이 얼마간은 불안과 리스크에서 벗어나도록 해 주지만, 그럼으로써 이들은 서비스 부문의 불안정 및 사적 관계와 공적 책임의 취약성에 둘러싸인 채 끊임없이 자아를 관리해야 한다.

용서 없는 무드 경제

많은 학술 연구가 치료 에토스를 비판해 왔다. 나르시시즘을 부추기고 나약함을 양산하며 사회 조직을 파괴한다는 것이다(Hoff Somers & Satel 2005; Lasch 1979; Rieff 1987을 보라). 종종 이런 비판은 퇴행적인 정치적 의제를 감춘다. 다시 말해 자아다움의 모델 및 권위의 원천 들로 회귀하려는 갈망은 치료 서사가 가능하게 만든 바로 그—여성이나 대안적인 성 정체성을 지닌—자아들의 정당성을 박탈한다. 내 인터뷰들을 보면 알 수 있듯 사람들은 치유된 이야기를 들려주면서 해방감을 느끼고 의미를 발견하곤 한다. 모니카가 연인을 떠나고 캐슬린이 버림받은 아이들을 돕는 경력을 쌓기 시작한 것처럼 말이다. 에바 일루즈의 설명대로 사회적·역사적으로 구축된 것인 "치료 에토스는 행위자가 웰빙에 도달하도록 돕는 문화 자원이 된다"(Illouz 2008: 224).

노동 계급 청년에게 무드 경제는 고통이 만연하고 일과 가족 어느 것에도 의지할 수 없는 세계에서 자아다움과 자아 존중의 바로 그 가능성을 제공한다.

그러나 무드 경제에는 어두운 면도 존재한다. 이 경제로 인해 청년들은 종종 가족을 상대로 가혹한 경계선을 긋고, 고통이 가능성을 가져다줄 것이라는 서사에 매달리며, 자아가 삶의 가장 큰 리스크라고 이해한다. 자아를 치유하라는 무드 경제의 명령은 새로운 종류의 상징적 경계선 긋기로 이어진다. 즉 건강하고 행복하며 강해지려는 의지가 없는 사람들과 자신 사이에 경계선을 긋게 되는 것이다. 3장에서 소개한 젊은 흑인 여성 캔디스는 어머니의 마약 중독과 아버지에게 버림받은 경험으로 인생이 송두리째 바뀌었다. 캔디스는 수년간 우울증으로 고통받았다고 하면서 이렇게 고백했다. "너무 우울했어요. 정말 불행했고요. 그래서 내내 울며 지내거나 아니면 감정을 억누르고 전혀 울지 않았어요." 12학년[고등학교 3학년] 때 위탁 가정에 가게 된 일을 계기로 캔디스는 자신의 삶에 집중할 수 있었다고 한다. "그때는 정말 제가 아이처럼 느껴졌어요. 그렇게 느낀 건 아홉 살 이래 처음이었을걸요." 그녀는 이렇게 회상했다.

그게 도움이 됐죠. 음, 처음으로 겨울을 우울하지 않게 보냈던 거 같아요. 지금은 그게 계절 우울증이었다고 부르기도 애매해요. 그때 상황을 지금 와 생각해 보면 부분적으로는 계절 우울증이었겠지만 다른 한편으로는 그냥 제가 통제할 수 없는 일들을 걱정했던 것 같아요. 그러다 보니 저 자신을 위한 일을 하지 못했죠. 그래서 지금은 저를 위한 일을 훨씬 더 많이 해요. 물론 거의 집에 틀어박혀 있는 건 예전이랑 마찬가지지만요. 그래도 여전히 친구들을 만나요. 또 하고 싶은 일이 생기면 꼭 해요. 그러니까 더 행복해지더라고요. 진정으로 행복해지는 게 저한테는 정말 새로운 경험이에요.

캔디스는 "추락한 별"이라고 묘사한 어머니를 도우면서 몇 년을 보낸 뒤 마침내 자신의 필요를 고려하는 법도 터득했다고 설명했다. 자기 삶을 통제할 수 있는 일과 통제할 수 없는 일로 체계화해 구분함으로써 삶의 구조적 혼란에 인지적 질서를 부여할 수 있게 되었다는 것이다. 위탁 가족의 지지 덕분에 캔디스는 우울하고 절망적이던 나날을 뒤로할 힘을 얻었다고 느낀다. 아버지에게는 여전히 화가 난 상태지만—"지금도 아빠한테는 다른 사람들에게 제 얘기 하지 말아 달라고 해요. 달리기를 하는 것도, 좋은 차를 산 것도, 대학에 들어간 것도요. 아무 얘기도 하지 말라고 했어요"—자신이 아버지와 독립된 존재임을 깨달아 가는 중이다. 가족과의 유대 관계를 끊음으로써 우울증에서 해방되고 진정한 행복을 누릴 수 있게 된 것이다.[9]

또 다른 사례를 보자. 미용 용품점에서 일하는 애슐리는 고통스러웠던 어린 시절을 헤쳐 나간 이야기를 들려주었다. 호텔 객실 청소부로 일한 어머니는 남자 친구에게 빠져 애슐리를 제대로 돌보지 않았다. 부엌 테이블에 아편을 놓아두기도 하고 차로 애슐리를 학교에 데려다줄 때는 "다리 사이에 블러디 메리를 끼운 채" 운전하는 남자였는데도 말이다. "엄마는 저보다 다른 걸 더 좋아했어요. 분하고 미운 게 너무 많아 잊을 수가 없어요. 설명하기가 어렵네요, 이해하시죠? 엄마는 자기가 져야 할 책임을 안 좋아했어요." 열세 살에 자칭 알코올 및 약물 중독자가 된 애슐리는 법적 문제가 생겨 1년간 여학교에 다녀야 했다. 그런 뒤원래 학교로 돌아오면서 어머니처럼은 되지 않겠다고 맹세했다. 여전히 어머니를 깊이 원망하지만 그럼에도 애슐리는 어린 시절의 학대와 방치를 가까스로 극복한 생존자라는 성인 정체성을 벼려 냈다.

제 삶을 도저히 어떻게 해 볼 수 없는 지경까지 갔어요. 할수 있는 게 아무것도 없는 상황이었죠. 그런데 그게 지금의 저를 만들었어요. 그래서 저는 제가 강한 사람이라고 생각해요…… 그러니까 제가 어떤 사람인지가 중요한 것 같아요. 저는 강한 사람인 거죠. 어릴 때 저한테 닥친 상황을 떠올리면서 다른 사람, 강하지 못한 사람은 비슷한 일을 어떻게 경험할지 생각해 보곤 해요. 그 사람은 이렇게되거나 저렇게 되겠죠. 계속 버텨 나갈 수도 있고 그러지 못할 수도 있을 테고요.

그녀는 자신의 삶이 예외적이고 의미 있다고 믿는다. 다른 사람이라면 큰 상처를 입었겠지만 자신은 고통스러웠던 어린 시절을 극복했기 때문이다. 애슐리의 성공을 돋보이게 만들어 주는 것은 바로 다른 사람들의 실패다. 용서없는 무드 경제에는 공감의 자리가 없다. 건강하고 행복하고자 의지를 다져야만 존엄을 획득할 수 있는 것이다.

이런 이야기들에서 드러나듯 치료적인 성인기 모델은 결혼, 주택 소유, 경력을 통해서가 아니라 자아 실현을 통해 청년들에게 의미와 목적을 부여한다. 그리고 자아 실현은 고통스러웠던 과거를 고발하고 독립적이며 온전한 자아를 재구성함으로써 얻을 수 있는 것이다. 그런데 이런 대안 서사—개별화된 지표들을 지닌—를 구축한다고 해서 성인이 되었다고 충분히 느낄 수 있는 것은 아니다. 이야기라는 행위는 증인을, 힙겹게 획득했지만 한없이 허약한 자아를 듣고 승인해 줄 인정하는 주체를 요청한다(Taylor 1989를 보라). 전통적인 성인기 의례들이 사회적으로 인정되는 하나의 지위에서 다른 지위로의 이행을 표시하는 것과 마찬가지로 치료적 지표들 역시 타인들의 참여를 필요로 한다.[10]

서른한 살 흑인 남성 저스틴은 레스토랑 체인점에서 서빙 일을 한다. 공장 노동자인 아버지와 비서로 일한 어머니 슬하에서 자란 그는 역사적으로 흑인이 진학한 대학을 6년간 다닌 뒤 마침내 금융 전공으로 졸업했다. 학비는 대출로 충당했다("첫해에는 대출금이 1만 7,000달러였는데 계속 늘었죠……"). 졸업 직후 센트럴버지니아의 한 보험 회사에 입사해 사망금 지급 부서에서 일하다 동료 노동자 스탠과 사랑에 빠졌다. 하지만 4년 후에 스탠과 헤어졌고 그 때문에 깊은 우울증에 빠져 세 달 동안 방에 틀어박혀 지냈다. 새출발하기로 결심하고 리치먼드로 이사한 저스틴은 창문에 '구인 중'이라고 쓰인 것을 보고는 지금의 서비스 일자리를 구했다. 그는 이렇게 설명했다. "한계에 이른 기분이에요. 여기서 너무 오래 일하다 보니 이젠 그냥…… 엄마나 가족은 다른 사람들처럼 학위가 있는데 왜 애플비스[미국 레스토랑 체인]에서 일하느냐고 하죠. 그 소리 듣는 데 지쳤어요." 매달 간신히 생계를 유지하는 저스틴은 다른 일자리를 찾지 못할까 봐 겁나 이 일을 그만두지 못하고 있다. "가끔 신경이 곤두서요. 지금 일터를 그만두지 못하게 막는 뭔가가 있어 이 일을 계속할 수밖에 없는 것 같아서요. 새 일을 구하고 싶지만 지금 일하는 곳을 떠나기가 겁나요. 새 일이 저랑 잘 안 맞을 수도 있잖아요. 잘 안 맞으면……" 저스틴은 성인이 되는 전통적인 여정에서 앞으로 나아가지 못한 채 옴짝달싹 못 하고 있다. 자신이 확보한 아주 약간의 것들마저 잃을까 봐 두렵기 때문이다.

자신의 삶을 결산하면서 저스틴은 대안적인 의례를 주축 삼아 의미, 질서, 특히 진보를 성인이 된 자신의 위축된 경험과 결부시켰다. 그의 대안적인 의례는 가족이 안긴 고통과 자아 실현에 대한 이야기를 구축하고 공개적으로 이야기하는 것이었다. 저스틴은 "커밍 아웃"을 위한 고투와 자신의 진짜 섹슈얼리티에 대한 주장을 중심으로 성인 자아를 이야기했다. 그가 말하길 "제가 성장하는 걸 방해한 게 몇 개 있었어요. 하나는 저희 가족이 대화를 거의 안 한다는 거예요. 저희 가족은 쉬쉬하는 사람들이에요…… 가족끼리 성에 대해 얘기한 적이 전혀, 정말 한 번도 없어요. 제가 게이라는 걸 느꼈을 때 저는 성이 뭔지 전혀 몰랐어요. 성에 대해 어떻게 말해야 하는지 몰랐죠. 그래서……" 종교적인 환경에서 자라 동성애는 죄라고 배운 저스틴은 매일 밤 아침에 일어나면 이성애자가 되게 해 달라고 기도했다. 응답 없는 기도를 되풀이하면서 몇 년을 고통스럽게 보낸 뒤 그는 자신의 섹슈얼리티를 부정할 수 없는 일부로 받아들이기로 결정했다. "선택의 여지가 없었어요. 선택의 문제가 아닌 거죠. 이 감정을 아무리 억누르려고 해도 소용이 없어요. 제가 게이인 건 그냥 게이이기 때문이에요. 그렇게 제가 게이로 태어났다는 걸 알게 됐죠." 원룸형 아파트 월세를 내기 위해 고군분투하고 있고 오래 사귈 연애 상대나 안정적인 일자리도 찾아야 하지만 저스틴은 성취감을 느끼고 있다. 고통스러웠던 가정 환경에 맞서 진정한 자아를 주장할 힘을 발견했기 때문이다.

그러나 자신이 원하는 사람이 될 힘을 발견했다는 자부심은 보수적이고 종교적인 가족들에게 커밍 아웃할 수 없다는 사실 때문에 줄어들곤 한다. "안 돼요, 절대 안 돼요." 비극적이게도 저스틴은 최근 암으로 세상을 떠난 아버지의 인정이 [성 정체성을] 긍정받을 유일한 기회였을지도 모른다고 생각한다.

저스틴 돌아가시기 전에 아빠가 알고 있다는 신호를 보내려 했던 것 같아요. 저한테 큰 카드를 줬는데 거기에 사탕이 한아름 그려져 있었거든요. 이런 문구가 적혀 있었어요. "네가 어떤 사람이든 나는 언제나 너를 사랑한단다."
실바 아버지가 당신과 소통하길 원했다고 느끼는 거죠?
저스틴 그렇죠.
실바 당신에게 어떻게 말해야 할지 몰랐더라도요?
저스틴 그럼요.

여기서 저스틴은 고통을 겪은 뒤 구원에 거의 도달했다는 서사를 구축하고 있다. 반대로 말하면 그의 구원은 여전히 불완전하다. 왜냐하면 그의 고통이 의미 있는 무언가를 산출했음을, 그가 용기 있게 성인 자아를 발견했음을 목격하고 긍정해 줄 사람이 없기 때문이다.

이 같은 인정의 부족은 여러 응답자의 이야기에 등장한다. 일부 청년은 부모의 정신 질환, 알코올 중독, 약물 중독 때문에 지원이나 인정을 받지 못했다고 증언했다. 다른 청년들은 가족이나 파트너가 자신의 고통을 이해하지 못한다고 간단하게 답했다. 실직 상태인 스물일곱 살 바네사는 조울증 진단을 중심으로 성인이 된 서사를 들려주었다. 두 번째로 이혼한 뒤 어느 파티에 갔는데, 거기서 맥주와 항우울제를 같이 복용한 탓인지 환각 증세가 나타나기 시작했다고 한다. 병원에 입원해 조울증 진단을 받은 뒤에는 이 질환을 렌즈 삼아 과거 경험을 재해석해 왔다. 세 시간에 걸친 인터뷰 동안 바네사는 자기 질환의 징후를 과거에서 찾았고, 고통스러웠던 삶의 사건들—학교에서 괴롭힘을 당하고, 회사 물품을 절도했다는 이유로 해고되고, 두 차례 이혼하고, 쌍둥이 양육권을 잃은—을 조울증이라는 공통의 가닥과 연결했다. 전통적인 지표들을 달성할 수 없다고 느낀 그녀에게는 과거를 이해하고 건강하지 못한 관계에서 벗어나는 것이 성인기를 정의하는 핵심이 되었다. "이혼한 뒤 생전 처음으로 혼자 힘으로 살았어요. 저를 통제할 사람이 저 말고는 아무도 없었죠…… 어른이 된 지 겨우 6개월 된 셈이네요(흐느낌). 그러면서 많은 걸 배웠어요."

하지만 바네사의 부모—아버지는 현장 기계 기술자고 어머니는 의료비 청구 대행업체에서 일하며, 둘 모두 전통적이고 종교적인 남부 사람이다—는 딸을 슬픔과 당혹스러움과 경멸이 뒤섞인 태도로 대했다. "엄마랑 아빠는 저를 쳐다보면서 이렇게 말하죠. '대체 뭐가 문제니? 왜 일자리도 구하지 않고 애들도 제대로 돌보지 않는 거야?' 그러면 엄마 아빠가 나를 이렇게 키운 거 아니냐고, 그러니 내 탓하지 말라고 답해요." 잠재적 증인인 바네사의 부모는 그녀의 성인기 수행이 진짜라고 여기지 않는다. 치료비를 감당할 여력이 안 되는 그녀는 온라인 조울증 지지 그룹에 가입했지만 무시당하는 기분만 느끼고는 곧 그만두었다. "모든 게 [그룹을 만든 사람—실바] 중심이었어요. 그 여자 얘기로 시간이 거의 다 갔죠. 다른 사람들도 자기 이야기를 들려줄 필요가 있다는 걸 생각 못 하더라고요." 지금도 바네사는 승인의 원천을 계속 찾는 중이다.[11]

저스틴과 바네사의 사례에서 이들이 택한 증인은 두 사람의 수행을 제대로 알아보지 못했다. 에바 일루즈의 논의에 기초해 우리는 감정 표현상의 세대 간 차이가 어떻게 소통을 가로막는 극복 불가능한 장애물이 되는지를 이해할 수 있다(Illouz 2008). 다시 말해 이들이 자신을 이해하기 위해 이용한 범주들이 부모에게는 공유되지 않고 있는 것이다. 40여 년 전에 성인이 된 부모 세대는 '커밍 아웃', 공개적으로 정신 질환에 맞서 싸우기, 알코올 중독 내력을 극복하기, 예술 학교에 진학하기 등을 안정된 경력이나 가족보다 중시하는 태도를 이해하지 못한다.

청년 남녀가 자신에게 분노와 배신감을 안긴 사람들과

그 감정을 소통할 수 없을 때 이들이 성인이 된 이야기는 제대로 승인받지 못한 채로 남는다. 할인 매장에서 재고 관리 직원으로 일하는 스물네 살 흑인 남성 아이작은 가슴 아픈 고백을 들려주었다. "상황이 어떤지, 아니면 제가 무슨 생각을 하고 있는지 부모님에게 말하려고 할 때마다 벽에다 이야기하는 기분이에요. 지금처럼 고민이 생길 때면 더더욱 잊고 싶은 기억이 머릿속에 떠올라요. 부모님한테 말하려고 오랫동안 마음속에 담아 둔 것들이 있는데 너무 오래 눌러 담아 놓고 있었나 봐요."

증인(특히 자신에게 상처를 입혔거나 자신을 배신한 사람)에게 이야기를 들려주면서 응답자들은 자신의 이야기가 존중받을 것이고, 그리하여 자기 정체성을 과거에 묶어 놓았던 고통스러운 기억을 마침내 넘어설 수 있게 될 것이라고 상상한다. 무드 경제에서는 인간적 인정이 존엄과 자아 존중의, 즉 마침내 자신을 성숙하고 완전하며 온전히 인간적인 존재로 판단하는 열쇠가 된다. 그러므로 자신의 이야기를 들려주는 행위는 타당성validity[승인]과 진정성을 사회적으로 인정받아야 하는 상호작용적인 성취로, 타당성[승인]과 진정성에 대한 사회적 인정에 의존한다(Davis 2005). 자신의 이야기를 증인이 들을 수 없을 때—혹은 믿지 않을 때—노동 계급 청년은 고통의 서사에 머물게 되고, 이 의례는 새로운 성인 자아를 만들어 내는 데 실패하고 만다. 이렇게 응답자들은 무드 경제라는 덫에 걸려 인간적 인정, 자존감, 자기 존중에 이르지 못하게 된다. 그리하여 다시 한번 성인기로의 이행이 뒤집힌다. 성인이 된다는 것은 자신이 혼자인 존재며 위험을 감수해야만 타인에게 의지할 수 있다는 사실을 받아들인다는 것을 뜻하기 때문이다.

자아라는 리스크

치료 서사가 성인기로의 통로로 활용될 때 생기는 주된 문제는 이 서사가 자아를 성공, 행복, 웰빙의 가장 큰 장애물로 변형한다는 것이다. 치료 서사는 청년들이 스스로를 자기 삶의 영웅, 피해자, 악당으로 여기게 만든다(Furedi 2004; Moskowitz 2001도 보라). 청년들에게 자기 자신만이 감정을 관리할 수 있고 상처 입은 마음을 치유할 수 있다고 가르치는 치료 에토스는 신자유주의 이데올로기와 꼭 어울린다. 힘 없는 노동 계급 청년들이 스스로의 행복에 책임이 있다고 느끼게 만들기 때문이다. 예측 불가능한 시장, 취약한 가족, 공허한 제도, 부실하기 짝이 없는 사회 안전망으로 구성된 신자유주의 세계에서 자아—혼자고 확신 없는—는 "스스로를 만들거나 망칠 힘"을 타고난다(Illouz 2008: 131). 실제로 정보 제공자 100명 중 다수인 70명 정도가 스스로를 가장 큰 리스크로 여긴다고 답했다. 보조 요리사로 일하는 스물여덟 살 켈리는 이렇게 표현했다. "무기력함을 느끼기 시작하면 그러지 않으려고 의식적으로 노력해요. 쉬울 것 같지만 그렇지 않아요. 그런데 다른 방법이 없어요. 다른 사람이 저를 고쳐 줄 수는 없잖아요."

근본적으로 청년들은 좋은 삶을 창출하기 위한 전적이고도 무조건적인 책임이 자기 자신에게 있다고 믿는다. 이때 개인적 특징이나 행동은 자신의 불안정한 삶을 설명해 줄 나약함의 상징이 된다.[12] '정당한' 리스크를 감수하지 못할 것이라는 두려움이 실패의 원인이라는 설명을 많은 사람이 논리적이라고 느낀다. 약물 남용과 가난이라는 가족 내력과 자신의 우울을 극복한 흑인 여성 캔디스는 이렇게 설명했다. "음, 가족이랑 비슷해지는 게 제일 큰 리스크예요. 실패할까 봐 두려워하는 게요. 미지의 무언가를요. 평소라면 하지 않을 법한 일을 해야 더 강해지고 성공할 수 있는데, 그걸 행동에 옮기기가 두려운 거죠. 기회여서 두려운 거예요. 그게 하나의 리스크죠."[13]

무드 경제의 잔인함과 불의를 누구보다 강렬하게 증명한 사람은 서른네 살 백인 여성 들로리스다. 들로리스는 내가 인터뷰를 다닐 때 들러 커피를 사 마시던 로웰 지역 외곽의 한 빵집 계산원으로 일하고 있었다. 들로리스가 인터뷰 대상으로 적격이라 생각한 나는 그녀에게 연구에 참여해 줄 수 있는지 물었다. 며칠 뒤 들로리스의 점심 시간에 빵집에서 그녀의 성장담을 들을 수 있었다.

아버지는 들로리스가 어릴 때 신발 공장에서 해고된 뒤 다시는 안정된 일자리를 구하지 못했다. 노동은 불안정하고 미래는 예측 불가능함을 일찍부터 터득한 들로리스는 이렇게 회상했다. "저흰 아무것도 없이 자랐어요. 그래서 뭔가를 얻어도 그걸로 어떻게 하라는 얘기를 들은 적이 없어요. 어느 모로 보나 저도 부모님이랑 비슷하게 살고 있는 것 같아요. 그냥…… 하루하루 사는 거죠." 들로리스는 고등학교 시절부터 우울증에 시달렸다. 몇 년 전에는 임신을 했는데 남자 친구가 낙태를 종용했다. 그 때문에 "급격히 상태가 나빠졌고" 남자 친구와는 크게 다투고 헤어졌으며, 그 과정에서 돈을 흥청망청 쓰다가 수만 달러의 빚에 허덕이게 되었다.

다시 우울이 심해졌어요. 나아져야겠다고 마음먹고 진단을 받았죠. 임상 시험에 참여하겠다고 했어요. 돈이 없었거든요. 라디오에서 들은 것 같아요. 고추나물 농축액이 프로작보다 효력이 좋은지 검증하는 시험이었어요. 임상 시험이니까 제가 먹은 게 설탕으로 제조한 약인지 고추나물인지 프로작인지 몰랐죠. 시간이 좀 지난 다음 효력이 없으면 임상에서 제외시키고 웰부트린을 처방해 줘요. 많은 사람한테 잘 듣는 약이죠. 임상 시험 약이 안 들어서 저도 웰부트린을 처방받았어요. 한동안 그걸 먹었는데 그다음에는 프로작으로 바꿔 주더라고요. 매일 먹을 양을 기억해서 챙기면 상태가 그렇게 나빠지지 않아요. 그런데 상태가 악화되면 스트레스가 심해지고 다시 충동 구매를 하게 돼요. '아 몰라, 돈이나 쓸 거야' 같은 식인 거죠. 이렇게 저 자신을 망치는 거예요. 멀쩡한 상태로 해야 할 일을 하다가 갑자기 너무 화가 나고 아무것도 하기 싫어져요. 고지서들 생각하기도 싫고 돈 내는 것도 싫고……

많은 정보 제공자처럼 들로리스도 현재의 문제를 정신 장애라는 렌즈로 설명했다. 인터뷰 당시 그녀는 인터넷에서 찾은 새로운 치료법으로 우울증을 관리하려 하고 있었다. 다량의 카페인 섭취하기, 마리화나 피우기, 아동용 그림책에 색칠하면서 휴식 취하기가 그런 방법이었다.

몇 달 뒤 이런저런 인터뷰를 위해 매사추세츠로 돌아와

빵집에 다시 들렀을 때 들로리스는 그곳에 없었다. 빵집을 자주 다닌 덕분에 알게 된 들로리스의 동료 린지에게 그녀가 아직 빵집에 다니는지 물었다. 린지는 들로리스가 다시 우울증으로 고생했다고 알려 주었다. 편두통이 잦아졌고 몇 주 동안 거의 누워 지냈다고 한다. 결국 들로리스는 결근이 많다는 이유로 해고당했다(이는 건강보험 혜택도 받지 못하는 처지가 되었음을 뜻한다). 해고되기 몇 주 전에는 주방 뒤에서 맥주를 마시다 들켰고 계산대에서 돈을 슬쩍했다는 의심도 받았다. 린지는 들로리스가 다시 고용될 일은 없을 것이라고 말했다. 나는 혼란과 슬픔을 느끼며 빵집을 나섰다. 그리고 인터뷰를 위해 기꺼이 시간을 내 준 조용한 어조의 진중한 여성이었던 내 기억 속 들로리스와 린지가 묘사한 변덕스럽고 무책임한 들로리스를 조화시켜 보려고 노력했다.

1년쯤 지나 보스턴에서 우연히 린지와 마주쳤다. 린지는 울먹이며 "무슨 일이 있었는지 상상도 못 할 거예요"라고 말했다. 들로리스가 몇 주 전에 암으로 세상을 떠났다는 것이었다. 심한 두통과 극도의 피로, 행동이나 감정의 변화는 우울증 때문이 아니라 그녀가 사망한 뒤에야 발견된 악성 뇌종양 때문이었다. 뇌종양은 수술, 방사선 치료, 화학 요법 같은 치료법이 있다. 또 삶의 질을 높일 방법들도 있다. 그런데 들로리스는 치료적 렌즈로 세상을 보면서 자신의 모든 고통을 정신적 상처 탓으로 돌렸다. 건강보험 혜택이 끊겼을 때 들로리스는 집에서 치료를 계속했고 최후까지 스스로를 치유하고자 애썼다. 치료 서사의 렌즈로 세상을 바라보았지만 두통 문제를 의사와 상의할 생각은 하지 못했다. 병원비 때문만은 아니었을 것이다. 들로리스의 죽음은 비극이다. 물질적 자원의 부족만이 아니라 자아 관리를 고통에 대응하는 당연하고도 유일한 해법으로 만든 문화 논리가 초래한 비극이다.

신자유주의, 무드 경제, 권력

내 연구 속 노동 계급 청년 대다수에게 신자유주의 논리와 무드 경제 논리는 깊이 얽혀 있으며, 이는 자립만이 성공과 행복, 성장에 이르는 유일한 길이 되는 하나의 상호 구성적이고 자기 폐쇄적인 현실을 창출한다(Bourdieu 1984). 한편으로 (4장에서 설명했듯) 이들은 배신당한 경험 때문에 경제적 의존이나 외부의 도움은 생각조차 않는다. 다른 한편으로 치료 서사—그리고 이 서사의 신조인 개인주의, 자아 변형, 개인적 성장—는 이들이 성인이 되는 공간들 내부에 깊이 제도화되어 있으며, 자신의 감정적 운명에 책임이 있는 사람은 오직 자기 자신뿐이라는 담론을 제시한다(Nolan 1998을 보라). 응답자들은 고통스러웠던 과거가 동정의 대상이 되기를 바라지 않는다. 켈리는 이렇게 표현했다. "삶은 저한테 호의를 베푼 적이 없어요. 제게도 나름의 전문성이나 개성이 있지만, 그렇다고 해서 다른 사람이 그걸 알아주거나 제가 목표를 이룰 수 있도록 도와줘야 하는 건 아니죠." 역으로 청년들은 국가(재활 시설, 지지 그룹, 사회 복지사와 심리 치료사, 위탁 돌봄 기관), 언론(토크쇼, 인터넷 블로그, 자조 도서), 의료 영역(병원, 무료 약물 시험)과 상호작용하는 과정에서 부정적인 생각, 감정, 행동을 혼자 힘으로 통제할 정도가 되어야 행복에 이를 수 있음을 거듭 배우고 있다. 시장 경제가 노동을 착취하듯 무드 경제는 청년들에게 감정 노동을 강요하며, 결국 이는 한층 더 큰 고통을 초래한다.

경제 영역의 신자유주의와 개인 영역의 감정들이 서로를 강화하는 관계는 어떻게 불평등이 일상의 상호작용과 실천을 통해 재생산되느냐는, 달리 말해 어떻게 노동 계급 청년들이 "스스로에 의해" 노동 계급 성인으로 성장하느냐는 질문을 제기한다(Althusser 1970: 181).[14] 연구에 참여한 청년들은 가족, 교육, 종교 등의 제도가 삶에서 크게 중요하지 않다고 말한다. 반대로 이들은 성인이 되는 여정에서 자신이 혼자며 생존하기 위해 누구에게도—그리고 그 어떤 제도에도—의존해서는 안 됨을 깨달았다고 설명한다. 하지만 이들은 그 여정을 틀 짓는 대다수 제도가 치료 언어에 물들어 있음은 이해하지 못하고 있다. 예를 들어 청년들에게 학교는 자신의 이해 관계에 반하는 배신의 장소로 보일지도 모른다. 그런데 이들은 학교 심리학자나 사회 복지사에게서 감정을 관리할 책임이 자신에게 있다는 식의 치료 언어를 배운다. 비슷하게 청년들에게 국가는 힘들게 번 돈을 가로채거나 가족을 지켜 주지 못하는 비정하고 차가운 제도처럼 보일지도 모른다. 하지만 국가가 보조하는 알코올 및 약물 중독 치료 프로그램이나 지지 그룹은 자기를 책임질 사람은 오직 자신뿐임을 받아들이게 만듦으로써 개인의 역량 강화라는 언어를 지원한다(Nolan 1998). 제도들은 일상의 상호작용과 실천을 통해 경제 영역 외부에서 신자유주의 문화를 조성한다(Illouz 2007). 그리고 이 문화는 자아의 가장 내밀한 층위에서 사회 불평등과 착취를 재생산하는 핵심이 된다.

정치적인 것이 개인적이다

페미니즘 같은 사회 운동에서 자기 인식이나 자기 문제 명명하기는 급진적인 집단 인식의 첫걸음이다. 그런데 현재의 청년 세대에게는 이것이 유일한 걸음이며, 그 어떤 종류의 연대와도 전혀 연결되지 못하고 있다. 이들은 구조에 뿌리를 둔 비슷한 문제들로 고군분투하고 있지만 '우리'라는 감각은 가지고 있지 않다. 고통을 명명하는 방식을 통한 집단적 정치화는 더 넓은 지배 구조에 포섭되기 쉽다. 왜냐하면 분투하고 있는 타자들을 같은 고통을 감내하는 동료가 아니라 경멸의 대상으로 여기게 되기 때문이다.

페미니즘 운동이 정치적인 것을 개인적인 것으로 환원한 상황에 보인 벨 훅스의 통찰이 여기서 특히 적절하다. 훅스는 이렇게 말한다.

이 슬로건['개인적인 것이 정치적이다'—실바]은 그런 힘을 가지고 있었다. 나르시시즘적인 방식으로가 아니라 자아가 정치화의 장소라고 암묵적으로 명명함으로써 개인적인 것의 우위를 주장했기 때문이다. 그리고 이 사회에서 후자의 방식은 자아와 정체성이라는 관념에 매우 급진적인 도전을 제기했다.……[하지만—실바] 정치화된 자아에 대한 급진적 주장은 보다 넓은 문화 틀에 흡수되고 포섭되었으며, 정체성에 초점을 맞추는 방식은 이미 지배 구조들 안에서 정당화되었다.……대중적으로 중요하게 여겨지는 것은 우리가 자아 및 정체성과 맺는 관계를 급진적으로 변화시키는 것도, 비판적 의식을 교육하는 것도, 정치적으로 개입하며 헌신하는 것도 아니다. 자기의 정체성을 탐구하는 것, 이미 존재하는 것으로서의 자아의 우위를 긍정하고 단언하는 것이 중요하다고 간주된다. (hooks 1989: 106, 강조는 추가)

즉 '개인적인 것이 정치적이다'라는 문구는 경험이 심원하게 역사적이고 집단적인 본성을 지님을 드러내려는 것이지 끝없는 개인 서사를 만들어 내려는 것이 아니다. 구조적 불평등을 집단적으로 자각하지 못한다면 탈산업화, 불평등, 리스크가 초래한 고통과 배신을 개인의 실패로 해석하게 될 뿐이다. 그리하여 이들의 가족 성원은 무가치한 개인으로 간주되고 이들이 겪는 중독과 질환은 사적인 악행으로 치부된다. 궁극적으로는 불안정하고 불완전한 가족의 과거가 두드러지면서 불안정하고 불완전한 시장이 현재 행사하는 형성력을 가려 버리게 된다. 오늘날의 노동계급 청년 세대는 안전한 미래를 창출하려는 노력을 방해하는 사회적 힘에서 시선을 돌리고 있으며, 성공의 책임이 오직 자신에게 있다고 생각한다. 그 결과 이들은 자신의 성인기를 영구적인 수준 미달로 경험하지만, 그 탓은 전적으로 자신에게 있다고 생각하게 된다.

결론
리스크의 감춰진 상처들

마무리 장의 제목은 리처드 세넷과 조너선 코브의 1973년 책『계급의 감춰진 상처들』*The Hidden Injuries of Class*에서 영감을 얻었다. 40여 년 전에 출간되어 이제는 고전이 된 이 사회학적 폭로는 노동 계급의 눈으로 삶을 보여 주면서 계급 불평등의 비가시적이고 감정적인 부담들을 드러냈다. "열심히 노력했음에도 이룬 것이 없는 기분, 사회적 지위가 높은 타인들과 달리 취약한 위치에 있는 기분, 그런 기분을 느낀 자신을 원망하는 것이 무능하기 때문이라는 숨겨진 감각"(Sennett & Cobb 1973: 58). 세넷과 코브가 이 책을 집필하던 1970년대는 일자리, 임금, 노동권보다 시장을 더 강조하는 새로운 정치 시대가 개막한 시기다. 이에 따라 노동 계급의 집합적인 행위 능력은 "수많은 부상을 입고" 빈사 상태에 이르렀다(Cowie 2010: 236). 거대 기업들과 치른 전투에서 승리한 전후 노동 계급의 권력은 1970년대의 신자유주의적 전환으로 심히 약화되었고, 한때 이들의 집합적 운동에 불을 지폈던 투쟁성은 더 이상 퍼져 나가지 못하고 내부로 침잠해 들었다. 세넷과 코브는 "그리하여 오늘날 계급의 부담은 하나의 기이한 현상이 되었다"면서

"불만의 논리는 사람들이 '체계'가 아니라 서로를 공격하도록 이끈다"고 지적했다(1973: 172).

이들은 이렇게 설명한다.

나는 누군가를 존칭으로 부르고 그 사람은 나를 [성이 아니라] 이름으로 부를 때 우리 두 사람이 동등한 권력 기반에서 시작한다고 가정해 보자. 그렇다면 우리의 차이들, 그에게만 베풀어지고 내게는 부정되는 모든 예우와 배려의 상징, 나와 자신의 '취향'이나 이해 방식이 매우 다르다는 그의 느낌은 그가 나보다 내면적으로 성숙하다는 사실을 드러내는 것인가? [하지만] 이것을 불평등 아닌 다른 무언가라고 설명할 수 있을까? 제도들이 구조화되어 있기 때문에 그가 승자가 되고 나는 패자가 되는 것일 수도 있다. 그러나 이건 내 삶이다.……우리가 서로 다른 정거장에서 태어났다 해도, 그가 더 많은 것을 얻는다는 사실은 어쨌거나 그가 권력을 가지고 있음을, '자아를 실현하고' 우월함을 획득할 수 있는 특성을 가지고 있음을 뜻한다. (255~256)

권력이 노동에서 거대 기업으로 넘어감에 따라 산업 노동의 안전과 가치도 점점 더 약화되었다. 경제 영역에서 노동의 쇠퇴는 노동 계급의 의식 변화를 수반했고, 이 계급 성원들은 자신에게 동등한 기회를 요구할 권리가 없다고 믿게 되었다. 이들이 자신의 단점 때문에 실패했다고 비난받았기 때문이다.

결론부에서 세넷과 코브는 막 "성립하기 시작한"(259)

포스트산업 사회에 주목하면서 이 사회가 조만간 경제적 안전, 자존감, 의미에 미칠 영향을 추측했다. 약 반세기가 지난 뒤 수많은 학술 연구가 미국 산업의 소멸과 신자유주의 이데올로기·정책의 부상이 초래한 불안전 및 불확실의 정치경제를 검토했다. 우리가 이 책에서 청년 여성과 남성의 이야기를 통해 살펴보았듯 산업 사회의 표준화된 노동과 인생 경로는 사람들이 삶의 과정에서 길을 찾는 방법과 관련된 근본적인 불확실성으로 대체되었다(Beck 1992, 2000; Bourdieu 1998; Giddens 1992; Hacker 2006a; Sennett 1998). 노동 시장의 '유연성'을 특히 칭송하는 기술적으로 발전한 글로벌 자본주의는 종신 일자리를 소멸시켜 왔다(Beck 2000). 그 결과 한때 노동 계급의 삶을 고정시켰던 결혼, 종교, 가족이라는 제도가 모양이 맞지 않는 조각들이 되어 버렸고, 이제는 개개인이 혼자 의식적으로 그 조각들을 짜 맞추어야 한다. 어떤 면에서는 제도들의 파편화가 해방의 약속을 제시하기도 했다. 연애 관계의 운명을 더 강하게 통제할 수 있게 된 LGBTQ(레즈비언, 게이, 바이섹슈얼, 트랜스젠더, 퀴어) 공동체의 성원이나 여성에게는 특히 그랬다. 하지만 리스크가 점점 더 국가에서 떨어져 나와 개인에게 재분배되는 불안전한 사회 분위기에서 전통으로부터 자유로워진 개인들은 종종 과거의 연결들—그리고 제약들—을 갈망하곤 한다.

이처럼 급속하고도 전면적인 경제·문화 변형을 고려하면서 나는 시선을 리스크가 감춘 상처로 돌려 세넷과 코브의 연구를 이어 가고자 했다. 더는 계급이 중요하지 않다는 뜻이 아니다. '노동 계급'을 백인 남성 산업 노동으로 이해하는 전통적인 관점으로는 포스트산업적 삶이 직면한 분할과 불평등의 역학을 포착할 수 없다는 사실을 강조하려는 것이다. 나는 노동 계급이 된다는 것이 뜻하는 바를 리스크—그것이 사람들 삶의 기회를 구조화하며, 자신이 누구고 자신이 살아가는 세계가 어떤 곳인지에 대한 감각을 형성하므로—가 재구축하는 방식에 주목했다. 분명 내 연구에 등장하는 노동 계급 남성—그리고 여성—을 통합하는 것은 공유된 작업장 문화, 저질의 반복되는 노동에서 느끼는 수모, 남성적인 삶의 영역과 여성적인 영역을 선명하게 관리하는 분할이 아니다(Rubin 1976; Willis 1977). 산업 노동 계급의 자녀들을 1차적으로 특징짓는 것은 산업 노동 계급의 삶을 이루었던 근본 측면들이 소멸하는 상황과 타협하고자 하는 이들의 고투다.

노동 계급 남성과 여성 모두 일자리의 안정성, 규칙성, 영속성을 거의 약속하지 않는 유연하고 무자비한 노동 시장의 손아귀에 붙들려 있다. 생존하려면 집합적인 구조적 문제를 개인적으로 해결해야만 하는 시대에 이들은 실업이나 질병, 가족 해체 같은 경제적·사회적인 충격에 맞서 자신을 보호할 자원—지식이든 기술이든 자격증이든 돈이든—이 부족한 현실을 공통적으로 경험하고 있다. 전통적인 정체성·성인기 지표들이 달성 불가능하며 심지어 바람직하지도 않게 되었기 때문에 청년들은 개인의 노력으로 성인 자아를 창출해야 한다고 배운다. 그런데 문화·사회·경제 자본이 부족한 탓에 이들은 이처럼 대단히 위험한 과제에 착수할 도구를 거의 보유하지 못하고 있다. 이렇게 불안전과 리스크는 노동 계급의 어깨를 짓누르는 일상적 부담이 되어 이를 감내하는 이들에게 여러 방식으로 상처를 입힌다.

상처의 원천들

내 연구에 참여한 남녀가 감당해야 하는 위험의 구조적 원천들은 쉽게 집어낼 수 있다. 여기서 구조적이라는 말은 실업이든 상처든 노화든 질병이든 간에 현대 자본주의의 리스크들이 사회 정책 층위에서 관리되고 있음을 뜻한다 (Beck 2000; Hacker 2006a; Taylor-Gooby 2004). 이 청년 남녀들에게 리스크란 근본적으로 사적인 것이다. 이들 대다수가 실업과 불완전 고용의 리스크를 지고 있다. 안정된 생활 임금 일자리를 구하지 못하고 있으며 노동 시장에서 자신을 더 매력적으로 만드는 데 필요한 단계들—고등 교육을 통해 새로운 기술을 습득하는 것이든 일자리가 많은 도시로 이사하는 것이든—을 밟을 형편도 못 된다. 공장이 줄줄이 문을 닫고 기업은 단기 이윤 확대 전략으로 해고를 활용하는 상황에서 노동 계급 남녀는 자신이 "안정된 삶을 가질 수 없다"고 생각하며, 이런저런 임시직을 전전하고 있고 빚을 갚을 방법이 없음을 알면서도 신용카드를 안전망으로 이용한다고 묘사한다. 특히 흑인 남성에게 서비스 경제의 인종주의는 실업의 리스크를 배가시킨다.

또 일터가 만족스러울 정도의 보험 혜택을 제공하지 않기 때문에 이들 남녀는 혼자 힘으로 질병이나 장애의 리스크를 감당해야 한다. 예를 들어 리베카는 신용카드로 수술비를 지불하느라 대학에 가서 교사가 되겠다는 계획을 미룰 수밖에 없었다. 들로리스는 악성 뇌종양을 진단받을 수 있었지만 (그리고 완치될 가능성도 있었지만) 자신의 질환이 우울증이라 믿고는 계속 무료 임상 시험이나 가정 치료 요법을 찾아다녔다. 들로리스의 때 이른 사망은 사유화된 리스크의 위험을 비극적으로 드러내 주는 사례다.

일부 청년은 잔인한 노동 시장으로부터 스스로를 지키고자 군대로 향했다. 돈도 절약하고 이후 공무원 분야로 진출하거나 번 돈으로 학교를 다니기 위해서였다. 소수의 남성은 가족을 두고 해외로 파병되어 삶을 리스크에 빠뜨렸고, 그렇게 자신의 남성성을 자본화한 덕분에 더 나은 삶을 약속하는 안정된 공무원 일자리를 얻을 수 있었다. 다른 이들은 수입과 일자리 보장의 가능성을 높이고자 대학에 등록했다. 소수의 응답자—구체적으로는 가족 성원이 대학을 졸업해 지식과 경험을 전수해 준 경우—만이 사회·문화 자본을 이용해 대학을 졸업했고, 그중 간호나 정부 행정 분야에서 일한 이들은 계층 상승까지 이루었다. 그러나 대부분은 학위를 따는 데 필요한 돈도 기술도 없었으며, 막대한 대출금 때문에 자신이 실패자임을 거듭 떠올려야 했다. 겨우 졸업에 성공한 사람들조차도 학위를 이용해 일자리를 구하거나 급여 인상을 시도할 때마다 혼란을 느꼈다. 이 책 첫 부분에 등장한 브랜든의 사례가 말해 주듯 교육은 단순히 "불량품"의 체계가 되어 이들을 가로막는다. "저 종이쪼가리[그의 학위—실바] 하나 얻자고 돈을 그렇게 많이 썼는데 아무 쓸모가 없어요. 물론 학교가 성공을 보장해 주지는 못하죠. 그래도 이건 너무해요. 학교는 학생에게 보탬이 되어야 하잖아요. 아이 하나 키울 돈을 나라에 바쳤는데 건진 게 하나도 없어요!"

불확실한 세계의 자아

또 노동 계급 남녀는 한층 '감춰져' 있지만 마찬가지로 치명적인 리스크의 상처들로도 고통받고 있다. 즉 리스크는 불확실로 가득한 성장 과정의 주관적 경험까지, 즉 이들이 시간과 미래를 파악하고 타인에 대한 헌신과 의무를 이해하는 방식까지 아우른다(Bourdieu 1998; Giddens 1991; Putnam 2000). 다수의 청년이 경제적 안정과 헌신이 자기 가족을 피해 가는 것을 지켜보며 성장했고, 또 불확실한 노동 시장에서 제대로 경쟁할 도구가 없어 현재를 움켜쥐지 못하고 있다. 이들은 약간의 희망을 약속하는 미래조차 상상할 수도 없고 이를 위해 행동할 여력도 없다. 일부는 삶에서 아무것도 기대하지 않는 태도를 방어 전략으로 활용한다. 서른네 살 바텐더 코리의 말을 빌리면 목표가 없으면 두려워하지 않아도 되는 것이다. 이들이 알코올이나 약물에 빠지는 것도, 커뮤니티 칼리지를 중퇴하는 것도, 의도치 않게 임신하는 것도 그리 놀라운 일이 아니다. 롭이나 제일런 같은 다른 이들은 얼마 안 되는 계층 상승 기회를 날려 버렸다. 미래에 투자한들 결실을 맺지 못하리라 생각했기 때문이다. 다른 한편 때로는 목표를 세우는 것이 역효과를 낳기도 한다. 성공하고자 리스크를 감수했지만 상황이 한층 악화될 수도 있기 때문이다. 알렉산드라는 넓은 사무실 벽에 졸업장을 걸어 놓은 심리학자가 되겠다는 원대한 꿈을 품었다. 그러나 부동산 시장의 약탈적인 대출 때문에 계층 상승을 향한 꿈은 압류와 집단 소송, 신용 불량이라는 악몽으로 바뀌어 버렸고, 법학 대학원에 진학하겠다는 계획은 지연되고 말았다.

제이컵 해커가 지적하듯 개인이 리스크를 감수하는 사회에서는 그 결과 사람들이 깊은 불안정감을 느끼고 미래에 절망하며 자신 및 더 넓은 공동체에 투자하기를 꺼리게 된다. "노동자와 가족이 심각한 리스크에 처할 수 있는 운명적인 경제적 선택—예를 들어 교육을 더 받을지, 새로운 일자리를 얻기 위해 재훈련을 받을지—에 직면할 때 이들은 사회가 요구하는 수준의 리스크를 감수하기 꺼릴지도 모른다. 그리하여 더 많은 사람이 안전한 선택지를 고려하게 된다"(Hacker 2006b: 11). 청년들은 자신이 확보한 아주 약간의 것조차 잃을까 봐 두려워한다. 막대한 리스크를 짊어지고 있는 이들은 자신이 리스크를 감수할 수 없음을 깨닫는다. 그리고 미래의 경로를 바꾸기가 불가능해 보일 때마다 자기 자신을 탓한다. 이렇게 노동 계급 청년은 삶의 궤도를 자기 힘으로 통제할 수 있다는 기본적인 신뢰감을 결여한 채로 성인이 된다. 청년들이 점점 더 "안전한 선택지"만을 고려하게 되어 자기 투자를 위한 어떤 리스크도 감수할 수 없거나 감수하지 않으려 한다면 미국이라는 공동체의 사회적 건전함과 활력은 한층 더 약화될 것이다.

또 노동 계급 청년들은 스스로를 타인들과 완전히 단절된 존재로 이해한다. 이들 다수는 가족이 포스트산업 사회의 가혹함으로부터 자신을 지켜 주지 못한다는 사실을 어린 시절부터 배운다. 부모도 자신의 악마와 싸우느라 경제적으로 지원하거나 지식을 전해 주거나 위로해 줄 여력이 없다. 불안정하고 혼란스런 가정에서 자라 일찍부터 외로움과 배신을 경험한 청년들은 성인기로의 이행을 틀 짓는 제도들을 접하면서 그 경험을 되풀이한다. 청년들은 교육이라는 장이 성공을 위한 도구를 손에 쥐여 주리라 믿지만, 결국에는 앞으로 나아가는 데 거의 도움이 되지 않는다는 것을 알게 된다. 교사들은 학생을 제대로 이해하지 못하거나 소홀히 대하며, 학생들은 교육받을 준비가 제대로 되어 있지 않은 데다가 자신이 받은 교육을 경제적 보상으로 전환하는 법도 모르기 때문이다. 여러 응답자가 자신이 부적합하거나 속아 넘어갔다고 느끼며 학교를 떠났다. 스스로를 위한 삶을 건설하려고 노력할 때마다 이들은 제도의 문화 논리가 자신을 피해 간다는 사실을 경험한다. 예를 들어 크리스토퍼는 매일매일 끊임없이 "속아 넘어가고 있는 것" 같다고 말했다. 청년들은 다른 사람이나 사회 제도에 의지하는 것이 어리석고 위험한 짓이라는 사실을 고통스럽게 깨닫는다. 성인이 된다는 것은 자기 자신 말고는 누구도 믿지 않음을 뜻한다.

고립되었음을 알아차리면 연결되고 싶은 갈망이 점화된다. 남성과 여성 모두 개인의 욕망을 초월하는 지속적인 헌신을 강하게 동경하며, 파트너와의 관계를 통해 혼란스러운 삶에서 벗어나 정착하기를 바란다. 흰 울타리 집과 영원한 사랑으로 이루어진 신화적 과거에 대한 향수는 불안정한 현재와 불확실한 미래에서 일시적으로 도피할 기회를 제공하지만 응답자들은 이 환상을 현실에서 구현하지 못한 채 계속 찾기만 한다. 응답자들은 낭만적 관계라는 장에서 여러 장벽에 부딪힌다. 뚜렷한 젠더 역할과 의무에 기반한 전통적 결혼 관계를 좇는 커플들은 자신의 욕망이 경제 구조와 상충한다는 사실을 알게 된다. 자기 아버지처럼 남편과 아버지 역할에 충실하고 싶어 하는 커티스는 가족 임금은 고사하고 일자리조차 구하지 못하고 있다. 그리고 커티스의 경우처럼 흑인 응답자들은 안정적인 남성 일자리의 부족 때문에 백인보다 가정을 꾸리기가 더 어렵다. 다른 한편으로 각자의 자아 가장 깊은 곳까지 성장시킬 수 있는 관계를 만들어 가고자 하는 커플은 자아실현이 자원을 요구하지만 자신에게는 그 자원이 없음을 깨달으며, 자기의 이해 관계와 욕망을 희생할 만큼 상대방에 대한 헌신이 가치 있는지를 판단해야 한다. 또 여성들은 자기 주도성을 잃을지 모른다는 두려움도 느낀다. 연애 관계가 초래할 리스크를 감당하기에는 자신의 자아감이 너무 약하다고 생각하는 것이다. 많은 청년이 실망, 배신, 이별을 두려워하기 때문에 혼자 살아가기를 택하곤 한다.

의지할 데라곤 자기 자아—고난과 고통을 겪고 힘겹게 획득한—밖에 없는 세계에서 관계는 리스크 가득한 것이 된다. 사랑에 대한 두 가지 불가능한 이상 사이에 붙들린 많은 사람이 만족스러우면서도 지속적인 낭만적 관계는 불가능하다는 것을 깨닫는다. 그래서 응답자들은 자립, 개인주의, 개인의 책임이라는 문화적 이상을 받아들임으로써 배신의 아픔과 연결을 향한 갈망을 완화시킨다. 그렇게 하면서 이들은 유순한 신자유주의 주체가 되어 모든 종류의 정부 개입, 특히 차별 시정 조치를 거부한다. 이런 개입이 자기 삶의 경험과 대립하며 자신을 공격한다고 여기는 것이다. 4장에서 살펴보았듯 가족과 잠재적 연대 공동체가 허물어진 상황에서 이들은 자신을 둘러싼 세계에 '경직된' 태도를 보인다. 남성들은 얼마 안 남은 공공 부문 일자리를 지키고자 경계심을 늦추지 않으며, 성 차별과 동성애 혐오라는 무기를 휘둘러 자기 일자리의 경계를 관리하려 한다. 백인은 흑인이 게으르고 무질서하다며 도덕적 경계선을 긋는다. 흑인 정보 제공자는 인종주의 사회의 리스크를 혼자 힘으로 헤쳐 나가지 못하는 다른 흑인을 상대로 더 날카롭게 경계선을 긋는다. 사이먼을 떠올려 보자. "헐렁한 청바지나 입고 밥맛 떨어지게 말하고 다니면 어떻게 성공할 수 있겠어요. 인종주의가 아니라 그런 사람이 문제인 거예요. 그게 인종주의라고 말하는 흑인은 질색이에요." 궁극적으로 노동 계급 청년 남녀는 만일 자신이 혼자서 삶과 전투를 치러야 한다면 다른 모든 사람도 그래야 한다고 믿는다. 아이들은 희망과 헌신의 최후 보루며, 젊은 부모들은 돌봄에서 의미와 구조를 발견하고자 한다. 하지만 종종 불평등이라는 강력한 힘이 아이들에게 안정적인 가정과 기회를 마련해 주려는 이들의 노력을 가로막는다(Silva & Pugh 2010). 이들이 최선의 의도로 노력하더라도 아이들은 성공하는 데 필요한 도구를 주지 않았다며 제 부모를 원망할지도 모른다.

리스크라는 무드

끝으로 자아 층위에서 관리되는 리스크의 효과를 짚어 보자(Furedi 2004; Giddens 1992). 이 청년들은 전통적인 성인기의 의미와 의례에 사로잡혀 있다. 이 모델이 달성 가능하지도, 적합하지도, 단순히 바람직하지도 않은데 말이다. 안정된 공공 부문에서 일하는 소수의 남성만이 전통적인 성인 역할을 수행하면서 자신이 성인이라고 느낀다. 반면 대다수 응답자는 "중간에 길을 잃었다"고 생각한다(Brinton 2010). 몇몇 흑인 여성은 성인기로의 이행이 지연된 것을 정당화하면서 종교를 유용한 자원으로 활용했다. 하지만 제도화된 통과 의례가 부재하기 때문에 대다수 청년은 자신의 진보를 표시할 수 있는 개인적인 이정표들을 찾아 나섰다.

삶을 돌아보면서 청년들은 자신이 겪고 이겨 낸 고통, 아픔, 배신을 토대로 자기가 누구며 삶에서 무엇을 원하는지를 파악했다. 특히 감정적인 해결책을 통해 고통의 유산들을 극복하려는 욕구가 이들의 삶에 질서와 방향을 부여했다. 내 주장은 노동 계급 청년 남녀가 무드 경제에서, 존엄을 결혼이나 노동 같은 전통적인 성취보다는 감정적인 자아 관리와 결부시키는 새로운 자아 체계에서 살아간다는 것이다. 무드 경제는 어쩔 수 없이 해야 하는 일을 기꺼운 마음으로 하라고 명령하며, 그럼으로써 전통적인 생애 경로가 쇠퇴하면서 초래된 의미의 공백에 의미, 진보, 일관성을 채워 넣을 가능성을 제공한다. 치료 서사를 통해 청년들은 고통을 극복해 자아 변형을 이루었다는 전진형 서사로 자신의 성인 자아에 대한 "플롯을 짠다"emplot(Illouz 2008). 모니카처럼 알코올 중독을 극복하거나 저스틴처럼 커밍 아웃해 자신의 섹슈얼리티를 주장하거나 애슐리와 캐슬린처럼 어머니와 비슷한 사람이 되지 않기 위해 매일 고군분투하는 식으로 말이다.

문화사회학자들은 노동 계급이 치료 언어를 구사할 수 없다고 설명해 왔지만(Giddens 1991; Illouz 2008) 나는 포스트산업 노동 계급 사이에서 새로운 감정적 하비투스—계급화되어 있는 동시에 세대적인—가 나타나는 중임을 지적하고 싶다. 치료 담론은 노동 계급의 삶을 형성하는 제도들에 깊이 배어들어 있으며, 이런 제도로는 사회 복지 서비스, 학교 심리학자, 자조 도서,「오프라 쇼」같은 대중문화, 무료 약물 시험, 인터넷상의 동호회나 자조 조임 사이트, 알코올과 약물 중독자 모임 등이 있다. 실제로 인터뷰에서도 이런 제도들이 한층 전통 지향적인 제도(소방관 같은 남성화된 일자리나 종교 등의)보다 더 두드러지게 언급되었다. 이 제도들은 노동 계급이 성인이 되는 궤도를 눈에 띄지 않는 방식으로 구조화하며, 사적 영역에서 각자의 감정적 웰빙을 혼자 힘으로 책임져야 한다고 청년들에게 가르침으로써 경제 영역의 신자유주의가 조성한 자립 문화를 강화한다. 행복은 구조적 상황이 아니라 개인 의지의 부산물로 이해되며, 점점 더 늘어나고 있는 청년 세대 노동 계급은 순수하게 감정적인 해결책을 통해 자아 변화와 만족을 이루지 못한 사람들을 상대로 신속하고도 가혹하게 경계선을 긋는다.

그러나 감정적인 해결책만으로는 부족하다. 많은 이가 건강한 자아다움에 대한 저만의 비전을 기획할 도구나 자원을 가지고 있지 않다. 가족이 고통의 원천이라 생각하는 청년들은 세대를 뛰어넘어 자신에게 상처 입힌 사람들과 분노와 배신감을 소통하지 못한다. 거부와 고통의 경험은 계속 승인되지 않은 채로 남아 있다. 아이작의 가슴 아픈 고백을 떠올려 보라. "상황이 어떤지, 아니면 제가 무슨 생각을 하고 있는지 부모님에게 말하려고 할 때마다 벽에다 이야기하는 기분이에요. 지금처럼 고민이 생길 때면 더욱 잊고 싶은 기억이 머릿속에 떠올라요. 부모님한테 말하려고 오랫동안 마음속에 담아 둔 것들이 있는데 너무 오래 눌러 담아 놓고 있었나 봐요." 정신 질환 범주들을 통해 자신의 정체성을 이해하는 응답자들은 치료비를 감당할 여력이 없다. 그리고 중독을 물리친 이들은 실업, 빈곤, 절망 같은 구조적인 문제를 해결하지 못할 때 다시 약물과 알코올의 유혹을 느낀다. 성인기의 삶을 수행하는 데 필요한―타인과의 상호작용을 통해 감정들을 통제하고 자아를 변형했음을 보여 주는 데 필요한―물질적이거나 상징적인 자원을 보유하고 있지 못하기 때문에 이들은 무드 경제라는 덫에 걸려 이 경제가 제시하는 가치 있는 개인다움의 상像을 실현하지 못한다. 이것이 가장 깊은 상처다.

리스크의 교차로에 서서

서른 살 백인 남성으로 남부에 살고 있는 윌리의 삶은 여러 면에서 다른 응답자들의 삶과 매우 비슷하다. 윌리의 부모는 지금은 문을 닫은 제지 공장에서 만났다. 아버지는 전기 기술자고 어머니는 서비스 부문에서 시장의 요구에 맞춰 이런저런 일을 해 왔다. 두 사람은 "여러 신용카드를 사용해" 중간 계급 지위를 "가까스로 유지"하고 있다. 윌리는 가족 관계가 혼란스럽다고 묘사한다. 한때 백인만 살던 동네에 여러 인종이 들어오면서 여동생은 점점 편협

해졌다. 아버지는 일자리가 불안정해지자 한층 보수적이고 종교적으로 변했고, 아메리칸 드림을 이루기 위한 최후 수단으로 "암웨이 같은 다단계 사업"에 뛰어들었다. 부모는 싸우기 시작했고—"엄마가 오늘 아침에 아빠한테 이렇게 묻더라고요. 다시 결혼할 수 있다면 그때도 엄마랑 할 거냐고요. 아빠는 아니래요"—월리는 부모가 내내 불행했다는 증거를 기억 속에서 강박적으로 찾아내려 한다. 결혼에 환멸을 느낀 월리는 헌신하는 관계를 피한다. "딱 맞는" 사람을 만나 관계를 유지할 수 있다는 확신이 없기 때문이다. 그는 자기가 다른 사람을 돌볼 수 있으리라고는 상상조차 하지 못한다.

현재 월리는 "남의 집 소파" 신세를 지고 있다. 첫 달과 마지막 달 월세와 보증금을 낼 여유가 없어서다. 다른 여러 응답자와 비슷하게 그도 "앞으로 제 미래가 어떻게 될지 전혀 모르겠어요"라고 말한다. 지난 4년간 월리는 빵집, 정육점, 소형 슈퍼마켓에서 일했고, 최근에는 이 슈퍼마켓 냉동 식품 코너를 맡았다. 얼마 전부터 근무 시간이 주 34시간으로 줄었지만 시간당 11달러 75센트를 버는 자신이 행운아라고 생각한다. 대부분의 노동자가 시간당 9달러밖에 못 벌기 때문이다. 많은 응답자처럼 노동 시장에서 지위를 높이고자 커뮤니티 칼리지에서 강좌 몇 개를 들었지만 곧 그만두었다. 그 이유는 이렇다. "이걸 배워서 뭘 하고 싶은 건지 모르겠더라고요." 지금 그는 어떻게든 생계를 유지하면서 지난 몇 년간 쌓인 신용카드 빚을 갚는 데 주력하고 있다.

그런데 매우 중요한 측면에서 월리는 이 책에 등장한 다른 노동 계급 청년과 크게 다르다. 자신을 "혁명가"라고 묘사하기 때문이다. 10대 때 그는 예술과 음악을 좋아해 버지니아주 리치먼드에서 활동하던 여러 실험 음악 집단에 가입했다. 그러면서 아방가르드 음악 장르인 '노이즈'의 정치적 측면에 영감을 받았다. "본질적으로 자유 형식이에요. 내내 예쁜 소리를 내지는 않아요. 예쁜 소리가 뭘까요? 일부 노이즈 예술가의 음악이 모든 사람에게 예쁘게 들리지는 않을지도 모르죠. 안티팝에 가까우니까요. 또 제가 보기에 노이즈는 노동 계급의 음악이에요. 누구나 만들 수 있거든요. 비싼 악기도 필요 없고요." 음악 공동체에 참여한 이후 독학으로 행동주의를 공부했고—"더딘 독자"로 쉽게 산만해지는 편이지만 요즘 그는 『노동과 좌파에 대한 전쟁』*The War on Labor and the Left*을 읽고 있다—자신의 정치학을 행동으로 번역하고자 노력 중이다. 윌리는 이렇게 설명한다. "경제 체계를 크게 개혁할 필요가 있다고 생각해요. 미국을 정치적으로 어떻게 관리할 거냐는 문제죠. 내일 당장 혁명이 일어나지는 않겠지만, 그런 일이 벌어진다면 우리가 그 혜택을 받겠죠. 빼앗긴 것을 되찾는 재교육이 이루어지고 사람들을 고무하게 될 거예요." 그의 정치 기획으로는 버지니아주의 노동법을 강화하는 것, 동료들과 슈퍼마켓에서 노동조합을 설립하는 것, 지역의 젠트리피케이션에 항의하는 것, 노동절 시위 참여를 조직하는 것, 전 국민 건강보험을 위해 싸우는 것 등이 있다.

자기 일자리가 건강보험 혜택을 받을 수 있는 곳인지 아닌지를 사람들이 걱정할 필요가 없게 되면 정신적으로 정말 좋을 것 같아요. 또 사람들이 일자리가 있고 해고될 걱정을 하지 않아도 되면 부정의에 맞서 더욱 목소리를 높이겠죠. '그래, 다른 일자리를 구하면 되지'라거나 '해고될 수도 있고 일자리를 찾을 수 없을 수도 있어, 하지만……' 같은 식으로요. 전 국민 건강보험은 분명히 노동자들을 엄청 강하게 만들어 줄 거예요. 저도 일을 그만두면 건강보험이 필요할 때 어쩌나 걱정하거든요…… 일을 그만두면 다른 일자리를 구해 어딘가에 정착해야겠죠.

또 월리는 성 차별과 인종주의를 구조적 문제로 이해하며, 일터에서 여성 동료가 남성보다 적은 임금을 받거나 시위와 행진 과정에서 흑인 남성이 과도하게 경찰의 표적이 된 목격담도 들려주었다. 그는 이렇게 덧붙였다. "어린 시절에 제가 살던 동네는 거의 백인만 있었어요. 할아버지 할머니와 같이 살았는데 자기들끼리 모여 사는 히스패닉 사람들이나 동네로 이사 온 흑인들을 비하하곤 했죠. 많이 슬펐어요. 처음에는 별 반응 안 했지만 나중에는 뭐라고 했죠. 모든 게 얼마나 나쁜지를 점점 배우게 됐어요." 동네로 이사 오는 아프리카계 미국인에게 위협을 느끼는 다른 응답자들과 달리 월리는 사회 정의 추구라는 차원에서 자신과 다른 인종 집단이 연결되어 있다고 느낀다.

정치 활동가가 되면 부담도 늘고 좌절도 커진다. 자신이 운영에 힘을 보탠 한 조직을 언급하면서 월리는 이렇게 설명했다. "처음에는 집단적이었는데 분위기가 많이 흐트러지면서 저랑 다른 사람 둘이서 모든 일을 떠맡게 됐어요. 2006년에는 상황이 많이 안 좋았어요. 잘 모르겠어요.

제가 잘못했는지도 모르죠. 저 혼자 모든 걸 처리해야 해서 화가 나 있었거든요. 사람들이 하나둘 빠져나가는 모습을 보면서 한 개인이 모든 걸 감당하는 곳은 더 이상 집단이라고 보기 어렵다는 생각을 했어요……" 사람들에게 참여를 독려하기가 쉽지 않았을 뿐 아니라 정치 단체를 유지하는 데 필요한 시간과 재정 자원도 없었다. 그래도 윌리는 포기하지 않았다. 그는 이렇게 말했다. "제가 증오하는 모든 것에서 한 걸음 뒤로 물러나 인내심을 가지고 생각해봤어요. 그러면서 화를 내거나 완전히 포기하는 건 선택지가 아니라는 걸 깨달았죠. 힘을 내서 지역 모임 같은 데 더 참여하고 있고, 어떤 집단과 같이하고 싶은지 알아보는 중이에요. 저는 모르던 것들을 배우고 있고 단체에 참여하고 있어요. 늘 이런 식으로 상황에 대해 배우는 편이에요. 어딘가에 참여해서 사람들에게 저를 한번 믿어 보라고 말하는 거죠. 그러면서 진짜 신뢰받을 만한 사람이 되고요." 실망과 실패를 겪었음에도 윌리는 동등한 기회, 리스크 풀링, 시장으로부터의 사회적 보호 같은 정치적 목표에 여전히 헌신하고 있다. 실제로 '우리'라는 감각을 보유하고 있는 것이다.

리스크가 인간 경험의 상수일 수는 있겠지만 그 리스크를 꼭 개인이 홀로 짊어져야 하는 것은 아니다. 제이컵 해커는 이렇게 말한다.

리스크는 사람들을 결집시켜 공유된 운명 공동체를 이루도록 이끌 수 있다. 그러나 리스크는 또 사람들을 분열시키기도 한다. 여러 사회는 리스크를 다양한 방식으로 다룬다. 그런데 모든 대응이 공적인 해결책이나 폭넓은 사전 보호책을 수반하지는 않는다. 개인의 불운은 경솔함과 무책임 탓으로 돌려지곤 한다. 인간의 통제를 넘어선 신비한 힘의 작용으로 여겨지기도 한다. 또 사적인 시장 제도나 공동체의 틀을 통해, 지방정부의 조치나 국민 국가의 막강한 권력을 통해, 혹은 이 모든 것의 일정한 결합을 통해 처리되기도 한다. 물론 리스크가 늘 '처리'되는 것은 아니다. 단순히 개인이나 가족이 가능한 한 혼자 힘으로 대응해야 하는 것으로 남겨지기도 한다. (Hacker 2006b: I)

지난 반세기 동안 사회적 보호책을 시장화하려는 막대한 노력이 기울여졌다. 신흥 금융 제도들에 대한 규제가 완화되었고(혹은 실패했고), 질병, 장애, 은퇴, 실업 같은 리스크가 개인 부담으로 떠넘겨졌으며, 공적 제도보다 사적 이윤이 우선시되었다(Calhoun 2010). 이런 노력의 귀결은 2008년 경제 위기로 구체화되었다. 대침체에 이어진 빈곤, 불평등, 실업은 사유화된 위험의 리스크를 지속적으로 상기시켜 주고 있다(Krugman 2009).

노동 계급 청년들이 성인이 된 이야기가 드러내 주듯 리스크 감수의 부담은 개인, 가족, 공동체를 분열시켰으며, 개인의 책임이 의미, 안전, 자유의 열쇠라는 깊고 완고한 믿음만을 남겨 놓았다. 신자유주의 이데올로기와 정책에 의해 규정되는 이 시대에 리스크를 집단적으로 해결하는 방식은 상식에 어긋난 것으로 여겨진다. 노동 계급 청년은 개인의 선택과 자기 통제를 정체성의 기반으로 이해하며, 미래를 헤쳐 나가는 데 필요한 도구가 없는 원인이 대규모 경제 불안정과 리스크 사유화가 아니라 자기 자신에게 있다고 생각한다.

그렇지만 월리의 고독한 희망은 리스크라는 밀물에 저항하는 미약한 힘이 남아 있음을 상징한다. 그가 그리는 미래의 핵심에는 동등한 기회, 사회적 연대, 리스크 풀링이라는 확고한 믿음이 자리하고 있다. 그는 또 개인의 고통보다는 집합적인 웰빙에 근거한 자기 가치와 개인성 개념의 가능성을 제시한다. 나아가 미국 전역에서 그리고 전 세계적으로 사유화와 규제 완화에 반대하는 희미한 움직임이 생겨나고 있음을 신문, 정치 논쟁, 정책 발의에서 발견할 수 있다.

한 예로 오바마 행정부는 신용카드 개혁을 단행해 리스크의 사유화를 역전시키고 시장으로부터 사회를 더 많이 보호하고자 시도하고 있다(2009년의 신용카드법CARD Act, The Credit Card Accountability Responsibility and Disclosure Act). 이는 청년 소비자가 막대한 빚을 지지 않도록 보호하며 이자율, 위약금, 수수료를 규제하는 것을 골자로 하고 있다. 또 2009년의 미국 경기 회복과 재투자법American Recovery and Reinvestment Act('경기 부양책')은 일자리 창출과 투자 및 소비 지출 진작을 목표로 삼는다. 나아가 학생들에게 과중한 대출금만 안기고 노동 시장에서의 전망은 주지 못하는 영리 목적의 사립 대학에 대한 지원금도 삭감되었다. 논쟁의 여지가 있지만 기념비적인 법령으로 의회를 통과해 2010년 3월 제정된 적정 부담 의료법Affordable Care Act 은 건강 문제에 관한 한 모든 사람이 기초적인 안전을—그리고 시장으로부터의 보호를—보장받을 수 있어야 한다는 믿음에 기반하고 있다. "수십 년간 제정된 사회 입법 중 가장 포괄적"(『뉴욕 타임스』 2010년 3월 23일)이라고 평가받은 이 법은 민영 건강보험 산업으로부터 미국인을 보호하고(Cohen 2007을 보라) 미가입자들에게 형편에 맞는 건강보험 혜택을 누릴 기회를 제공할 것이라고 약속한다.

또 경제 위기 이후 수년간 전 세계의 수많은 평범한 사람이 소득 불평등, 규제 완화, 공공 지출 삭감, 글로벌 금융에 맞선 연대를 보여 주었다. 2010년에는 영국 학생들이 공립 대학의 등록금 인상안에 저항하고자 거리로 나와 시위를 벌이며 정부와 대학 건물을 점거했다. 2011년에는 단체 교섭권을 심각하게 제한하고 연금이나 건강보험 같은 혜택을 큰 폭으로 감소시키게 될 위스콘신 예산 수정안 Wisconsin Budget Repair Bill에 반대하며 수만 명이 시위를 벌였다. 이런 움직임에 뒤이어 몇 달 후에는 에스파냐에서 인디그나도스Indignados[분노한 사람들] 시위대가 정치 부패와 은행 산업에 항의했고, 그리스에서는 긴축 조치에 저항하는 투쟁이 지금까지 이어지고 있다. 2011년 여름 뉴욕에서 시작된 월가 점거 운동은 전 지구로 퍼져 나가 경제 불평등, 탐욕, 부패, 기업이 정부에 미치는 영향 등에 대한 인식을 고양시켰다. 점거 운동의 슬로건인 '우리가 99%다'는 집합적인 '우리'의 전망을 간명한 말로 표현한 것이다.

그러나 리스크를 사회화하려는 움직임들은 극단적인 적대감과 논쟁을 불러일으켰다. 단적인 예로 '티파티 운동'을 들 수 있다. 이 운동은 낮은 세금, "재정 책임성", "헌법에 의해 제한되는 정부", 공공 건강보험 폐지를 요구한다 ("Contract from America" 2010). 대침체로 실업과 빈곤이 전례 없는 수준을 기록하자 정치인들은 세금을 낮추고 규제를 더 완화하며 노동조합을 약화시키고 공공 지출을 엄격하게 삭감해야 한다고 요구하고 있다. 항의자들은 경멸과 조롱에 시달렸고, 폭력부터 아나키와 약물 사용에 이르기까지 모든 것이 비난의 대상이 되었다.[1]

이렇게 리스크는 열띤 정치 논쟁의 새로운 중심이 되었다. "새로운 중심은 불안정한 중심이 되고 있다"(Beck 2000: 70). 관건은 자기 가치, 자유, 안전하고 의미 있는 삶의 가능성을 문화적으로 정의하는 것이다. 이 책을 쓰면서 나는 사유화, 개인주의, 개인의 책임이라는 깊이 뿌리내린 문화적 관념들의 실행 가능성에 의문을 제기하고자 했다. 내 연구에 등장한 노동 계급 남녀가 경제적·사회적 불확실과 불안전이라는 덫에 걸려 있는 것은 확실하다. 배신을 겪고 홀로 남겨진 고독한 이들은 미래를 마주 볼 수도, 의미 있는 관계를 형성할 수도, 감정적 웰빙과 자기 존중의 감각에 다다를 수도 없다.

하지만 이들이 성인이 된 이야기는 여전히 전개 중이며 이들의 미래는 아직 다 쓰이지 않았다. 성인이 되는 과정에 대한 다른 이야기—희망, 존엄, 연결을 약속하는—를 말할 수 있으려면 이들은 생활 임금, 기초적인 사회적 보호, 미래와 대면하는 데 필요한 기술과 지식을 보장받은 상태로 성인기를 향한 여정을 시작할 수 있어야 한다. 계급 연대—백인 남성 노동 계급 중심의 낡은 모델을 답습하는 것이 아니라 유연한 정체성과 복수의 목소리를 허용하는 연대—를 위해 인종 분리를 극복해야 한다. 친밀함을 찾는 과정과 관련해서는 신뢰와 확신을 위한 지속적인 헌신이나 자기 충족 때문에 평등주의적인 젠더 이상을 희생하도록 강제하지 않는 문화 모델이 필요하다. 끝으로 노동 계급 청년 남녀는 존엄과 진보의 새로운 정의를 필요로 한다. 이를 통해 청년들은 성인이 된 이야기를 감정 관리로 환원하지 않고 불안전 및 상실과 맞서 싸우게 될 것이다. 우리의 모든 공동체가 건강하고 활력을 유지하려면 경직된 자아들이 아니라 연결과 상호 의존을 발전시키는 존엄의 관념들을 창출하고 육성해야 한다.

부록
연구 방법

나는 2008년 10월부터 2010년 2월까지 100명의 노동 계급 청년 남녀를 인터뷰했다. 매사추세츠주의 로웰과 버지니아주의 리치먼드가 1차적인 연구 현장이었지만 종종 정보 제공자를 만나기 위해 두 도시 바깥을 다녀오기도 했다. 로웰과 리치먼드에 집중한 이유는 이곳들이 점점 더 심해지는 경제 불안전, 즉 산업 쇠퇴, 공적 자금 삭감, 저임금 서비스 일자리 증가 등에 책임이 있는 경제적 힘을 구현하고 있기 때문이다.

미국에서 두 번째로 계획 산업 도시가 된 로웰은 19세기 내내 섬유 산업의 중심지였다. 로웰은 대공황 이후 공장 생산이 줄어들었음에도 피고용인의 제조업 집중 비율이 50%로 전국 평균보다 높았다(Gittell & Flynn 1995). 1970~1980년대에는 경제 호황을 누렸고 특히 제조업 부문 고용은 두 배 증가했다. 1989년에는 지역 노동 시장 노동자의 3분의 1이 제조업 분야에 종사했고 산업 장비 규모는 제조업 일자리의 1.5배에 달했다. 그러다가 1990년대 초부터 공장들이 문을 닫기 시작하면서 로웰의 경제도 급격히 위축되기 시작했다. 1989~1994년에 총고용은 약 9%, 제조업 고용은 28% 줄었다(Gittell & Flynn 1995: 3). 이와 동시에 은행과 부동산 위기로 인해 상업용 토지가 급락하고 신용이 붕괴되었다. 최근 들어 경제가 일부 회복되었지만 역사적으로 로웰을 유명하게 만들었던 제조업 일자리는 거의 사라졌다. 최근에 경제 성장을 이룬 영역은 교육, 보건, 레저, 접객업 같은 서비스 부문이다.

로웰과 비슷하게 리치먼드도 제조업과 선박 기반이 강한 도시였다. 남북 전쟁 때 남부의 산업 전력 공급을 맡았던 곳이기 때문이다. 하지만 20세기 말에 이르러 도심에서 막대한 자본이 철수하는 상황이 벌어졌고 그 결과 실업과 인종 구분이 심화되었다(Sargent 2010). 로웰은 (비록 불황이 정점에 달한 시기에 시에서 초과 근무 수당과 임금 인상분을 삭감하기는 했지만) 강한 노동조합을 갖춘 거대 규모의 공공 부문 노동력을 보유하고 있으며 단체 협상도 활발하고 복지 혜택도 풍부한 데 반해, 리치먼드는 '일할 권리법'*을 적용하는 버지니아주에 속해 있어 노동법이 취약하고 시장에 대한 보호책도 부실하다. 그러므로 내 연구에서 성인기에 이르는 전통적인 경로를 밟은 남성 다수가 로웰 출신이었다는 사실은 놀랍지 않다. 예를 하나 들면 로

---

* '일할 권리 법'right-to-work law은 주 단위로 시행되고 있는 일종의 반노조법이다. 노동조합이 있는 기업에 노동자가 취업할 때 자동으로 노조에 가입하거나 조합비를 납부하는 것을 금지하는 것을 골자로 하고 있다. 1935년의 와그너법Wagner Act을 기초로 1941년『댈러스 모닝 뉴스』가 처음으로 이 용어를 사용했고, 이후 연방법인 태프트-하틀리Taft-Hartley Act법이 이 법을 뒷받침하게 되었다. 현재 남부와 중서부 등을 포함한 스물일곱 곳의 주에서 여전히 적용되고 있다.

웰의 경찰관 초임 연봉이 약 6만 3,000달러인 반면 리치먼드에서는 3만 8,000달러에 불과하다.[1]

정보 제공자들의 연령대는 24~34세였으며 평균 연령은 27세였다. 성인이 되는 과정에 대한 연구는 대부분 고등학생 시절의 청년을 다루지만(MacLeod 1987; Walkerdine et al. 2001; Weis 1990) 나는 청년들이 고등학교라는 구조화된 배경을 떠나 노동 시장, 고등 교육, 낭만적 관계에 진입하고자 할 때 벌어지는 일에 특히 관심이 있었다. 또한 연령이 다소 높은 정보 제공자들과 만난 덕분에 전통적인 성인기 지표 달성이 지연되고 있는 청년들의 경험을 탐구할 수 있었다. 연구 대상들의 연령 차가 다소 크다고 느낄 수도 있지만, 높은 연령과 낮은 연령 사이에서 뚜렷한 차이를 발견하지는 못했다. 사례 중에는 서른넷이지만 지속적인 일자리나 파트너를 찾지 못한 사람도 있고, 스물넷이지만 안정된 일자리를 가지고 있으며 결혼해 아이까지 낳은 사람도 있다. 숫자상의 나이보다는 안정된 일자리에 대한 접근권이 성인기로의 규범적인 이행을 표시하는 가장 중요한 예측 변수였다.

나는 아버지가 대학 졸업자가 아닌 경우를 '노동 계급'으로 정의했다.[2] 응답자 본인이 아니라 부모의 교육 수준을 기준으로 정보 제공자를 선별한 덕분에 한 세대 앞선 노동 계급의 자녀들이 노동 계급의 의미를 객관적·주관적으로 재창출하고 있는 방식을 이해할 수 있었다. 계급과 자아다움에 대한 미국 노동 계급의 표현이 세대를 거쳐 어떻게 변했는지가 내 관심사였기 때문에 정보 제공자와 부모 모두 미국에서 태어난 사람으로 한정했다. 연구 참여자 중에서 백인은 60%, 흑인은 40%였고 성별은 반반이었다. 흑인과 백인을 비교함으로써 나는 백인 노동 계급에만 초점을 맞춘 기존 연구(예를 들어 Johnson 2002; Rubin 1976; Weis 1990; Willis 1977)와 흑인과 백인이 서로 어떻게 경합하는지를 검토한 비교 문화사회학 연구(예를 들어 Lamont 1992, 2000; Lareau 2003; McDermott 2006)를 배경으로 내 연구를 위치시킬 수 있었다. 나아가 노동 계급을 남성성의 차원에서 살피는 사회과학 문헌에서 여성은 종종 비가시화되었지만(계급 분석에서 여성이 역사적으로 비가시화된 상황을 빈틈 없이 분석한 연구로는 Bettie 2003을 보라) 서비스 경제나 한부모 가정에서 차지하는 중심성을 감안하면 여성을 계급화된 주체로 다루지 않을 수 없다. 그리하여 이 책에서 나는 인종과 젠더의 변화를 모두 고려했다. 이를 통해 흑인 및 백인 남성과 여성의 삶이 패턴을 이루며 갈라지는 방식을 이야기할 수 있었을 뿐 아니라 경쟁과 불신을 조장하는 신자유주의 환경에서 이들이 서로를 구별 짓는 방식(Lamont & Molnár 2002)도 살펴볼 수 있었다.

여러 방법을 이용해 정보 제공자들을 섭외했다. 우선 주유소, 패밀리 레스토랑, 커피숍, 패스트푸드 체인점, 소매점, 보육 시설이나 임시직 소개소 등 서비스 부문 일터를 찾았다. 공동체, 지역 대학, 주립 대학도 방문했다. 나아가 소방서, 경찰서, 군 훈련소도 다녀왔다. 이런 곳에서 청년들을 만나 '오늘날 성인이 된다는 것'을 다루는 연구에 참여할 수 있는지 물었다.[3]

내 연구에 참여한 남녀는 이전 연구자들이 지적한 전통적인 성인기 지표들(Berlin, Furstenberg & Waters 2010)이 무질서해지고 역전되며 지연되는 상황을 구현하고 있었다. 일자리를 구하고 결혼해 배우자 및 아이와 함께 살고 있는 사람은 열네 명에 불과했다. 서른다섯 명은 부모나 연장자(이모나 할머니 같은)와 함께 살고 있었다. 고교 중퇴자는 한 사람이고, 마흔다섯 명은 고졸 또는 고등학교 졸업 자격 시험GED 합격자였다. 대학에 진학했지만 학사 학위를 받지 못한 사람은 스물일곱 명이고 준학사는 세 명이었다. 학사 학위자는 스무 명이고 석사 학위자는 네 명이었다. 응답자 대다수는 바텐더, 서버, 의료비 청구 대행업체 직원, 육아 도우미, 기술자, 경비원, 판매원, 계산원, 고객 관리직, 건물 관리인 같은 서비스 산업에서 일하고 있었다. 남성 중 여덟 명은 소방관이나 경찰 같은 공무원으로 일했고, 여섯 명은 전문직 종사자였다. 또 군대나 주방위군 복무 경험자는 스무 명이었다. 전직 또는 현직 군인의 비중을 높인 이유는 민간 부문의 일자리 보장이 축소되어 사회적 혜택을 받지 못하는 청년들이 입대를 경제적 안정과 성공의 수단으로 바라보곤 하기 때문이다. 미국이 극심한 일자리 상실을 겪은 위기의 해인 2008년에 군대가 1973년 이래 최고의 입대율을 기록하고 충원 목표를 초과 달성한 것은 우연이 아니다(Gilmore 2009). 응답자의 절반 이상이 싱글(56%)이거나 연애 중(21%)이었고, 결혼한 사람은 열여덟 명, 이혼한 사람은 다섯 명이었다. 아이가 있는 사람은 스물일곱 명이었다.

내 인터뷰 질문들의 목적은 노동 계급 청년들이 자신의 삶에, 특히 자신이 구축한 자아다움에 어떻게 의미나 질서를 부여하는지를 귀납적으로 포착하는 것이었다(부록 뒤에 딸린 '인터뷰 가이드' 참고).[4] 이 과정에서 신뢰 형성이 매우 중요했고, (박사 논문 집필 중인 스물일곱 살 백인 여성이던) 나는 내 정체성이 응답자들과의 상호작용과 응답자들에 대한 분석 모두를 어떻게 형성했는지를 진지하게 성찰했다(Bettie 2003을 보라). 대학의 연구윤리위원회Institutional Review Board, IRB는 연구를 승인하기도 전부터 나와 응답자들 간의 사회적 격차가 매우 크다고 지적했다. 그러면서 내 안전에 각별한 걱정을 표하며 참여자들과 만날 때 특별히 조심해야 한다고 강조했다.

본 연구윤리위원은 연구자의 안전을 걱정합니다. 이는 본 위원회가 계획서 심사 과정에서 통상 요청하는 사항과는 성격이 다릅니다. 연구자는 온갖 유형의 사람을 만나게 될 것이고 어떤 경우에는 나중에 그 사람들과 다시 만날 수도 있습니다. 그렇기 때문에 위원회는 연구자가 각별히 조심해 스스로를 보호하기를 요청합니다.

나는 "온갖 유형의 사람"이 '위험한', '하층 계급', '흑인' 남성의 완곡 어법이라고 이해한다. 나는 힘 없는 연구 대상의 안전을 보호하는 것이 유일한 목표인 위원회의 이런 반응에 놀라움을 금치 못했다. 이 경험은 노동 계급의 삶을 특징짓는 제도화된 적대감, 인종주의, 배신을 잊지 않고 계속 상기하게 해 주었다(Hays 2003; Lareau 2003을 보라).

연구를 진행하는 동안 나는 IRB가 예상한 것과는 정반대 방향에서 권력과 정체성의 경계(계급이든 인종이든 젠더든 성적 지향이든)를 넘나들며 인연을 만들 때 발생할 수 있는 잠재적인 어려움을 거듭 고민하지 않을 수 없었다. 리치먼드 커뮤니티 칼리지에서 회계학 시험 공부를 하던 스물일곱 살 흑인 남성 존은 인터뷰 중간에 솔직히 털어놓았다. "다른 백인 여자들은 저랑 눈을 마주치려고도 하지 않아요. 고개를 돌려 버리죠. [당신이] 저랑 이야기하고 싶다고 해서 충격이었어요. 그것도 저와 마주 본 상태로 말예요…… 이야기를 들어 보니 저한테 원하는 게 있었던 거고 그래서 이해가 됐죠." 어느 날 오후에 도심에서 만난 또 다른 응답자는 와인 바(점심과 저녁 시간 사이에 유일하게 문을 여는 곳이었던)에서 인터뷰하면 어떻겠냐는 내 제안을 코웃음으로 받아쳤다. "저는 맥주만 마셔요."

응답자들과 내가 또래라는 점이 사회적 위치상의 간극을 메우는 데 도움이 되었다. 청바지와 스웨터 차림에 부츠를 신고 포니테일 머리를 한 전형적인 대학원생 차림이었던 나는 커뮤니티 칼리지 캠퍼스나 월마트에서 특별히 눈에 띄지 않았다. 성인기에 이르는 데 오래 걸린 나 자신의 경험을 웃으면서 이야기하거나, 어머니가 소규모 자영업을 하면서 하루 열네 시간씩 일했던 과거를 나누거나, 집안에서 대학에 들어간 첫 세대로 느낀 걱정을 들려주면 응답자들은 눈에 띄게 긴장을 풀고는 자신의 이야기를 풀어놓기도 하고 본인의 경험에 기대 충고를 건네기도 했다.[5] 일부 응답자는 농담을 섞어 인터뷰가 "무료 심리 치료"라고 말했다. 이들은 감정적 어려움을 들어 주는 사람과 만나 의사소통할 기회를 만끽하는 듯 보였다.

어떤 이들은 책이 나오면 보내 달라고 요청했고 출간되면 그럴 생각이다. 응답자의 3분의 1은 페이스북 '친구'도

되었다. 몇몇과는 일종의 선정 과정을 거치며 만나기 전부터 페이스북으로 연락을 주고받았고, 또 다른 사람들은 1차 인터뷰를 진행한 후 페이스북 친구를 신청했다. 페이스북이 귀중한 도구가 되어 준 셈이다. 페이스북을 통해 응답자들과 계속 연락을 나누었고 이들의 신변상 변화도 바로바로 알 수 있었다. 또 이후 추가 질문이 필요할 때도 개인 메시지로 전달하곤 했다. 응답자들의 고용, 주거, 관계가 대체로 예측 불가능했기 때문에 한 번의 인터뷰로는 놓칠 수밖에 없는 이들의 변화나 혼란을 페이스북을 통해 계속 파악할 수 있었다. 응답자들과 디지털 공간에서 상호작용한 덕분에 적어도 연구 대상을 "시공간상 저 멀리 떨어져 존재하는" 텍스트상의 산물로만 대하는 태도를 피할 수 있었다(Bettie 2003: 26). 참여자들은 내가 상태를 업데이트하면 '좋아요'를 눌러 주었고, 내가 올린 사진을 보며 온라인에서 일상적인 대화도 나누었다. 그러면서 내 인터뷰에 어울린다고 생각하는 친구를 추천하기도 했다. 스물네살 흑인 여성 캔디스는 인터뷰를 마친 뒤 이런 메시지를 보냈다. "당신의 책은 목소리를 내지 못했던 많은 사람을 대변하게 될 거예요." 또 다른 정보 제공자는 실명으로 자신의 이야기를 공개해 달라고 요청했다. 자기 경험의 증인이 될, 자기 이야기를 들어 줄 누군가를 찾고 싶은 이 갈망이야말로 성인이 된다는 것의 의미에 대한 내 분석의 핵심이다. 내가 약속한 바를 이 책이 제대로 이행했기를 희망한다.

이 기획의 목적은 오늘날 성인기로의 이행을 청년들이 어떻게 경험하는지를 살펴보는 것입니다. 저는 여러분에게 가족 배경과 관계, 일자리, 교육, 힘들었던 일, 미래 목표를 질문하려 합니다. 질문에 불편함을 느끼거나 답변하기를 원하지 않으면 언제든 알려 주세요. 그러면 다음 질문으로 넘어가거나 인터뷰를 중단하겠습니다.

1 당신의 생애사에서 시작해 보려 합니다. 어디서 태어났나요? 부모님은 무슨 일을 하셨나요? 평생 그 일을 하셨나요? 부모님은 고등학교나 대학을 졸업하셨나요? 부모님 집은 자가인가요? 두 분은 결혼하셨나요, 이혼했거나 별거 중인가요, 아니면 결혼한 적이 없나요?

2 부모님이 경제적으로 고생했던 때를 이야기해 줄 수 있나요? 여러 요금을 내지 못하거나 돈 걱정을 많이 하던 시기가 있었나요? 부모님은 그런 이야기를 어떻게 하셨나요? 부모님은 어떻게 대처하셨나요?

3 부모님이 직장에서 연금이나 건강보험 같은 혜택을 받았거나 받고 있는지 알고 있나요? 부모님이 그런 이야기를 하시는 편인가요? 나중에 몸이 아프면 어떻게 할 생각인가요?

4 형제자매가 있나요? 그들은 지금 무슨 일을 하고 있나요? 교육은 어느 수준까지 받았나요?

5 지금 누구와 함께 살고 있나요? 그곳에서 얼마나 살았나요? 어떻게 거기서 살기로 결정했나요? 어디서 살아

야 할지 또는 집세를 어떻게 감당할지 걱정해 본 적이 있나요?

6 고등학교를 졸업하던 때로 돌아가 볼게요. 학교를 좋아했나요? 졸업하고 나서 무엇을 할지 생각하고 결정한 과정을 차근차근 이야기해 주세요. 선택지로 어떤 것들이 있었나요? 가족은 당신이 무엇을 해야 한다고 생각했나요? 대학 진학을 고려했나요? 일자리를 구하겠다고 생각했나요? 입대를 고민한 적이 있나요? 교육은 어느 수준까지 받았나요?

7 지금 하는 일은 무엇인가요? 얼마나 오랫동안 이 일을 했나요? 하루에 몇 시간이나 일을 하나요? 이 일자리는 어떻게 찾았나요? 지금 하고 있는 일을 어떻게 느끼나요?

8 평범한 하루 일과를 차근차근 이야기해 주세요.

9 일터에서 동료 관계는 어떤가요? 상사와는 어떤가요? 고객 관계는요? 보람을 느낄 때가 있나요? 어떨 때 그런가요? 골치 아프거나 힘든 부분은 없나요? 괴로운 점은요?

10 일터에서 본인의 위치가 어떻다고 생각하나요? 그렇게 생각하는 이유는 무엇인가요?

11 승진할 기회가 있다고 생각하나요? 보험 혜택이나 보너스를 받을 수 있나요? 그리고 받고 있나요?

12 급여로 여러 요금을 충당할 수 있나요? 매달 고정적으로 지출하는 비용은 무엇인가요?

13 빚이 있나요? 신용카드 대금이나 학자금 대출을 갚고 있는 중인가요?

14 어릴 적에 이 일을 할 거라고 상상한 적이 있나요? 미래에 대해 생각하거나 가족과 미래를 상의했을 때가 기억나나요? 지금 나이가 되면 어디에서 무엇을 하고 있을 거라고 생각했나요? 살면서 무엇을 해 보고 싶었나요?

15 결혼했나요? 결혼하고 싶은 마음이 있나요? 아이 계획은 있나요? 결혼하거나 아이를 키우기 어려울 것 같다는 생각을 한 적이 있나요? 무엇 때문에 어려움을 느낀 건가요? 배우자는 어떤 사람이면 좋겠어요?

16 성공할 계획을 세워 두었나요? 미국에서 성공하려면 어떻게 해야 할 것 같나요? 그런 생각은 어떻게 하게 된 건가요?

17 어느 사회 계급에 속한다고 생각하나요? 당신의 삶에서 사회 계급이 중요하다고 느꼈던 때를 차근차근 설명해 줄 수 있나요? 계급이 당신 일상에 얼마나 영향을 미치나요?

18 당신의 인종 때문에 성공하거나 목표를 달성하거나 불이익을 받은 경험이 있나요? 차별을 경험한 적이 있나요?

19 당신의 젠더 때문에 성공하거나 목표를 달성하거나 불이익을 받은 경험이 있나요? 차별을 경험한 적이 있나요?

20 부모님과 비교하면 당신은 (경제적으로나 사회적으로 등등) 어떤 것 같나요? 부모님이 당신 나이였을 때 그분들의 삶은 어땠을 것 같나요?

21 성인이 되었다는 생각이 드나요? 성인이 되었다고 느

겼을 때를 차근차근 설명해 주세요. 그렇게 느낀 이유
는 무엇인가요? 아직 성인이 아닌 것 같다고 느낀다면
그 이유는 무엇인가요?

22 성인기를 어떻게 정의할 수 있을까요? 그렇게 생각하
는 이유는 무엇인가요?

23 남자가 되거나 여자가 된다는 것의 의미를 어떻게 정
의할 수 있을까요? 당신이 그 기준을 충족한다고 생
각하나요?

24 오늘날 성인이 되는 과정에서 가장 어려운 점은 무엇
이라고 생각하나요? 오늘날 청년이 된다는 것이 어떤
의미인지 사람들이 잘 모르면서 오해한다고 느낀 적
이 있나요?

25 무언가를 제대로 해낼 수 없을 것 같다고 느꼈던 때를
차근차근 이야기해 주세요. 무슨 일이 있었나요? 당신
은 어떻게 했나요?

26 미래가 희망적이라고 느꼈던 때를 차근차근 설명해
주세요.

27 놀 때는 무엇을 하나요?

1장 리스크 사회에서 성인이 된다는 것

1   응답자 신원을 보호하고자 모든 이름을 가명으로 표기했다.

2   브랜든의 표현이다.

3   (흔히 샐리메이로 불리는) SLM코퍼레이션은 연방정부가 지원하는 학자금 대출 관리를 목적으로 1972년 설립되었다. 2004년에 정부 지원이 중단된 후 지금은 민영 기업으로 남아 있다.

4   브랜든의 말을 들으면서 나는 흑인 청년 남성, 특히 교육 수준이 낮은 남성의 대규모 수감을 다룬 사회학 문헌을 떠올렸다(Western 2006).

5   인터뷰 이후 3년 사이 다이애너는 100달러만 들고 친구와 함께 뉴욕으로 이사했다가 몇 주 만에 어머니 집으로 돌아갔다. 최근에는 한 영리 대학for-profit college에서 온라인 강의를 듣기 시작했고 파트타임으로 서비스 일자리 두 군데서 일하고 있다. 아직 싱글이다.

6   Booth et al.(1999: 254)을 보라.

7   예를 들어 Booth et al. 1999; Côté 2000; Goldstein & Kenney 2001; Osgood et al. 2005; Arnett 2006; Blatterer 2007; Kimmel 2008; Gerson 2009; Berlin, Furstenberg & Waters 2010; Danziger & Ratner 2010; Brinton 2010; Waters et al. 2011을 보라.

8   US Census, "Young Adults Living at Home: 1960 to Present"를 보라.

9 Copen et al. 2012를 보라.

10 결혼과 출산이 늦어지는 이유 중 하나는 고등 교육 참여가 늘었다는 것이다. 특히 여성의 경우 지난 몇십 년간 고등 교육을 받는 비율이 눈에 띌 정도로 증가했다. 2010년에는 18~24세 청년의 40%가 고등 교육을 받고 있었다(U.S. Department of Education, National Center for Education Statistics, 2012).

11 이 경향은 불평등을 한층 심화한다. 미국의 대다수 가정에서 맞벌이는 사치가 아닌 필수가 되었기 때문이다(Warren 2006).

12 감정 자본주의에 대해서는 Illouz(2007: 5)를 보라. 에바 일루즈는 "감정적·경제적 담론과 실천이 서로를 형성하고 그리하여 폭넓고 광범위한 운동—이 운동 속에서 정서가 경제 행위의 본질적인 부분이 되고 감정적 삶, 특히 중간 계급의 삶이 경제적 관계와 교환의 논리를 따르는—을 생산하는 문화"라고 말한다. 앞으로 논하겠지만 무드 경제에서는 이 상호 구성이 자아 층위에서 발생한다.

13 그렇다고 과거를 낭만화하려는 것은 아니다. 당시의 역사적 순간에 '안정된', '예측 가능한', '젠더화된' 같은 표현은 여성과 아프리카계 미국인의 제한된 자유, 여성과 소수 민족이 사회 보장 같은 공적 혜택을 받지 못하도록 막는 제도화된 인종주의와 성 차별, 젠더와 섹슈얼리티라는 마찰을 일으키는 관념, 사회적 배제 등을 뜻했기 때문이다(Coontz 2000; Katznelson 2005). 그럼에도 안전, 연대, 시장에 대한 사회적 보호가 가치 있다는 문화적 이해 방식—현실에서는 매우 배제적이고 빈틈투성이였지만—이 미국 문화의 활기 넘치는 일부였던 것도 사실이다(Sewell 2009). 실제로 전후에 가능성, 공유된 목표, 호혜성 등의 감각이 생겨난 덕분에 곧이어 사회 정의를 위한 투쟁—민권 운동과 2세대 페미니즘—이 뒤따를 수 있었다(Cowie 2010; Putnam 2000).

14 뒤에서 폴은 이렇게 말했다. "체계가 자유로워질수록 건강

보험도 더 좋아집니다." 전체 토론은 다음 사이트에서 볼 수 있다. www.ronpaul.com/2011-09-07/gop-debate-tonight-8-pm-et-live-on-msnbc-cnbc-telemundo-politico-com-and-msnbc-com/.

15 더 상세히 설명하면 노동자는 임금의 큰 부분을 건강보험료로 지불한다. 그뿐 아니라 한 세대 전보다 더 많은 금액을 의료비로 지불한다(Cohn 2007). 정해진 소득 기반 은퇴 적립금에 대한 고용주의 분담액이 줄었으며, 노동자는 민간 은퇴 보험 상품을 통해 각자의 퇴직금을 적립하는 방식으로 리스크를 감당하고 있다(Mishel et al. 2007). 신자유주의 시대에 노동자는 아는 것이 많고, 계산에 능하며, 유연하고, 자기 인식도 강하다고 전제된다. 반면 끊임없이 변하는 무자비한 노동 시장의 리듬에 적응하지 못하는 이들에게는 의지할 안전망이 없다.

16 1962년에 상위 1%가 소유한 부는 중위 소득 가구 부의 125배였다. 2009년에는 상위 1%가 소유한 부가 중위 소득 가구 부의 225배에 달했다(Allegretto 2011).

17 신자유주의의 귀결들은 2008년 경제 위기를 겪으며 눈에 띄게 두드러졌다. 은행 체계의 규제가 완화된 데다가 파생 상품 같은 새로운 금융 수단을 과단성 있게 규제하지도 못해 주택 소유자나 투자자가 월가의 탐욕에 맞서 스스로를 지키기가 점점 더 어려워졌다(Hacker & Pierson 2010; Krugman 2009; McLean & Nocera 2010). 가장 젊은 노동 계급 남녀의 계층 상승에 대한 연구는 아직 제대로 진행되지 않았지만, 사회적 사다리에서 위로 올라갈 가능성이 이전 세대보다 훨씬 낮을 것으로 예측된다(Putnam et al. 2012).

18 역사가 제퍼슨 코위가 설명하듯 노동 계급 남성은 공공의 적—"소수 민족, 여성, 청년, 섹슈얼리티에 기반한 신정치 New Politics의 외부에 머무는 '타자'"—이 되었고, 후진적이고 편협하다는 이유로 신좌파에게 경멸받았다(Cowie 2010: 240). 이에 대한 대응으로 백인 노동 계급은 로널드 레이건

의 향수鄕愁 정치, 차별 시정 조치에 대한 원한, 신과 나라를 피난처로 삼았다(Cowie 2010; Stacey 1998).

19 놀랄 만한 통계치를 제시해 보자. 2009년에 중위 소득 백인 미국인의 순 자산은 9만 8,000달러였지만 중위 소득 흑인의 순 자산은 2,200달러에 불과했다(Owens 2012).

20 일루즈는 지그문트 프로이트가 '클라크 강연'Clark lectures 을 진행한 이래 정신분석 담론이 자조라는 민주주의 이상 과 결합해 미국 문화에 뿌리를 내린 과정을 추적했다(Illouz 2007). 치료 에토스는 다양한 제도―정신 의학, 심리학, 토크 쇼나 영화 같은 미디어, 자조 문헌, 사회 복지 프로그램, 기업 인적 자원부, 심지어 종교―에서 자아와 관련된 가장 중요한 언어가 되었다. 이런 식으로 새로운 형태의 대중 신정론이 뿌리를 내렸다. 이 신정론은 모든 고통에 목적이 있고 그 고 통이 통제 가능하다고 설파한다. 우리가 감정을 관리해 과거 와 새로운 관계를 맺을 수 있다면, 고통을 경감시켜 진정한 잠재력을 발휘할 수 있다는 것이다(Illouz 2008).

21 이 책은 무려 200주 동안이나 『뉴욕 타임스』 베스트셀러에 올라와 있었다.

22 이 정신에 입각해 『비치 매거진』Bitch Magazine은 2011년 8월 「먹고 기도하고 소비하라」라는 제목의 풍자 기사를 내보냈 다. 길버트가 행복을 찾은 것은 1년 동안 이탈리아에서 인도 로 또 인도네시아로 여행할 수 있었기 때문이라는 것이다.

23 이 아름의 통찰이 이에 큰 도움을 주었다.

24 그렇다고 해서 이 책에서 다루는 아픔, 고통, 심지어는 변형 의 이야기가 현실적이지 않다는 뜻은 아니다. 문화와 마찬가 지로 감정은 개인적·비이성적·주관적인 것으로 경험될지 라도 사회적으로 유형화되며 개인을 초월한다(Hays 1994; 또한 Collins 2004; Hochschild 2003; Illouz 2007; Williams 1977도 보라).

1   국제소방관협회International Association of Fire Fighters, IAFF
    는 미국과 캐나다의 전문 소방관을 대표하는 노동조합이다.
    민간 부문 노조 가입율은 6.9%로 하락했지만 공공 부문 가
    입율은 37%로 다섯 배가 넘는다. 공공 부문 중에서는 교사,
    경찰관, 소방관 같은 지방정부 노동자들의 노조 가입율이
    43.2%로 가장 높다. 청년 세대 노동자는 연령대가 높은 노동
    자에 비해 노조 가입이 낮다. 2011년에 노조 가입율이 가
    장 높은 연령대는 55~64세(15.7%)였으며, 가장 낮은 연령대
    는 16~24세(4.4%)였다. 2011년에 풀타임 주급·월급제 노동
    자 중 노조 가입자의 중위 소득은 주당 938달러였지만, 노조
    비가입자의 중위 소득은 주당 729달러였다(the US Bureau of
    Labor, "Union Members Summary", 2013 www.bls.gov/news.
    release/union2.nr0.htm을 보라).

2   교육 수준이 높아졌음에도 불구하고 여성의 소득은 여전히
    남성 소득의 80% 수준이다. 여성은 모성 불이익motherhood
    penalty 때문에 아이 한 명을 키우면 5%, 두 명을 키우면 12%
    를 손해 본다. 반대로 아프리카계 미국인 유배우 남성의 경
    우 부성으로 7% 임금 상승 효과를 얻고, 백인과 라틴아메
    리카계 유배우 남성은 부성이 9% 임금 상승으로 연결된다
    (Cohen & Bianchi 1999; Waldfogel 1997을 보라). 스콧 콜트레
    인은 여성의 일상적인 가사 노동 시간이 줄고 남성의 가사
    노동 시간이 약간 늘었지만 여전히 여성이 남성에 비해 가사
    노동을 두 배 이상 맡고 있음을 밝혔다(Coltrane 2000).

3   나는 2011년에 샌디와 코디에게 현재 상황을 알려 달라고 요
    청했다. 두 사람은 다달이 나가는 대출금 상환을 위해 채 완
    성되지 않은 지하실에 세입자를 들여 월 400달러를 받았다.
    그러다 여름 휴가로 샌디 어머니를 만나고 돌아왔더니 텔레
    비전이 사라진 데다가 아들의 돼지저금통도 부서져 있었다.
    돈은 한 푼도 남아 있지 않았다. 이들이 집을 비운 동안 세입

자가 파티를 벌였고 그 친구들이 돈과 텔레비전을 훔쳐 간 것이다. 샌디와 코디는 그 남자를 내쫓고 싶었지만 갚아야 할 대출금 때문에 그럴 수 없었다. 그렇지만 현관 잠금 장치는 교체했다고 한다.

4 데바 페이저 등은 저임금 노동 시장에서 지속되는 차별을 확인하고자 고안한 실험을 통해 백인과 비슷한 자격을 갖춘 흑인 지원자 중 답신 전화나 합격 통보를 받은 경우는 백인의 절반에 불과하다는 사실을 밝혀냈다(Pager et al. 2009). 나아가 인적 사항에 아무 문제가 없는 흑인이나 라틴아메리카계 지원자보다 교도소에서 갓 출소한 백인이 노동 시장에서 지위가 더 높았다.

5 실제로 주택 시장(Beveridge 2010; Massey & Denton 1993), 고용(Pager et al. 2009; Wilson 1997), 대출(Bond & Williams 2007) 부문에서 인종 불균형이 지속되고 있다.

6 2008년의 신용카드 부채 전국가구조사를 활용해 중·저소득 가구 자료를 분석한 호세 가르시아와 타마라 드라우트는 중·저소득 가구의 신용카드 부채 규모가 2008년 9,827달러로 2005년의 9,536달러에 비해 증가했다고 밝혔다(García & Draut 2009). 이 중 네 가구당 한 가구가 1만 달러 이상의 신용카드 부채를 지고 있었다. 더욱이 네 가구당 한 가구는 카드 대금 이자율이 20% 또는 그 이상이었다. 유색인 가구에는 이자율이 훨씬 더 높게 책정되었다. 백인 가구 중 20%보다 높은 이자율을 부담한 가구는 4분의 1 이하(22%)였던 반면 아프리카계 미국인 가구와 라틴아메리카계 가구는 3분의 1가량(전자는 32%, 후자는 30%)이 20% 이상의 이자율을 부담했다. 중·저소득 네 가구당 세 가구가 자동차나 집을 수리할 때, 휴직하거나 일자리를 잃었을 때, 사업을 시작하거나 운영할 때, 대학 등록금을 낼 때 플라스틱 안전망plastic safety net으로 신용카드를 활용했다.

7 상환 기일을 지키기 어려운 사람에게 대출하는 관행이나 서브 프라임 대출은 소수 민족에게 훨씬 큰 영향을 미친다는

사실이 밝혀져 왔다(Beveridge 2010). 중요한 사실은 알렉산드라의 경험을 통해 알 수 있듯 이런 대출의 이자율이 높으며 신용 리스크도 크다는 것이다.

8   2001년에는 청년 파산율이 35~44세의 뒤를 이어 2위로 집계되었다(Sullivan et al. 2001). 하지만 2008년 불황 이후 18~24세와 25~34세 집단의 파산율이 합산 31%로 줄었다. 신용에 접근하기가 어려워진 것이 그 이유인 듯하다. 반면 크레이그 어머니 사례처럼 나이 든 백인 미국인의 경우 파산율이 19% 증가했다. 채무자의 70% 이상이 대학 미졸업자였고 파산 신청자 다수의 연 소득은 4만 달러 이하였다("2010 Annual Consumer Bankruptcy Demographics Report: A Five Year Perspective of the American Debtor").

9   1980년대 초에는 사실상 신용카드 부채가 존재하지 않았다. 당시만 해도 신용카드가 널리 사용되지 않았고 대학생 연령대를 대상으로 한 공격적인 시장 전략도 없었기 때문이다(Draut 2005). 그러나 신자유주의 정책 패러다임의 일환으로 신용카드 산업이 규제 완화(전환점이 된 사건은 미니애폴리스의 마켓 국민 은행 대 퍼스트 오마하 서비스사 소송에 대한 대법원 판례였다)되면서 은행이 이자율과 연체료를 무제한으로 부과할 수 있게 되었고, 높은 이자율로 저소득 대출자를 표적으로 삼을 수 있게 되었다. 연방준비제도 자료Federal Reserve Data에 따르면 1983년에 35세 이하 대출자의 소비자 부채(학자금 대출, 신용카드 부채, 자동차 구입 자금 대출 포함) 중간값은 3,989달러였지만 2000년에는 1만 2,000달러로 세 배 이상 늘었다. 2001년에 청년들은 평균적으로 소득의 4분의 1 이상을 (주택 담보 대출을 제외한) 부채 상환에 지출했는데, 이는 1989년에 청년이었던 베이비 부머들이 지출한 금액의 두 배 이상이었다(Draut 2005; Kamenetz 2006).

10 예를 들어 로웰시의 경우 공무원 시험 때 장애인 재향 군인, 재향 군인, 소수 민족, 순직한 공무원 자녀, 로웰 거주민 순으로 가산점이 부과된다.

11 하지만 소수 민족이 동등한 기회를 보장받고 있는 것은 아니며, 깊이 뿌리내린 인종적 갈등이 차별 시정 조치로 해소된 것도 아니다. 4장에서 이 점을 구체적으로 다룰 것이다.

12 "A National Report Card on Women in Firefighting", Institute for Women and Work, Cornell University를 보라.

13 통상적인 계약에서 복무 기간은 8년이다.

14 2012년 1월 리언 E. 패네타 국방부 장관은 군인 임금 인상 제한, 퇴역 군인과 가족의 건강보험료 인상, 일부 군 기지 폐쇄, 이후 5년에 걸친 육군과 해병대의 규모 축소를 골자로 한 국방부 예산 삭감 계획을 발표했다(www.defense.gov/speeches for full text of speech를 보라). 그리하여 경쟁도 치열해지고 안전도 보장받지 못하는 곳이 된 군대는 특히 사병에게 더는 민간 노동 시장에서 벗어나는 도피처가 되지 못하고 있다.

15 성인기의 기준을 이렇게 정의한 사람은 커피숍에서 일하는 흑인 남성 제이다.

16 커뮤니티 칼리지에 입학한 학생 중 5년 내에 학위나 증서를 받는 경우는 40%에 불과하다. 25%만이 준학사[2년제 대학 졸업자가 받는 학위]나 학사 학위를 받으며 48%는 아무런 증서도 받지 못한 채 5년 내에 중퇴한다(Roksa 2006).

17 미국 인구조사국US Census Bureau 자료에 따르면 평균적으로 남녀 노동자 중 준학사 소지자는 고등학교 졸업자에 비해 연 3,766달러(13.8%)를 더 받는다. 반면 학사 소지자는 준학사 소지자에 비해 2만 달러(65%)를 더 받는다.

18 『모순적인 대학』The Contradictory College에서 케빈 도허티는 이렇게 주장했다. "실제로 커뮤니티 칼리지는 다양한 '중간 수준' 또는 '준전문가' 일자리에 맞는 숙련 노동자의 핵심 공급처다. 하지만 노동 시장의 요구에 대한 커뮤니티 칼리지의 대응력은 옹호자와 비판자 모두가 인정하는 것보다도 훨씬 어설프다. 커뮤니티 칼리지는 종종 노동 시장의 수요에 과소 또는 과잉 대응한다. 대체로 노동 시장이 흡수할 수 있는 한계보다 훨씬 많은 사람을 배출하거나 산업에서 기대하는 것

보다 훨씬 적은 노동자를 내보낸다. 요컨대 커뮤니티 칼리지는 노동 시장의 리듬에 어울려 춤추려 하지만 타이밍을 맞추는 경우는 드물다"(Dougherty 2001: 67).

19 경제 이동성 프로젝트Economic Mobility Project에 따르면 남녀의 3분의 1 정도가 부모의 가구 소득과 경제적 지위(5분위로 정의된)를 뛰어넘어 계층 상승을 이룬다. 이 상승은 주로 소득 분포 중간층에서 발생하며, 소득 분포의 제일 상층부와 제일 하층에 속한 아들딸은 부모와 비슷한 위치에 머무는 경향이 있다. 소득 분포의 하층에 놓인 딸들의 계층 상승이 특히 적은 편이다. 저소득층 가구의 아들 중 성인기에 소득 1분위 하층에 남는 비율이 35%인 반면 저소득층 가구 딸들의 경우 이 비율은 거의 절반(47%)에 이른다("Economic Mobility Project", 2007).

3장 불안한 친밀함들

1 1975년 3월부터 2000년 3월 사이에 18세 이하 자녀를 둔 여성의 노동 시장 참여율은 47%에서 73%로 증가했다. 여성의 교육 수준도 높아졌다. 25~64세의 여성 노동 인구 중 대학 졸업자 비율은 1970년에서 2008년 사이에 대략 세 배가 되었다. 남성 소득 대비 여성 소득도 점차 증가하고 있다. 1979년에는 풀타임으로 일하는 여성의 임금이 남성의 62%였으나 2008년에는 80%가 되었다("Women in the Labor Force: A Datebook, 2009 Edition").

2 40대 여성 중 자녀가 없는 이들의 비율은 1970년대에 8%였으나 2000년에는 18%로 증가했다.

3 1970~1974년에 결혼한 여성 중 대학 졸업자의 24.3%가 10년 이내에 파경을 경험했다. 그보다 교육 수준이 낮은 여성의 경우 이 비율은 33.7%였다. 1990~1994년에 결혼한 여성 중 10년 이내에 파경을 경험한 대학 졸업자는 16.7%에 불과했

다. 그러나 교육 수준이 낮은 여성의 파경 비율은 35.7%로 여전히 높은 수준이었다(Martin 2004).

4 이 남성들의 태도는 "신전통적인"neo-traditional 젠더 인식을 보여 준다(Gerson 2009). 이들은 안정된 일자리도 없고 결혼할 만하다고 생각하는 여성과 사귀고 있지도 않다. 관계를 유지하는 데 필요한 시간과 자원을 갖추지 못해 두려워하며, 신뢰할 수 있는 여성을 찾지 못할까 봐 걱정한다.

5 대침체가 시작되던 2007년 말에 흑인 실업률은 평균 8.4%였지만 백인 실업률은 4%에 머물러 있었다. 2007~2009년의 대침체 기간에 계급·인종·젠더를 불문하고 많은 미국인이 일자리를 잃었지만, 백인 실업률이 감소세를 보인 시점에도 흑인 실업률은 계속 상승했다. 특히 2011년 봄에 백인 실업률은 평균 7.9%였지만 흑인 실업률은 평균 16.1%였다. 젠더까지 고려해 살펴보면 2011년 2분기에 백인 여성 실업률은 7.4%였지만 흑인 여성 실업률은 14.1%였다. 또한 백인 남성 실업률은 8.3%였지만 흑인 남성 실업률은 18.3%였다. 청년의 경우를 보면 2011년 2분기에 백인 청년 실업률은 22.3%였지만 흑인 청년 실업률은 천문학적인 수치인 41.3%에 달했다(Weller & Fields 2011).

6 종교가 없는 미국인 중 동거로 시작한 커플의 76%가 15년 이내에 관계를 정리한다(Cherlin 2009).

7 『사랑에 관한 이야기: 어째서 문화가 중요한가』*Talk of Love: How Culture Matters*에서 앤 스위들러는 현대 미국 문화에서 사랑을 이야기하는 데 있어 서로 경합하는 두 어휘가 지배적이라고 주장한다. 하나는 자발적 선택으로서의 사랑(즉 순수한 또는 치료적 관계)이며 다른 하나는 헌신으로서의 사랑이다. 첫째 유형의 사랑에서 "문제는 개인이 누구를 왜 사랑하는지, 그리고 관계를 통해 무엇을 주고받는지다"(Swidler 2001: 26). 각자가 만족하지 못하면 파트너 관계는 끝난다. 둘째 유형의 사랑에서는 관계에 대한 헌신이 개인적 성취를 능가한다. "이 사랑은 유일하고 대체 불가능하며, 주고받는 이

익의 차원에서 보면 완전히 합리적이지는 않다"(26).

8 카이애너에게 임신을 계획했는지 묻자 그녀는 웃으며 이렇게 답했다. "아뇨. 누가 그걸 계획해요?"

9 WIC는 연방정부가 지원하는 기금 프로그램이다. 해당 가족이 WIC 인가 상점에서 먹거리를 구매하거나 영양 교육을 받을 때 사용하도록 바우처를 제공하며, 건강보험이나 여타 지역 공동체 서비스를 알아볼 수 있도록 지원한다. 개인적인 방식이 아니라 집단적인 방식으로 리스크를 막아 주는 WIC는 신자유주의 이데올로기를 거슬러 운영되기 때문에 극심한 정치적 갈등을 빚고 있다. 2012년에는 연방 예산 중 WIC 기금이 67억 3,400만 달러에서 60억 100만 달러로 7억 3,300만 달러 삭감되었다. www.fns.usda.gov/wic/aboutwic/wicataglance.htm을 보라.

10 기존 연구에 따르면 아이 양육은 우리가 부모의 "책임 지평"이라 부를 만한 것을 넓히는 경험이다. 양육에 필요한 기술, 책임감, 성숙함이 양육자(아이가 없었다면 사회적 소속감을 경험하기 힘들었을 저소득 비혼 여성을 포함해)에게 도움이 된다는 것이다(Edin & Kefalas, 2005: 180). 캐스린 이딘과 마리아 케펄러스는 "어머니들은 아이 덕분에 거친 행동을 줄이거나 진정시킬 수 있었으며, 거리 생활에서 벗어나 제대로 된 삶으로 돌아올 수 있었다고 반복해 이야기했다"고 밝혔다. 양육이 부모가 되기 전에는 목적도 없고 혼란스럽기만 했던 젊은 여성의 삶을 구원하는 계기가 된 것이다. 다른 연구들도 양육, 구원, 개인의 성장을 연결했다. 마사 맥마흔은 노동 계급 여성이 어머니가 되면서 자아 변형 과정을 겪는다고 분석했다(McMahon 1995). 모성의 "구원하는 힘"(169) 덕분에 이들이 "정착"하며(165), 보다 책임감 있고 성숙하게 행동하고 자신보다 타인을 우선시하게 된다는 것이다. 다른 한편 맥마흔의 사례에 등장하는 중간 계급 여성은 모성 경험을 자아 실현과 개인의 성장이라는 심리적인 용어로 설명하곤 했다(166). 아마도 중간 계급 어머니들이 성숙을 출산의

전제 조건으로 이해하고 있었기 때문일 것이다. 젊은 남성이 아버지가 되는 경로를 탐구한 윌리엄 마르시글리오와 샐리 허친슨은 많은 남성에게 부성 경험이 이정표 격인 사건임을 드러냈다. 남성들은 술자리를 즐기는 생활 양식을 포기했고, 일과 교육을 더 진지하게 여기게 되었으며, 부양자 역할을 받아들였다(Marsiglio & Hutchinson 2002: 122).

11 그렇다고 해서 양육 실천들이 사회 계급에 따라 달라지지 않는다는 이야기는 아니다. 아네트 라로는 "계획적인 함양"과 "자연스런 성장" 개념을 활용해 중간 계급 부모는 중간 계급의 환경에 적응하는 데 필요한 기술, 지식, 자아감을 의식적으로 아이에게 함양하는 반면, 노동 계급 부모는 성인의 개입 없이도 아이가 자연스럽게 발달한다는 모델에 의존한다고 주장한다(Lareau 2003). 그러나 다양한 사회적 위치에 자리한 어머니들을 연구한 샤론 헤이스의 분석에 따르면 라로처럼 "자연스런 성장"을 노동 계급의 부모의 문화 모델로 강조할 경우 오해를 초래할 수 있다(Hays 1996, 2003). 헤이스는 자신이 "집중적인 보살핌"이라 부르는 개념이 광범위한 이데올로기로 자리 잡고 있고, 계급과 인종의 구분을 떠나 그 이데올로기에 전념하는 현실이 형성되어 있음을 명확하게 보여 주었다. 내 자료도 이 발견을 뒷받침한다. 라로의 "자연스런 성장" 개념은 노동 계급 부모의 실천들을 묘사한다고 생각하는 편이 더 유용할 것 같다.

4장 경직된 자아들

1 미 재무부와 연방준비제도는 2008~2009년에 부실 자산 구제 프로그램Troubled Asset Relief Program, TARP을 통해 여러 대형 은행과 보험 회사, 제너럴모터스, 크라이슬러를 '긴급 구제'했다. 오바마 행정부는 이 구제 비용에 대한 정부 부담액을 1,170억 달러로 산정했다(www.whitehouse.gov/the-

press-office/president-obama-proposes-financial-crisis-res
ponsibility-fee-recoup-every-last-penny).

2 이 논란의 비디오 영상은 다음 링크에서 볼 수 있다. http://
video.foxnews.com/v/3971448/markdowns-for-martin-
luther-king-jr/.

3 하지만 사회학자 피에르 부르디외가 주장한 것처럼 신자유
주의 전성기에 대한 향수는 지극히 몰역사적이며, 미국과 전
세계에 걸쳐 진행된 막대한 경제·사회·정치 변화를 은폐한
다(Bourdieu 1998).

4 에밀 뒤르켐의 지적대로 "애도는 고통스런 상실로 상처받은
사적 감정의 자연스런 운동이 아니다. 애도는 집단이 부과한
의무다"(Durkheim 1995: 443).

5 나아가 문화(의미와 상징 들의 체계)는 감정을 통해 미시적
조우 속에서 "창출되고 폄하되거나 강화된다"(Collins 2004:
xii). 따라서 감정은 사회 재생산이 일어나거나 일어나지 못
하는 이유를 이해하는 하나의 열쇠다. 즉 높은 수준의 감정
적 에너지를 생산하는 성공한 상호작용 의례는 그것을 반복
하고자 하는 욕망을 불러일으키지만(그리하여 기존 사회 구
조를 재형성하지만), 실패한 의례는 낮은 수준의 감정적 에너
지를 일으켜 미래에 그것을 회피하는 결과를 낳는다(그리하
여 구조 변화를 야기한다).

6 '대부분의 사람을 믿을 수 있다'고 느끼는지 여부를 조사한
일반 사회 신뢰도 자료는 중간 계급과 노동 계급 12학년[고
3] 학생 사이의 격차가 더 벌어지고 있음을 드러내 준다. 상
층 중간 계급과 노동 계급 12학년 학생 중 대부분의 사람을
믿을 수 있다고 응답한 비율은 1990년대 중반까지 줄어들었
지만, 상층 중간 계급 학생은 이후 회복세를 보인 반면 노동
계급 학생은 그렇지 않았다(Putnam et al. 2012).

7 ADHD 또는 '주의력 결핍 및 과잉 행동 장애'는 초기 아동기
에 주로 "주의력 문제와 과잉 행동이 공존"하는 특징을 보이
는 발달 장애다. ADHD의 원인, 진단, 치료법은 1970년대 이

래 계속 논쟁 중이다(Biederman 1998).

8 이런 전과 기록이 있는 응답자들은 일자리를 구할 때 어려움을 겪는다. 브루스 웨스턴이 지적하듯 "정상적인 생애 경로는 삶을 통합하지만integrative 투옥은 삶을 와해시키며disintegrative", 투옥은 온전한 고용이나 재정 안정 같은 성인기 지표를 제대로 달성하지 못하게 만든다(Western 2006: 5).

9 스태포드 대출은 예외다. 이 대출은 보조금 형식이 아니며 반드시 상환해야 한다(The Higher Education Opportunity Act of 2008을 보라).

10 학자금 보조 정책을 상세히 설명한 자료로는 www.finaid. org/otheraid/parentsrefuse.phtml을 보라.

11 *The American Heritage Dictionary of the English Language*, Fourth Edition.

12 형식적으로 미국 정부는 사회 보장 장애 보험Social Security Disability Insurance, SSDI(영구 장애 때문에 유급 일자리를 구하지 못하는 사람에게 지원하는 연방 운영 보조금 프로그램)을 제공한다. 그러나 자체 웹사이트를 보면 지원자의 60% 이상이 SSDI를 거부당하고 있으며, 승인 기회를 늘리려면 법적 자문을 받으라고 권고된다(www.socialsecurity-disability.org/content/about-ssdi). 그러므로 어떤 의미에서 앨런은 정부가 장애인—특히 법적 자문을 받을 여력이 없는 사람들—을 어떻게 대우하고 있는지 올바르게 평가하고 있는 셈이다.

13 상징적 경계 연구는 상징적 경계(사회 현실을 범주화하기 위한 사회 행위들 및 집단들 사이에 설정하는 개념적 구분들)와 사회적 경계 사이의 관계를, 특히 이 두 경계가 배제, 불평등, 계급 혹은 인종 분리 패턴 들과 연결되는 방식을 정교화하려 한다(Lamont & Molnár 2002). 연구자들은 경계들이 권력의 장 내에서 사회적·역사적으로 구축되는 방식을 포착하려 한다. 이것이 함축하는 바는 표면적 차이들은 불평등에 선행하거나 불평등의 원인이 아니며, 지속적인 투쟁을 통해 생산되고 유지되며 자연화된다는 것이다(Bourdieu 1984). 정당

화 과정은 특정 공간의 역학에 의해, 얻거나 잃을 수 있는 자원에 의해, 차이를 범주화하는 문화적으로 가용한 지각 도식에 의해 끊임없이 지속되며 변화한다(Bourdieu 1990).

14 미국 내 지배적인 인종 집단의 일원인 이들은 백인다움을 인종의 부재로 여긴다. 즉 정상이며 따라서 비인종적인 것으로 간주한다(Bonilla-Silva 2003: 115). 일부 응답자는 추상적인 수준에서 인종 차별과 불평등이 존속한다고 인정했지만 실제 삶에서 유색인에 대한 차별을 목격했다고 답한 경우는 드물었고, 그 때문에 인종이라는 주제에 대해 말할 것이 거의 없었다. 내 생각에 이처럼 인종에 대한 지식이 부재한 것은 이들이 주로 백인 지역에 살면서 백인 학교에 다니고, 대개 다른 백인과 노동하고 어울리기 때문이다. 이 같은 (백인에게 유리하도록 역사적으로 생산되고 제도적으로 인가된) 사회적·공간적 분리 때문에 이 응답자들은 인종에 둔감하며, 백인다움의 우주에서 살아감으로써 인종을 구조적 층위에서 자각하지 못한다. 이런 식으로 이들은 자신이 인종주의자가 아님을 추상적인 수준에서—"저는 어떤 인종과도 아무 문제 없어요"—강조할 수 있었다.

15 "결속 자본"은 "내부를 향하며 배타적 정체성과 동질적 집단을 강화하는 경향이 있는" 반면 "연결 자본"bridging capital은 "외부를 향하며 사회적으로 다양한 사람을 망라"한다(Putnam 2000: 22).

16 이 인터뷰들은 '묻지도 말하지도 말라'Don't Ask, Don't Tell 제도[성 소수자의 군 복무를 허용하고 보호하려 한 제도로 2011년 폐지되었다]가 폐지되기 전에 진행되었기 때문에 군대에서 내가 인터뷰한 사람 중 본인이 게이임을 밝힌 이는 없었다. 이는 이들의 동성애 혐오를 한층 은밀한 것으로 만들었다.

17 이 내용은 로웰시 웹사이트에 있다.

18 반복하면 로웰시의 경우 공무원 시험 때 장애인 재향 군인, 재향 군인, 소수 민족, 순직한 공무원 자녀, 로웰 거주민 순으로 가산점이 부과된다. 응시자는 웹사이트에 로그인해 시험

결과를 열람할 수 있다. 여기에는 응시자 성명, 점수, 재향 군인 여부, 거주지, 아버지 순직 여부가 기록되어 있다. 그런데 흥미롭게도 소수 민족 지위는 나오지 않아 혼란, 추측, 인종적 긴장을 초래하곤 한다(나는 고용 대기 중이었던 응답자나 자신의 자녀가 고용되기를 바란 중년의 백인 소방관과 대화하면서 이 사실을 알게 되었다).

19 미국 인구조사국 자료에 따르면 차별 시정 조치가 도입되고 고용 차별에 맞선 소송이 진행되면서 법 집행 영역과 소방관 영역에서 소수 민족 비율이 증가했다. 그러나 흑인 소방관 비율은 아직 8%로 조지프가 전망한 50%에 크게 못 미친다 (Royster 2003을 보라).

20 미시간 대학의 국립 빈곤 센터Nataional Poverty Center가 낸 2010년 통계에 따르면 백인의 9.9%, 아시아인의 12.1%가 빈곤한 데 비해 흑인의 27.4%, 히스패닉의 26.6%가 빈곤했다. 그럼에도 불구하고 미국 빈곤 가구 임시 지원 제도Temporary Assistance for Needy Families, TANF 수급자 가운데 백인의 비율은 3분의 1이나 된다.

21 레이먼드 윌리엄스는 이렇게 설명한다. "어느 시대든 사회에는 대안적인 또는 사회와 대립하는 정치·문화 형태가 중요한 요인으로 존재하기 마련이다.……그러나 이 형태들이 중요하기 때문에 지배 헤게모니는 이것들을 통제하고 변형하려 하며 심지어는 병합하고자 한다. 이렇게 적극적인 과정에서 헤게모니는 불변하는 지배를 단순히 전달하는 것 이상으로 이해되어야 한다"(113). 다시 말해 지배 문화를 거슬러 작동하는 의미가 존재한다고 해서 변화를 만들 수 있는 것은 아니다. 윌리엄스에 따르면 대안적인 의미들은 언제나 존재하지만 대부분의 경우 현실에 대한 지배적인 이해 방식에 병합된다.

5장 무드 경제에서 살아가기

1   반복하면 치료 서사는 다음과 같이 전개된다. 이 서사 덕분에 사람들은 자신의 병리적 사고 방식과 행위를 발견하게 된다. 그런 다음 과거로 돌아가 이런 병리 현상의 숨겨진 원천을 찾는다. 그러고는 고통의 이야기에 목소리를 부여한다. 마지막으로 해방되고 독립적인 자아를 재구축함으로써 과거를 극복한다(Illouz 2008). 모든 고통에 목적이 있다고 상상하는, 즉 "잘못 관리된 감정들"이 궁극에 자아의 층위에서 수선될 수 있다고 상상하는 치료 서사는 현대의 삶에 내재한 혼란과 불확실성을 통제하고 의미를 부여할 수 있다는 감각을 부여한다(Illouz 2008: 247).

2   무드 경제 현상을 확인하고 이 개념을 발전시키는 데 (이 이름을 경유해) 도움을 준 스티븐 푹스에게 감사드린다.

3   내 연구 참여자들의 정신 질환과 약물 의존 비율은 미국인 전체의 비율보다 높은 편이다(National Survey on Drug Use and Health, 2009). 내 연구가 편향되게 정신 질환과 중독 성향이 있는 청년을 많이 인터뷰했다고 볼 수도 있겠지만, 치료 지향의 제도들이 사실상 내 연구 참여자들에게 질환과 중독 서사를 조장했다고 논박할 수도 있다(www.nimh.nih.gov/statistics/SMI_AASR.shtml을 보라).

4   미국 국립의학도서관에 따르면 강박 신경 장애는 "불안 장애의 하나로, 이에 시달리는 사람들은 원하지 않는 반복적 생각, 감정, 생각, 감각을 갖거나(강박), 무언가를 해야만 한다고 느끼게 만드는 행동을 하게 된다(신경증)".

5   질환과 중독을 사회적으로 구축된, 또는 특정한 역사적·문화적 조건에서 발생하는 것으로 이해한다고 해서 이들 남녀가 경험하는 매우 현실적인 고통과 아픔을 부정하는 것은 아니다. 질환의 사회적 구축에 대해서는 수전 보르도의 작업을 보라(Bordo 2003).

6   진단 기준과 측정 범위가 변하지 않았음에도 지난 50~70년

사이 우울과 불안을 겪는 청년 비율이 급증했다(Twenge et al. 2010).

7   에바 일루즈는 자신이 인터뷰한 쉰다섯 살 아프리카계 미국인 건물 관리인을 언급하며 이렇게 적었다. "이 노동 계급 남성은 한층 참기 어려운 고통의 경험과 함께 남겨져 있다. 왜냐하면 그것을 설명할 해석 틀이 없어 여전히 의미를 부여하지 못하고 있기 때문이다"(Illouz 2008: 234).

8   카를 마르크스를 인용해 보자. "재생산 행위를 통해 객관적 조건(즉 마을이 도시가 되고 황무지가 개간되는 등)만이 변하는 것이 아니라 생산자도 변한다. 자신의 새로운 자질을 창출하고, 생산을 통해 스스로를 발전시키고 변형하며, 새로운 힘과 생각, 새로운 교류 양식, 새로운 필요와 새로운 언어를 발전시키기 때문이다"(Marx 1959: 494).

9   즉 치료적 렌즈를 통해 성인이 된 이야기를 들려준 정보 제공자들은 가족 관계에서 떨어져 나오는 것이 자신의 건강과 행복에 필수적이라고 이해한다. 다른 한편 레이철과 조지프는 고통스러웠던 과거와 맞닥뜨리는 대신 그저 부모와 같이 살고 함께 일하며 부모에게 의존하는 식으로 고장 난 관계를 수선했다.

10   응답자들이 언급한 여러 유형의 증인을 보다 상세히 논한 문헌으로는 Silva & Pugh 2010; Silva 2012를 보라.

11   인터뷰를 진행한 나 역시 내 인터뷰 대상들의 잠재적 증인이었다. 인터뷰에 동의한 몇몇 남녀는 자신의 이야기가 공개되어 고통과 자아 변형 서사를 승인받기를 바란다고 터놓고 인정했다. 아버지는 폭행죄로 수감되고 어머니는 자살한 끔찍했던 어린 시절에 여전히 사로잡혀 있는 아일린은 인터뷰를 이렇게 시작했다. "당신과 이야기를 나누고 싶다고 생각한 이유 중 하나는 여전히 제가 치유 중이기 때문이에요. 여전히 그 일들을, 모든 일을 겪고 있거든요…… 제 이야기를 들려주면 저한테도 조금은 도움이 될 것 같았어요." 또 다른 정보 제공자는 인터뷰 녹음을 허락하면서 단서를 달았다. 내가

실명을 밝혀 자신의 이야기가 공개되어야 한다는 것이었다.

12 게으름, 분노, 우울, 태도 문제, '마무리' 부족 등 개인적인 특징으로 보이는 것들이 이들 삶의 기회에서 가장 위협적인 요소로 나타난다. 실업이나 건강보험 자격 상실 같은 구조적 장벽이 리스크라고 인지하는 이들조차도 결단력이나 의지력 같은 개인적 특징을 문제 삼으면서 삶을 제대로 꾸려 나가는 길을 발견하는 책임이 궁극적으로 자신에게 있다고 이해했다.

레스토랑 매니저인 스티븐의 경우도 마찬가지다. 스티븐은 필요한 대출을 받지 못해 대학을 중퇴했다. 그는 재정적으로 불안정하며 은행 계좌가 없는 것이 자신의 가장 큰 리스크라고 설명했다. 하지만 그는 "혼자 힘으로 궤도를 이탈하지 않고 버티지" 못하게 될까 봐 걱정한다. 이에 더해 정신 질환이나 약물 중독에 맞서 고투를 벌이는 청년들도 재발을 가장 큰 리스크로 여긴다. 최근 일자리를 잃은 스물여덟 살 백인 여성 미셸은 이렇게 회고했다. "음주 문제가 확 줄었죠. 그 전에도 일을 못 할 정도는 아니었지만요. 5주째 멀쩡해요. 그놈의 술이 뭐길래. 사람들은 그게 얼마나 쉬운 도피처가 되는지를 너무 당연시하는 거 같아요. 그걸 차단하고 그리로 도피할 수 없도록 입구를 막아 버렸죠. 그런데 앞으로 술 없이 살아갈 생각을 하면 너무 짜증이 나요."

13 많은 청년이 새로운 시도—새로운 도시, 새로운 일자리, 새로운 관계 등—에 두려움을 느낀다. 자신이 가진 얼마 안 되는 것들마저 잃을 수 있기 때문이다. 고객 서비스 상담원인 스물다섯 살 케빈은 아버지 집에서 독립하기가 겁난다며 이렇게 설명했다. "이사 나가고 싶은 생각이 들 때가 있죠. 앞으로도 그럴 거예요. 그렇지만 잘 안 풀릴지도 모른다는 리스크가 있잖아요. 그리고 실패하면 다시 집에 돌아가기도 껄끄럽고요…… 리스크를 감수해야겠지만 저는 그러지 않고 있는 거죠." 케빈은 경제적 불안과 자신의 "안전 지향" 때문에 성공한 성인의 전통적인 지표들을 달성하는 것이 미뤄지고

있다고 이해한다.

14 여기서 특히 유용한 것이 사회 제도와 자아다움의 관계를 다룬 마르크스주의 철학자 루이 알튀세르의 연구다(Althusser 1970). 알튀세르는 결정하는 토대와 결정되는 상부 구조라는 고전적 은유를 개편한 것으로 유명하다. 그는 이 두 개념이 서로에 대해, 서로 함께, 서로를 통해 지속적으로 작동하는 방식을 분석해야만 계급 지배를 설명할 수 있다고 주장했다. 그는 이데올로기적 국가 장치라는 개념—종교, 교육, 가족, 법 체계를 포함하는—을 발전시켰는데, 이는 주로 이데올로기를 통해 지배 계급의 헤게모니를 유지한다. 국가는 계급 재생산을 위해 폭력으로 사람들을 억압하곤 하지만, 이데올로기적 국가 장치는 "개인들이 자신이 살아가는 현실적인 관계들과 맺는 상상적인 관계"(165)를 제공함으로써 지배와 불평등을 은폐한다. 이런 식으로 알튀세르는 이데올로기가 부수적인 것이라는, 단순히 토대의 반영에 불과하다는 설명을 명시적으로 거부하고 그 대신 매일 반복되는 일상적인 실천(교회에서 예배를 보든 공동체의 모임에 참여하든) 속에서 이데올로기가 물질적으로 실존한다고 강조했다. 알튀세르는 모든 자아 감각은 개인성에 대한 문화적 범주들에서 비롯한다고 논증했다. "그리하여 이데올로기는 개인을 주체로 불러 세우거나 호명한다.……개인들은 언제나 이미 이데올로기에 의해 호명된다"(176). 다시 말해 이데올로기는 자신의 종속을 자연스럽고 불가피하며 자유롭게 선택한 것으로 경험하는 주체를 생산하고 그 결과 기존 생산 관계를 "그들 스스로에 의해" 재생산한다(181).

결론 리스크의 감춰진 상처들

1 예를 들어 www.foxnews.com/on-air/oreilly/2011/11/17/bill-oreilly-failure-occupy-wall-street-movement를 보라.

부록 연구 방법

1 　내가 각 도시 경찰서에 문의해 확인한 정보다.

2 　사회학 내부에서 사회 계급 개념은 많은 모호함을 안고 있고 의견 불일치도 매우 큰 상태다(Lareau 2008). 계급은 다양한 수준의 이론적·경험적 정확성에 따라 정의되고 이용되곤 했다(예를 들어 Sorensen 2000). 나는 아버지의 대학 졸업 여부를 중간 계급 지위의 지표로 삼았다. 왜냐하면 이는 대학 졸업이 중간 계급 지위를 나타낸다고 이해하는 일반 대중의 시각에 합치하며(Hout 2008: 35), 나아가 많은 경험 연구가 부모의 교육 수준을 소득 및 직업적 위신(예컨대 Blau & Duncan 1967; Warren et al. 2002)과 그리고 자녀의 학업 성취(예컨대 Dumais 2002; Lareau 2003)와 연결하기 때문이다.

3 　또 나는 다양한 관계를 활용하는 눈덩이 표집 방식Snowball Sampling으로도 참여자를 모았다. 그 덕분에 로웰과 리치먼드 바깥의 이웃 도시로 범위를 확대할 수 있었다. 플로리다에서도 몇 차례 인터뷰를 진행했는데, 매사추세츠에 살던 한 가족이 세율이 낮은 플로리다로 이사했기 때문이다. 대부분의 사람은 참여에 성의를 보였다. 전화번호나 메일 주소를 알려 주었고, 아예 만날 시간을 미리 정한 적도 있다. 하지만 후보자들이 실제로 인터뷰에 참여하는 것은 어려운 일이었다. 교통 수단을 보유하고 있지 않거나 근무 시간대가 일정하지 않거나 아이를 부탁할 데가 마땅치 않은 경우가 종종 있었다. 그래서 눈덩이 표집 방식이 한층 효율적이었다. 친구나 지인이 소개한 덕분에 참여자들이 인터뷰에 더 적극적이었기 때문이다. 또 내 아버지가 소방관이고 주방위군이어서 특정 영역—소방서, 경찰서, 응급 구조대, 군대 같은—에 접근하기가 용이했다. 아버지의 소개로 참여자를 만나거나 그게 아니더라도 아버지의 직업을 언급하면 얼마간 내부자 대우를 받았다. 그 덕분에 주방위군 훈련장을 돌아다닐 수 있었고, 소방서나 경찰서에서 시간을 보내며 인터뷰 대상자

를 섭외한 다음 인터뷰나 참관을 할 수 있었다. 버지니아와 매사추세츠를 오간 18개월간의 자료 수집 기간 막바지에는 그사이 다른 지역으로 이사한 네 명의 참여자와 전화로 인터뷰를 진행했다.

4 인터뷰는 절반쯤 구조화된 질문을 통해 대략 두 시간 동안 진행되었다. 네 사례를 제외하고는 모두 응답자가 선택한 장소에서 인터뷰를 진행했다. 인터뷰는 응답자의 동의를 얻어 디지털로 녹음했고 모두 녹취록으로 완성했다.

5 가장 기억에 남는 충고는 스물일곱 살 백인 소방관이 건넨 것이었다. 남자 친구와 사귄 지 1년이 되었는데 아직 프러포즈하지 않았다고 하니 그는 "적색 신호"라며 조심하라고 충고했다.

『커밍 업 쇼트』는 다양한 경험과 이야기를 분석적 글쓰기와 결합해 미국 사회, 특히 노동 계급 청년의 일상을 깊이 있고도 생생하게 전하는 책이다. 이 책을 통해 미국 사회 노동 계급 청년 세대의 현실을 접한 뒤 한국 사회와 비교해 봄직한 여러 측면이 떠올라 번역해 소개하면 좋겠다고 생각했다. 특히 한국의 청년 담론이 주로 세대 간의 차이나 갈등에 주목해 온 반면 이 책은 신자유주의를 기점으로 사회·문화 변동이 노동 계급 청년의 사고 방식에 어떤 변화를 일으키고 있는지를 주로 살펴본다는 점이 흥미롭게 다가왔다.

책 내용을 소개하며 이야기를 이어가 보자. 지은이 제니퍼 M. 실바는 미국 사회의 중요한 변화 중 하나로 신자유주의하에서 성인기가 지연되고 있을 뿐만 아니라, 극단적인 경제 구조 조정, 심대한 문화 변동, 깊은 사회 불평등 때문에 근원적으로 파괴되고 있다는 점을 든다. 지은이는 24~34세의 노동 계급 청년 100명을 인터뷰해 성인기의 지표를 달성하지 못한 이들 청년이 사회의 변화를 어떻게 견디고 있는지를 살펴본다. 이들은 과거보다 훨씬 불안정하며 불평등한 현실을 마주하고 있다. 평생 유지되던 일자리는 없어지고, 기존에 성인이 되는 과정의 주요 지표였던 결혼, 종교, 가족과 관련된 제도들은 무너져 내리고 있다. 개인주의와 리스크의 사유화를 밀어붙이는 신자유주의 사회에서 이들은 노동에 대한 기대도 이전 세대에 비해 낮고, 연애 및 결혼에 대해서도 주저하며, 제도를 불신하고, 타인과 자신 사이에 선을 긋고 그 대신 감정과 정신 건강을 우선시하는 양상을 보인다. 그리하여 청년들은 노동 시장에서는 '유연'한 모습을 보이는 반면 여타 제도들에는 '경직'된 태도를 유지하는 식으로 불안한 사회에 적응하고 있다. 나아가 젠더와 인종 구분으로 인해 사회적 소수자 위치에 처한 이들은 한층 더 불리한 현실을 견딜 수밖에 없다.

지은이는 무드 경제mood economy라는 키워드를 활용해 이 같은 변화를 진단하고 분석한다. 무드 경제는 불안정한 사회에서 내가 통제할 수 있는 사람은 나뿐이라고, 즉 나 자신이 믿을 수 있는 유일한 존재인 동시에 가장 큰 리스크라고 느끼게 만드는 압력을 가리키는 용어다. 무드 경제는 개인들이 '자아의 성장'을 유일하게 가능한 것이자 가장 중요한 변화로 여기도록 하는 효과를 발휘한다. 그렇기에 무드 경제를 살아가는 노동 계급 청년들은 자신이 성인이 된 이야기를 매우 개인적인 수준에서, 특히 '병리적'인 가족 관계에서 벗어나 성숙한 사람이 되었다는 '치료 서사'의 도움을 받아 구사하게 된다. 신자유주의 문화가 사회 제도 전반에 배양한 치료 서사를 통해 청년들은 사회가 아니라 개인의 변화에 몰두하게 된다. 그리하여 '감정에 기반한 이야기'가 이전 시기에는 중간 이상 계급의 전유물이었던 반면 현재는 노동 계급도 무드 경제와 감정 자본주의에 포섭되어 버렸다는 것이 지은이의 주장이다. 나아가 '개인의 감정적 성장'을 강조하는 문화의 세례를 받고 자란 청년들은 성장 혹은 성숙에 이르지 못한 타인을 비난하며 이들과 자신 사이에 가혹한 경계선을 긋는다. 이것이 지은이가 진단한 오늘날 무드 경제 속 미국 노동 계급 청년들의 현실이다.

이 같은 포스트산업 사회에서 백인, 남성, 산업 노동을 중심에 두었던 전통적인 노동 계급 개념으로는 현재의 중층적으로 분업화된 노동 상황 및 그로 인한 불평등한 사회 현실을 온전히 설명하기 어렵다. 그렇다고 해서 계급 논의가 중요하지 않은 것은 아니다. 경제적·사회적 불확실과 불안정으로 점철되어 있는 포스트산업·신자유주의 사회를 극복하려면 그 어느 시대보다 계급 연대가 필요하다. 그러나 계급 연대를 이루기 위해서는 인종과 젠더 분리를 극복해야 한다. 다시 말해 백인 남성 산업 노동 계급이라는 과거의 유형 및 이와 결부된 안정성이나 과묵함 등의 특징에 기반한 것이 아니라 유연한 정체성과 다층적인 목소리를 포괄해 담아 낼 수 있는 보다 새롭고 폭넓은 계급 연대가 필요하다. 개인의 내면으로 침잠하고 서로의 차이에 선을 긋는 경직된 자아들이 아니라, 상호 의존을 믿고 서로 연결되고자 하면서 서로를 존중하는 연대가 필요하다고 지은이는 역설한다.

* * *

한국의 상황은 어떤가? IMF 이후 성장이 지연된 청년 세대를 가리키는 여러 표상이 만들어졌다. 청년들은 삼포 세대와 88만원 세대를 거쳐 N포 세대가 되었고, 흙수저와 금수저로 양극화된 오늘날 한국의 현실을 직관적으로 표현하는 말인 헬조선이 등장했다. 헬조선에서 일자리를 구하는 데 큰 어려움을 느끼는 청년 세대는 '호모 사피엔스'와는 전혀 다른 신인류, '호모 인턴스'가 되었다. 안정된 일자리를 구할 수 없는 이들이 선택할 수 있는 것이라곤 위험하고 과다한 노동에 소모되는 비정규직이나 열정 페이로 봉사하는 인턴직 정도다. 반대편에는 스펙으로 무장해 정규직을 확보하려는 '호모 스펙타쿠스'들이 있다. 약간이나마 젊음의 행복과 여유를 만끽할 기회를 부여받는 쪽은 호모 스펙타쿠스고, 호모 인턴스는 불안정에 좌절하며 '헬'이 되어 버린 사회에 고통받고 있다.

호모 인턴스들은 학자금 대출을 등에 진 채로 대학을 졸업하지만, 이를 통해 독립된 성인의 삶을 시작하는 것이 아니라 그 위에 또 다른 대출을 얹으면서 삶을 연장하고 있다. 노동 환경은 불안하기만 하고, 이로 인해 결혼, 내 집 마련, 출산과 육아, 든든한 노후 같은 인생 계획을 세우는 것은 꿈도 꿀 수 없는 일처럼 느낀다. "현재라는 감옥에 갇힌" 청년들은 단기 유연성에 적응하느라 의미 있는 미래를 구상할 여력이 없다. 그리고 이런 처지임에도 많은 청년은 제도의 배신을 연달아 경험한 뒤 가족도 학교도 정부도 불신하고 경계하며, 서로와 소통하거나 연대할 엄두를 내지 못하고 있는 듯 보인다. 이들 역시 스스로를 감정적으로 돌보고 보살피는 데 집중한다. 이것이 그나마 가장 믿음직스런 기반이기 때문이다. 이렇게 '각자도생'의 길을 택한 이들은 개인주의, 자립, 능력주의의 언어에 물들어 다른 청년들을 잠재적 경쟁자로 여긴다. 이런 한국 청년들이 살아가는 헬조선은 이 책에 등장하는 미국 노동 계급 청년 세대의 현실과 너무도 닮아 있다.

* * *

이 책을 읽다 보면 한국 청년 세대가 마주한 문제들이 한국만의 것이 아님을 알 수 있다. 미국의 청년 세대도 비슷한 상황에 처해 비슷한 고통을 공유하고 있는 듯 보인다. 나아가 결국 이 고통이 청년만의 문제가 아님도 깨달을 수 있다. 이 책은 청년을 주요 대상으로 삼지만, 이들의 성인기를 지연시키는 신자유주의 및 감정 자본주의가 세대를 막론하고 계급과 젠더, 인종 구분의 아래쪽에 있는 사람들의 삶을 가로막는 구조적 장벽으로 작용하고 있기 때문이다. 그런데 대안을 마련하기가 쉽지 않은 것 같다. "사회 따위는 없다!"는 신자유주의 이데올로기의 문화 논리에 포획된 우리가 '우리 모두는 결국 혼자다'라는 생각을 머릿속에 각인하고 닫힌 마음으로 현실을 대하고 있기 때문이다. 이런 현실을 마주한 청년들 앞에 다종다양한 표현을 붙여 소위 '○○ 세대'로 소환하는 표상과 담론은 오히려 이런 청년들의 심각한 현실을 추상화하고 타자화해 이들 사이의, 나아가 이들과 다른 세대의 경쟁을 강화하는 결과를 초래하는 것 같아 보인다.

『커밍 업 쇼트』는 정답과 해결책을 제시하지 않는다. 대신 이 책은 노동 계급 청년들의 현실, 즉 21세기 성인기의 원천, 결과, 의미를 이해하고자 한다. 현대성과 신자유주의, 감정 자본주의에 대한 이론에 기반해 청년 당사자들의 일상적이고 경험적인 이야기를 들려줌으로써 미국 노동 계급 청년이 성인이 되는 과정에서 어떻게 그리고 왜 당혹감과 혼란스러움, 무력감을 느끼는지를 설득력 있게 설명하고 있다. 청년들이 느끼는 무력감은 이들의 개인적인 잘못 때문도, 가족의 문제 때문도 아니다. 이들의 경험하는 좌절과 절망의 근원에는 '제도'가 있다. 사회 제도가 이들로 하여금 각자의 세계에 갇혀 서로 연대할 희망을 품지 못하도록 내몰고 있다. 그렇기에 이들의 무력감이 청년 세대에 국한된 것이 아니기도 하다. 지은이는 이 점을 충분히 이해하고 공감할 때 노동 계급 청년의 미래를 다시 생각해 볼 수 있다고 말한다. 변화를 위한 '연대'의 계기는 이해에 있으며, 추상적인 표상 뒤에 감춰진 현실을 직시할 때 연대를 시작할 수 있다.

　지은이에서 옮긴이를 거쳐 독자에게 전달되는 이 책이 그런 이해와 연대에 작게나마 도움이 되길 바란다. 그런 의미에서 이 과정을 함께한 또 다른 중요한 존재들도 언급하고 싶다. 옮긴이로는 두 사람의 이름이 들어가 있지만, 리시올 출판사는 책의 내용을 제대로 전달하기 위해 옮긴이보다 더 많은 시간과 노력을 기울여 주었다. 그리고 출판사 덕분에 무사히 작업을 마무리해 책이라는 형태로 독자에게 전달되는 과정에 인쇄·제본 노동, 물류 노동, 운송 노동 등 또 다른 노동이 연결 고리로 참여하게 될 것이다. 이 연결 고리 속 사람들 상당수가 청년 세대일 것이며, 청년이 아니더라도 그들이 고투하고 있는 문제들이 청년 세대의 문제와 따로 떨어져 있지는 않을 것이다. 문제 해결을 위해 우리가 함께 노력해야 한다는 생각이 그 고리를 따라 흐르며 이어지길 희망한다. 그리고 그런 생각을 촉발하고 가다듬을 수 있도록 이 책이 조금이라도 기여할 수 있기를 바란다.

참고 문헌

"2010 Annual Consumer Bankruptcy Demographic Resort: A Five Year Perspective of the American Debtor." 2011. Institute for Financial Literacy, Inc. 2011. Retrieved on February 13, 2013. Available at http://www.financiallit.org/PDF/2010_Demographics_Report.pdf.

"An Act Providing Access to Affordable, Quality, Accountable Health Care." Chapter 58 of the Acts of 2006 of the Massachusetts General Court. Retrieved on July 9, 2010. Available at www.lawlib.state.ma.us/subject/about/healthinsurance.html.

Alexander, Jeffrey C. 2004. "Cultural Pragmatics: Social Performances between Ritual and Strategy." *Sociological Theory* 22: 527~573.

Allegretto, Sylvia A. 2011. "The State of Working America's Wealth, 2011: through Volatility and Turmoil, the Gap Widens." Briefing paper #292, *Economic Policy Institute*, Washington DC.

Althusser, Louis. 2011[1970]. *Lenin and Philosophy and Other Essays*. New York: Monthly Review Press. [『레닌과 철학』, 이진수 옮김, 백의, 1991.]

Amenta, Edwin. 1998. *Bold Relief: Institutional Politics and the Origins of Modern American Social Policy*. Princeton, NJ: Princeton University Press.

Anderson, Elijah. 1999. *The Code of the Street: Decency, Violence, and the Moral Life of the Inner City*. New York: Norton.

Anderson, Kristen, and Debra Umberson. 2001. "Gendering Violence: Masculinity and Power in Men's Accounts of Domestic Violence." *Gender and Society* 15: 358~380.

Arnett, Jeffrey Jensen. 1998. "Learning to Stand Alone: The Contemporary American Transition to Adulthood in Cultural and Historical Context." *Human Development* 41: 295~315.

_____. 2004. *Emerging Adulthood: The Winding Road from the Late Teens Through the Twenties*. New York: Oxford University Press.

Barich, Rachel, and Denise Bielby. 1996. "Rethinking Marriage: Change and Stability in Expectations, 1967~1994." *Journal of Family Issues* 17: 139~169.

Beck, Ulrich. 1992. *Risk Society: Towards a New Modernity*. Thousand Oaks, CA: Sage. [『위험 사회』, 홍성태 옮김, 새물결, 2006.]

_____. 2000. *The Brave New World of Work*. Cambridge, UK: Polity Press. [『아름답고 새로운 노동 세계』, 홍윤기 옮김, 생각의나무, 1999.]

Beck, Ulrich, and Elisabeth Beck-Gernsheim. 1995. *The Normal Chaos of Love*. Cambridge, UK: Polity Press. [『사랑은 지독한, 그러나 너무나 정상적인 혼란』, 강수영·권기돈·배은경 옮김, 새물결, 1999.]

Bellah, Robert N., Richard Madsen, William M. Sullivan, Ann Swidler, and Steven M. Tipton. 1985. *Habits of the Heart: Individualism and Commitment in American Life*. Berkeley: University of California Press. [『미국인의 사고와 관습: 개인주의와 책임감』, 김명숙·김정숙·이재협 옮김, 나남출판, 2001.]

Berlin, Gordon, Frank Furstenberg Jr., and Mary C. Waters, editors. 2010. *Transition to Adulthood. Special Issue of The Future of Children* 20(1). Washington, DC: Brookings Institution.

Bettie, Julie. 2003. *Women without Class: Girls, Race, and Identity*. Berkeley: University of California Press.

Beveridge, Andrew. 2010. "Homeowners No More: A First Look at the Foreclosure Crisis's Effects on Neighborhoods and Communities across the United States." A paper presented at the Eastern Sociological Society Annual Meeting, Boston, MA.

Biederman, Joseph. 1998. "Attention-deficit/hyperactivity Disorder: A Life-span Perspective." *Journal of Clinical Psychiatry* 59: 4~16.

Black, Timothy, 2009. *When a Heart Turns Rock Solid: The Lives of Three Puerto Rican Brothers On and Off the Streets*. New York: Vintage Books.

Blatterer, Harry. 2007. *Coming of Age in Times of Uncertainty*. New York: Berghahn Books.

Blau, Peter M., and Otis Dudley Duncan. 1978. *American Occupational Structure*. New York: The Free Press.

Boardman, Jason D., Brian Karl Finch, Christopher G. Ellison, David R. Williams, and James S. Jackson. 2001. "Neighborhood Disadvantage, Stress, and Drug Use among Adults." *Journal of Health and Social Behavior* 42: 151~165.

Bobo, Lawrence. 1991. "Social Responsibility, Individualism, and Redistributive Policies." *Sociological Forum* 6: 71~92.

Bond, Carolyn, and Richard Williams. 2007. "Residential Segregation and the Transformation of Home Mortgage Lending." *Social Forces* 86: 671~698.

Bonilla-Silva, Eduardo. 2003. *Racism without Racists: Color-Blind Racism and the Persistence of Racial Inequality in the United States*. Lanham, MD: Rowman and Littlefield.

Booth, Alan, Ann Crouter, and Michael J. Shanahan. 1999. *Transitions to Adulthood in a Changing Economy: No Work, No Family, No Future?* Santa Barbara, CA: Praeger.

Bordo, Susan, 2003, *Unbearable Weight: Feminism, Western Culture, and the Body*. Berkeley: University of California Press. [『참을 수 없는 몸의 무거움: 페미니즘, 서구 문화, 몸』, 박오복 옮김, 또하나의문화, 2003.]

Bourdieu, Pierre, 1977. "Cultural Reproduction and Social Reproduction." pp.487~511 in *Power and Ideology in Education*, edited by Jerome Karabel, and A. H. Halsey. Oxford: Oxford University Press.

_____. 1984. *Distinction: A Social Critique of the Judgment of Taste*. Cambridge, MA: Harvard University Press. [『구별 짓기』, 최종철 옮김, 새물결, 2005.]

_____. 1990. *The Logic of Practice*. Palo Alto, CA: Stanford University Press.

_____. 1998. *Acts of Resistance: Against the New Myths of Our Time*. Cambridge, UK: Polity Press. [『맞불』, 현택수 옮김, 동문선, 2004.]

Brinton, Mary C. 2010. *Lost in Transition: Youth, Work, and*

Instability in Postindustrial Japan. New York: Cambridge University Press.

Calhoun, Craig, 2010. "The Privatization of Risk: Introduction." Retrieved on June 28, 2010. Available at http://privatizationof risk.ssrc.org/.

Chauvel, Louis. 1998. *Le Destin des générations: Structure sociale et cohortes en France au XXe siècle*. Paris, France: Presses Universitaires de France.

Cherlin, Andrew J. 2009. *The Marriage Go-Round: The State of Marriage and the Family in America Today*. New York: Vintage Books.

Chodorow, Nancy J. 1978. *The Reproduction of Mothering: Psychoanalysis and the Sociology of Gender*. Berkeley: University of California Press.

Clausen, John S. 1991. "Adolescent Competence and the Shaping of the Life Course." *American Journal of Sociology* 96: 805~842.

Cohen, Philip N., and Suzanne M. Bianchi. 1999. "Marriage, Children, and Women's Employment: What Do We Know?" *Monthly Labor Review* 122: 22~31.

Cohn, Jonathan, 2007. *Sick: The Untold Story of America's Health Care Crisis*. New York: HarperCollins.

Collins, Patricia Hill. 1994. "Shifting the Center: Race, Class, and Feminist Theorizing About Motherhood." pp.45~65 in *Mothering: Ideology, Experience, and Agency*, edited by Evelyn Nakano Glenn, Grace Chang, and Linda Rennie Forcey. New York: Routledge.

Collins, Randall. 2004. *Interaction Ritual Chains*. Princeton, NJ: Princeton University Press.

Coltrane, Scott. 2000. "Research on Household Labor: Modeling and Measuring the Social Embeddedness of Routine Family Work." *Journal of Marriage and Family* 62: 1208~1233.

"Contract from America." Retrieved on June 27, 2010. Available at www.thecontract.org/.

Coontz, Stephanie, 1993. *The Way We Never Were: American Families And The Nostalgia Trap*. New York: Basic Books.

Copen, Casey E., Kimberly Daniels, Jonathan Vespa, and William

D. Mosher. 2012. "First marriages in the united states: Data from the 2006~2010 national survey of family growth." *National Health Statistics Reports* 49: 1~22. Available at http://www.cdc.gov/nchs/data/nhsr/nhsr049.pdf.

Côté, James E. 2000. *Arrested Adulthood: The Changing Nature of Maturity and Identity.* New York: New York University Press.

Côté, James E., and S. Schwartz. 2002. "Comparing Psychological and Sociological Approaches to Identity: Identity Status, Identity Capital, and the Individualization Process." *Journal of Adolescence* 25: 571~586.

Cowie, Jefferson. 2010. *Stayin' Alive: The 1970s and the Last Days of the Working Class.* New York: New Press.

Cushman, Philip. 1996. *Constructing The Self, Constructing America: A Cultural History Of Psychotherapy.* Reading, MA: Addison-Wesley.

Danziger, Sheldon H., and David Ratner. 2010. "Labor Market Outcomes and the Transition to Adulthood." pp.133~158 in *Transition to Adulthood. Special Issue of the Future of Children* 20(1), edited by Gordon Berlin, Frank Furstenberg Jr., and Mary C. Waters.

Davis, Joseph E. 2005. "Victim Narratives and Victim Selves: False Memory Syndrome and the Power of Accounts." *Social Problems* 52: 529~548.

Dear Colleague Letter GEN-03-07 and page AVG-28 of the Application Verification Guide. Retrieved on February 13, 2013. Available at: http://ifap.ed.gov/dpcletters/GEN0307.html.

Denzin, Norman K. 1987. *The Recovering Alcoholic.* New York: Sage.

_____. 1993. *The Alcoholic Society: Addiction and Recovery of the Self.* New Brunswick, NJ: Transaction.

DiTomaso, Nancy. 2010. "Work with and without a Future." A paper presented at the Eastern Sociological Society Annual Meeting, Boston, MA.

Dougherty, Kevin. 2001. *The Contradictory College: The Conflicting Origins, Impacts, and Futures of the Community College.* Albany: State University of New York Press.

Draut, Tamara. 2005. *Strapped: Why America's 20- and 30-Somethings Can't Get Ahead*. New York: Anchor Books.

Dumais, Susan A. 2002. "Cultural Capital, Gender, and School Success: The Role of Habitus." *Sociology of Education* 75: 44~68.

Durkheim, Émile. 1995[1912]. *The Elementary Forms of Religious Life*. Translated by Karen E. Fields. New York: Free Press. [『종교 생활의 원초적 형태』, 민혜숙·노치준 옮김, 한길사, 2020.]

"The Economic Mobility Project." 2007. An Initiative of the Pew Charitable Trusts. Philadelphia, PA, and Washington, DC.

Edin, Kathryn, and Maria Kefalas. 2005. *Promises I Can Keep: Why Poor Women Put Motherhood before Marriage*. Berkeley: University of California Press.

Elias, Norbert. 2000. *The Civilizing Process: Sociogenetic and Psychogenetic Investigations*. Malden, MA: Blackwell. [『문명화 과정』, 박미애 옮김, 한길사, 1996.]

Ewick, Patricia, and Susan Silbey. 1995. "Subversive Stories and Hegemonic Tales: Toward a Sociology of Narrative." *Law and Society Review* 29: 197~226.

FinAid | Other Aid | "What If No Help from Parents?" Retrieved on July 9, 2010. Available at www.finaid.org/otheraid/parentsr efuse.phtml.

Foucault, Michel. 1979. *Discipline and Punish*. New York: Vintage Books. [『감시와 처벌』(번역 개정 2판), 오생근 옮김, 나남, 2020.]

Fraser, Nancy. 1995. "From Redistribution to Recognition? Dilemmas of Justice in a 'Post-Socialist' Age." *New Left Review* 212: 68~93. [「재분배에서 인정으로?: '포스트사회주의' 시대 정의 의 딜레마」, 케빈 올슨 엮음, 『불평등과 모욕을 넘어: 낸시 프레이저 의 비판적 정의론과 논쟁들』, 문현아·박건·이현재 옮김, 그린비, 2016.]

Friedman, Milton. 1962. *Capitalism and Freedom*. Chicago, IL: University of Chicago Press. [『자본주의와 자유』, 심준보·변동열 옮김, 청어람미디어, 2007.]

Fry, Richard, 2009. "College Enrollment Hits All-Time High, Fueled by Community College Surge-Pew Social & Demographic Trends." Retrieved on July 8, 2010. Available at http:// pewsocialtrends.org/pubs/747/college-enrollment-hits-alltimehigh-fueled-by-community-college-surge.

Furedi, Frank. 2004. *Therapy Culture: Cultivating Vulnerability in an Uncertain Age*. London: Routledge.

Furstenberg, Frank F., Sheela Kennedy, Vonnie C. McLoyd, Rubén G. Rumbaut, and Richard A. Settersten Jr. 2004. "Growing Up Is Harder to Do." *Contexts* 3: 33~41.

García, José, and Tamara Draut. 2009. "The Plastic Safety Net: How Households Are Coping in a Fragile Economy." *Demos*. Available at www.demos.org/sites/default/files/publications/ PlasticSafetyNet_Demos.pdf.

Gerson, Kathleen. 2009. *The Unfinished Revolution: How a New Generation Is Reshaping Family, Work, and Gender in America*. New York: Oxford University Press.

Giddens, Anthony. 1991. *Modernity and Self-Identity: Self and Society in the Late Modern Age*. Oxford, UK: Polity Press. [『현대성과 자아 정체성: 후기 현대의 자아와 사회』, 권기돈 옮김, 새물결, 1997.]

_____. 1992. *The Transformation of Intimacy: Sexuality, Love and Eroticism in Modern Societies*. Palo Alto, CA: Stanford University Press. [『현대 사회의 성·사랑·에로티시즘: 친밀성의 구조 변동』, 배은경·황정미 옮김, 새물결, 2001.]

Gilbert, Elizabeth. 2006. *Eat, Pray, Love: One Woman's Search for Everything Across Italy, India and Indonesia*. London: Bloomsbury. [『먹고 기도하고 사랑하라』, 노진선 옮김, 솟을북, 2007.]

Gilmore, Gerry J. 2009. "All Services Meet or Exceed October Recruiting Goals." *American Forces Press Service*, November 13. Retrieved on February 13, 2013. Available at http:// www. defense.gov/News/NewsArticle.aspx?ID=56685.

Gittell, Ross J., and Patricia M. Flynn. 1995. "The Lowell High-tech Success Story: What Went Wrong?" *New England Economic Review* 57~70.

Goffman, Erving. 1959. *The Presentation of Self in Everyday Life. Garden City, NY: Doubleday*. [『자아 연출의 사회학: 일상이라는 무대에서 우리는 어떻게 연기하는가』, 진수미 옮김, 현암사, 2016.]

Goldstein, Joshua, and Catherine T. Kenney. 2001. "Marriage Delayed or Marriages Foregone? New Cohort Forecasts of First

Marriages for US Women." *American Sociological Review* 66: 506~519.

Gowan, Teresa. 2010. *Hobos, Hustlers, and Backsliders: Homeless in San Francisco*. Minneapolis: University of Minnesota Press.

Hacker, Jacob. 2006a. "The Privatization of Risk and the Growing Economic Insecurity of Americans." Retrieved on July 9, 2010. Available at http://privatizationofrisk.ssrc.org.

_____. 2006b. *The Great Risk Shift: The Assault on American Jobs, Families, Health Care, and Retirement and How You Can Fight Back*. New York: Oxford University Press.

_____. 2007. "Suffering, Selfish Slackers? Myths and Reality about Emerging Adults." *Journal of Youth and Adolescence* 36: 23~29.

Hacker, Jacob, and Paul Pierson. 2010. *Winner-Take-All Politics: How Washington Made the Rich Richer—And Turned Its Back on the Middle Class. New York: Simon and Schuster*. [『부자들은 왜 우리를 힘들게 하는가?: 승자 독식의 정치학』, 조자현 옮김, 21세기북스, 2012.]

Hagenbaugh, Barbara, 2002. "U.S. Manufacturing Jobs Fading Away Fast." Available at http://www.usatoday.com/money/economy/2002-12-12-manufacture_x.htm.

Hall, Peter A., and Michèle Lamont. 2009. "Introduction." pp.1~22 in *Successful Societies: How Institutions and Culture Affect Health*, edited by Peter A. Hall and Michèle Lamont. New York: Cambridge University Press.

_____. 2013. "Introduction." in *Social Resilience in the Neoliberal Era*, edited by Peter A. Hall and Michèle Lamont. Cambridge: Cambridge University Press.

Halle, David. 1984. *America's Working Man Work, Home, and Politics among Blue Collar Property Owners*. Chicago, IL: University of Chicago Press.

Harvey, David. 2005. *A Brief History of Neoliberalism*. New York: Oxford University Press. [『신자유주의』, 최병두 옮김, 한울, 2007.]

Hays, Sharon. 1994. "Structure and Agency and the Sticky Problem of Culture." *Sociological Theory* 12: 57~72

_____. 1996. *The Cultural Contradictions of Motherhood*. New

Haven, CT: Yale University Press.

_____. 2003. *Flat Broke with Children*. New York: Oxford University Press.

Higher Education Opportunity Act-2008. Retrieved on July 8, 2010. Available at www2.ed.gov/policy/highered/leg/heao8/index.html.

Hill, Shirley. 2005. *Black Intimacies: A Gender Perspective on Families and Relationships*. Walnut Creek, CA: Altamira Press.

Hochschild, Arlie. 1995. "The Culture of Politics: Traditional, Postmodern, Cold-modern, and Warm-modern Ideals of Care." *Social Politics* 2: 331~346.

_____. 2003[1983]. *The Managed Heart: Commercialization of Human Feeling, Twentieth Anniversary Edition, with a New Afterword*. 2nd ed. Berkeley: University of California Press. [『감정 노동: 노동은 우리의 감정을 어떻게 상품으로 만드는가』, 이가람 옮김, 이매진, 2009.]

Hoff Somers, Christina, and Sally Satel. 2005. *One Nation under Therapy: How the Helping Culture Is Eroding Self-Reliance*. New York: St. Martin's Press.

hooks, bell. 1989. *Talking Back: Thinking Feminist, Thinking Black*. Boston, MA: South End Press.

Hout, Michael. 2008. "How Class Works: Objective and Subjective Analyses of Class since the 1970s." pp.25~64 in *Social Class: How Does It Work?*, edited by Annette Lareau and Dalton Conley. New York: Russell Sage Foundation.

Illouz, Eva. 1997. *Consuming the Romantic Utopia: Love and the Cultural Contradictions of Capitalism*. Berkeley: University of California Press. [『낭만적 유토피아 소비하기: 사랑과 자본주의의 문화적 모순』, 박형신·권오헌 옮김, 이학사, 2014.]

_____. 2003. *Oprah Winfrey and the Glamour of Misery*. New York: Columbia University Press. [『오프라 현상으로 윈프리를 읽다』, 강주헌 옮김, 스마트비즈니스, 2013.]

_____. 2007. *Cold Intimacies: The Making of Emotional Capitalism*. Cambridge, UK: Polity Press. [『감정 자본주의: 자본은 감정을 어떻게 활용하는가』, 김정아 옮김, 돌베개, 2010.]

_____. 2008. *Saving the Modern Soul: Therapy, Emotions, and the*

Culture of Self-Help. Berkeley: University of California Press.

Imber, Jonathan B., editor. 2004. *Therapeutic Culture: Triumph and Defeat.* Piscataway, NJ: Transaction.

Johnson, Jennifer. 2002. *Getting By on the Minimum: The Lives of Working-Class Women.* New York: Routledge.

Kalleberg, Arle L. 2009. "Precarious Work, Insecure Workers." *American Sociological Review* 74: 1~22.

Kamenetz, Anya, 2006. *Generation Debt: How Our Future Was Sold Out for Student Loans, Bad Jobs, No Benefits, and Tax Cuts for Rich Geezers—And How to Fight Back.* New York: Riverhead Books.

Katznelson, Ira, 2005. *When Affirmative Action Was White: An Untold History of Racial Inequality in Twentieth-Century America.* New York: Norton.

Kimmel, Michael. 2008. *Guyland: The Perilous World Where Boys Become Men.* New York: HarperCollins.

Kleycamp, Meredith. 2006. "College, Jobs or the Military? Enlistment during a Time of War." *Social Science Quarterly* 87: 272~290.

Krugman, Paul. 2009. *The Return of Depression Economics and the Crisis of 2008.* New York: Norton. [『불황의 경제학』, 안진환 옮김, 세종서적, 2015.]

Kurz, Demie. 1999. "Women, Welfare, and Domestic Violence." pp.132~151 in *Whose Welfare?*, edited by Gwendolyn Mink. Ithaca, NY: Cornell University Press.

Lamont, Michèle. 1992. *Money, Morals, and Manners.* Chicago, IL: University of Chicago Press.

_____. 2000, *The Dignity of Working Men: Morality and the Boundaries of Race, Class, and Immigration.* Cambridge, MA: Harvard University Press.

_____. Forthcoming. *Social Resilience in the Neoliberal Era.* Cambridge: Cambridge University Press.

Lamont, Michèle, and Virág Molnár. 2002. "The Study of Boundaries in the Social Sciences." *Annual Review of Sociology* 28: 167~195.

Lareau, Annette. 2003. *Unequal Childhoods: Class, Race, and*

Family Life. Berkeley: University of California Press. [『불평등한 어린 시절: 부모의 사회적 지위와 불평등의 대물림』, 박상은 옮김, 에코리브르, 2012.]

_____. 2008. "Taking Stock of Class." pp. 3~24 in *Social Class: How Does It Work?*, edited by Annette Lareau and Dalton Conley. New York: Russell Sage Foundation.

Lasch, Christopher. 1979. *The Culture of Narcissism: American Life in an Age of Diminishing Expectations.* New York: Norton.

Lee, Nick. 2001. *Childhood and Society: Growing Up in an Age of Uncertainty. Philadelphia,* PA: Open University Press.

Leonhardt, David. 2005. "The College Dropout Boom." pp. 87~104 in *Class Matters*, edited by Correspondents of the *New York Times*. New York: Henry Holt.

Lively, Kathryn J., and David R. Heise. 2004. "Sociological Realms of Emotional Experience." *American Journal of Sociology* 109: 1109~1136.

Livingston, Gretchen, and D'Vera Cohn. 2010. "More Women without Children." Pew Research Center. Available at http://pewresearch.org/pubs/1642/more-women-without-children.

MacLeod, Jay. 1987. *Ain't No Makin' It.* Boulder, CO: Westview Press.

Mannheim, Karl. 1952[1932]. *Essays in the Sociology of Culture.* New York: Routledge and Kegan Paul.

Marsiglio, W., and S. Hutchinson. 2002. *Sex, Men, and Babies: Stories of Awareness and Responsibility.* New York: New York University Press.

Martin, Emily. 2007. *Bipolar Expeditions: Mania and Depression in American Culture.* Princeton, NJ: Princeton University Press.

Martin, Steven P. 2004. "Growing Evidence for a Divorce Divide? Education and Marital Dissolution Rates in the United States since the 1970's." *Russell Sage Foundation Working Papers: Series on Social Dimensions of Inequality.* New York: Russell Sage Foundation

Marx, Karl. 1959[1932]. *Economic and Philosophical Manuscripts of 1844.* Translated by Martin Mulligan. Delhi, India: Progress Publishers. [『경제학-철학 수고』, 강유원 옮김, 이론과실천, 2006.]

Marx, Karl, and Friedrich Engels. 2002. *The Communist Manifesto.* Introduction by Gareth Stedman Jones. New York: Penguin Classics. [『공산주의 선언』, 김태호 옮김, 박종철출판사, 2016.]

Massachusetts General Court Chapter 58 of the Acts of 2006.

Massey, Douglas S., and Nancy A. Denton. 1993. *American Apartheid: Segregation and the Making of the Underclass.* Cambridge, MA: Harvard University Press.

Masten, Ann S., Jelena Obradović, and Keith B. Burt. 2006. "Resilience in Emerging Adulthood: Developmental Perspectives on Continuity and Transformation." pp.173~190 in *Emerging Adults in America: Coming of Age in the 21st Century*, edited by Jeffrey Arnett and Jennifer Lynn Tanner. Washington, DC: American Psychological Association.

McDermott, Monica. 2006. *Working-Class White: The Making and Unmaking of Race Relations.* Berkeley: University of California Press.

McLanahan, Sara, and Christine Percheski. 2008. "Family Structure and the Reproduction of Inequalities." *Annual Review of Sociology* 34: 257~276.

McLean, Bethany, and Joe Nocera. 2010. *All the Devils Are Here: The Hidden History of the Financial Crisis.* New York: Penguin Group. [『모든 악마가 여기에 있다』, 윤태경·이종호 옮김, 자음과모음, 2011.]

McMahon, Martha. 1995. *Engendering Motherhood: Identity and Self-Transformation in Women's Lives.* New York: Guilford Press.

Milkman, Ruth. 1997. *Farewell to the Factory: Auto Workers in the Late Twentieth Century.* Berkeley: University of California Press.

Mishel, Lawrence, Jared Bernstein, and Sylvia Allegretto. 2007. *The State of Working America 2006/2007.* Ithaca, NY: Cornell University Press.

Moore, Michael. 1989. *Roger & Me.* Wamer Bros.

Morrison, Matthew G. 2011. "Empowering the Severely Mentally Ill?: Autonomy, Dependency, and Authority." A paper presented at the American Sociological Association Annual Meeting, Las

Vegas, NV.

Moskos, Charles C., and John S. Butler. 1996. *All That We Can Be: Black Leadership and Racial Integration the Army Way.* New York: Basic Books.

Moskowitz, Eva. 2001. *In Therapy We Trust: America's Obsession with Self-Fulfillment.* Baltimore, MD: Johns Hopkins University Press.

"A National Report Card on Women in Firefighting." Institute for Women and Work, Cornell University. Retrieved on July 9, 2010. Available at www.i-women.org/images/pdf-files/35827WSP.pdf.

National Survey on Drug Use and Health, 2009. Available at http://oas.samhsa.gov/nsduh/2k9nsduh/2k9resultsp.pdf.

Newman, Katherine. 1992. *Falling from Grace: Downward Mobility in the Age of Affluence.* Berkeley: University of California Press.

———. 1999. *No Shame in My Game: The Working Poor in the Inner City.* New York: Russell Sage Foundation.

"NIMH: The Numbers Count: Mental Disorders in America." National Institute of Mental Health. Retrieved on February 13, 2013. Available at http://www.nimh.nih.gov/health/publications/the-numbers-count-mental-disorders-in-america/index.shtml.

Nolan, James. 1998. *The Therapeutic State: Justifying Government at Century's End.* New York: New York University Press.

Osgood, D. Wayne, Gretchen Ruth, Jacquelynne Eccles, Janis Jacobs, and Bonnie Barber. 2005. "Six Paths to Adulthood: Fast Starters, Parents without Careers, Educated Partners, Educated Singles, Working Singles, and Slow Starters." pp. 320~355 in *On the Frontier of Adulthood: Theory, Research and Public Policy,* edited by R. A. Settersten, F. F. Furstenberg, and R. G. Rumbaut. Chicago, IL: University of Chicago Press.

Owens, Lindsay. 2012. "Wealth." *The Stanford Center on Poverty and Inequality.* Available at http://www.stanford.edu/group/sespi/slides/Wealth.pdf.

Pager, Devah, Bruce Western, and Bart Bonikowski. 2009. "Discrimination in a Low-Wage Labor Market: A Field Experiment." *American Sociological Review* 74: 777~799.

Pew Research Center for People & the Press. 2013. "Majority Says the Federal Government Threatens Their Personal Rights." Retrieved on February 13, 2013. Available at http://www.people-press.org/2013/01/31/majority-says-the-federal-government-threatens-their-personal-rights/.

Pew Research Social & Demographic Trends. 2010. "The Decline in Marriage and Rise of New Families." Retrieved on February 13, 2013. Available at http://www.pewsocialtrends.org/2010/11/18/the-decline-of-marriage-and-rise-of-new-families/.

Pilcher, Jane. 1995. *Age and Generation in Modern Britain*. New York: Oxford University Press.

Putnam, Robert. 2000. *Bowling Alone: The Collapse and Revival of American Community*. New York: Simon and Schuster. [『나 홀로 볼링: 사회적 커뮤니티의 붕괴와 소생』, 정승현 옮김, 페이퍼로드, 2009.]

Putnam, Robert, Carl Frederick, and Kaisa Snellman. 2012. "Growing Class Gaps in Social Connectedness among American Youth, 1970~2009." Available at www.hks.harvard.edu/saguaro/pdfs/SaguaroReport_DivergingSocialConnectedness.pdf.

Raley, Kelly, and Larry Bumpass. 2003. "The Topography of the Divorce Plateau." *Demographic Research* 8: 245~260.

Reynolds, John, and Chardie L. Baird. 2010. "Is There a Downside to Shooting for the Stars? Unrealized Educational Expectations and Symptoms of Depression." *American Sociological Review* 75: 151~172.

Rieff, Philip. 1987[1966]. *The Triumph of the Therapeutic: Uses of Faith after Freud*. Chicago, IL: University of Chicago Press.

Robbins, Alexandra, and Abby Wilner. 2001. *Quarterlife Crisis: The Unique Challenges of Life in Your Twenties*. New York: Putnam. [『청년 위기』, 김난령 옮김, 풀빛, 2002.]

Roksa, Josipa. 2006. "Does the Vocational Focus of Community Colleges Hinder Students' Educational Attainment?" *Review of Higher Education* 29: 499~526.

Rosenfeld, Michael. 2007. *The Age of Independence: Interracial Unions, Same-Sex Unions and the Changing American Family*. Cambridge, MA: Harvard University Press. [『자립기: 1960년대

이후 자립 생활기의 형성과 가족 및 사회의 극적 변화』, 이계순 옮김, 갈무리, 2014.]

Royster, Deidre. 2003. *Race and the Invisible Hand: How White Networks Exclude Black Men from Blue-Collar Jobs*. Berkeley: University of California Press.

Rubin, Lillian B. 1992[1976]. *Worlds of Pain: Life in the Working-Class Family*. New York: Basic Books.

Sargent, Carey L. 2010. "iMusic: Living and Working as Musicians in Digital Capitalism." Ph.D. dissertation, Department of Sociology, University of Virginia, Charlottesville, VA.

Sawhill, Isabel V., and John E. Morton, 2007. "Economic Mobility: Is the American Dream Alive and Well?" *The Brookings Institution*. Retrieved on February 13, 2013. Available at http://www.brookings.edu/research/papers/2007/05/useconomics-morton.

Schutz, Alfred. 1953. "Common-Sense and Scientific Interpretation of Human Action." *Philosophy and Phenomenological Research* 14(1): 1~38.

Scott, Joan W. 1988. "Deconstructing Equality-versus-Difference: Or, the Uses of Post structuralist Theory for Feminism." *Feminist Studies* 14: 33~49.

Segal, David R. 1989. *Recruiting for Uncle Sam: Citizenship and Military Manpower Policy*. Lawrence: University Press of Kansas.

Sennett, Richard. 1998. *The Corrosion of Character: The Personal Consequences of Work in the New Capitalism*. New York: Norton. [『신자유주의와 인간성의 파괴』, 조용 옮김, 문예출판사, 2002.]

Sennett, Richard, and Jonathan Cobb. 1973. *The Hidden Injuries of Class*. New York: Vintage Books.

Sewell, William Jr. 2009. "From State-Centrism to Neoliberalism: Macro-Historical Contexts of Population Health since World War II." pp.254~287 in *Successful Societies: Institutions, Cultural Repertories, and Health*, edited by Peter Hall and Michèle Lamont. Cambridge: Cambridge University Press.

Silva, Jennifer M. 2008. "'A New Generation of Women?' How Female ROTC Cadets Negotiate the Tension between Masculine Military Culture and Traditional Femininity." *Social Forces* 87:

937~960.

_____. 2012. "Constructing Adulthood in an Age of Uncertainty." *American Sociological Review* 77: 505~522.

Silva, Jennifer M. and Sarah M. Corse. 2011. "Dreams Deferred or No Dreams at All?: Class, Gender, and Future Aspirations." A paper presented at the Eastern Sociological Society Annual Meeting, Philadelphia, PA.

Silva, Jennifer M, and Allison J. Pugh. 2010. "Beyond the Depleting Model of Parenting: Narratives of Childrearing and Change." *Sociological Inquiry* 80(4): 605~627.

Slater, Don, 1997. *Consumer Culture and Modernity.* Cambridge, UK: Polity Press.

Smith, Christian, with Kari Christoffersen, Patricia Snell Herzog, and Hilary Davidson. 2011. *Lost in Transition: The Dark Side of Emerging Adulthood.* New York: Oxford University Press.

Smith, Dorothy. 1990. *The Conceptual Practices of Power: A Feminist Sociology of Knowledge.* Boston: Northeastern University Press.

Smith, Sandra Susan. 2007. *Lone Pursuit: Distrust and Defensive Individualism among the Black Poor.* New York: Russell Sage Foundation.

Sorensen, Aage. 2000. "Toward a Sounder Basis for Class Analysis." *American Journal of Sociology* 105: 1523~1558.

Stacey, Judith. 1998. *Brave New Families: Stories of Domestic Upheaval in Late-Twentieth Century America.* Berkeley: University of California Press.

The Stanford Center on Poverty and Inequality. Retrieved on July 17, 2012. Available at http://www.stanford.edu/group/scspi/slides/Income.pdf.

Stein, Arlene. 2011. "Therapeutic Politics: An Oxymoron?" *Sociological Forum* 26: 187~193.

Sullivan, Teresa A., Deborah Thorne, and Elizabeth Warren. 2001. "Young, Old, and In Between: Who Files for Bankruptcy?" *Norton Bankruptcy Law Advisor* 9: 1~11.

Sullivan, Teresa A., Elizabeth Warren, and Jay Lawrence Westbrook. 1999. *As We Forgive Our Debtors: Bankruptcy and Con-*

sumer Credit in America. Frederick, MD: Beard Books.

Swidler, Ann. 1986. "Culture in Action: Symbols and Strategies." *American Sociological Review* 51: 273~286.

_____. 2001. *Talk of Love: How Culture Matters.* Chicago, IL: University of Chicago Press.

Taylor, Charles, 1989. *Sources of the Self: The Making of Modern Identity.* Cambridge, MA: Harvard University Press. [『자아의 원천들: 현대적 정체성의 형성』, 권기돈·하주영 옮김, 새물결, 2015.]

Taylor-Gooby, Peter. 2004. *New Risks, New Welfare.* Oxford: Oxford University Press.

Twenge, Jean M., Brittany Gentile, C. Nathan DeWall, Debbie Ma, Katharine Lacefield, and David R. Schurtz. 2010. "Birth Cohort Increases in Psychopathology among Young Americans, 1938~2007: A Cross-temporal Meta-analysis of the MMPI." *Clinical Psychology Review* 30: 145~154.

"Union Members Summary." 2013. US Bureau of Labor Statistics. Retrieved on February 13, 2013. Available at http://www.bls.gov/news.release/union2.nro.htm.

US Census, Estimated Median Age at First Marriage, by Sex: 1890 to Present. Available at www.census.gov/population/socdemo/hh-fam/ms2.pdf.

US Census, Young Adults Living at Home: 1960 to Present. Available at www.census.gov/population/socdemo/hh-fam/tabAD-1.pdf.

US Department of Education, National Center for Education Statistics. 2012. *Digest of Education Statistics.* Available at http://nces.ed.gov/programs/digest/d11/ch_3.asp.

Waldfogel, Jane. 1997. "The Effect of Children on Women's Wages." *American Sociological Review* 62: 209–217.

Walkerdine, Valerie, Helen Lucey, and June Melody. 2001. *Growing Up Girl: Psychosocial Explorations of Gender and Class.* London: Palgrave.

Warren, Elizabeth. 2006. "Families, Money, and Risk." Retrieved on July 1, 2010. Available at http://privatizationofrisk.ssrc.org.

Warren, John Robert, Jennifer T. Sheridan, and Robert M. Hauser. 2002. "Occupational Stratification across the Life Course:

Evidence from the Wisconsin Longitudinal Study." *American Sociological Review* 67: 432~455.

Waters, Mary, Patrick J. Carr, Maria J. Kefalas, and Jennifer Holdaway, editors. 2011. *The Transition to Adulthood in the Twenty-First Century.* Berkeley: University of California Press.

Wayne, Osgood, E. Michael Foster, Constance Flanagan, and Gretchen Ruth Osgood, editors. 2005. *On Your Own without a Net: The Transition to Adulthood for Vulnerable Populations.* Chicago, IL: University of Chicago Press.

Weis, Lois. 1990. *Working Class without Work: High School Students in a De-Industrializing Economy.* New York: Routledge.

_____. 2004. *Class Reunion: The Remaking of the American White Working Class.* New York: Routledge.

Weller, Christian E, and Jaryn Fields. 2011. "The Black and White Labor Gap in America: Why African Americans Struggle to Find Jobs and Remain Employed Compared to Whites." *Center for American Progress.* Available at www.americanprogress.org/issues/2011/07/black_unemployment.html.

Western, Bruce. 1997. *Between Class and Market: Postwar Unionization in the Capitalist Democracies.* Princeton, NJ: Princeton University Press.

_____. 2006. *Punishment and Inequality in America.* New York: Russell Sage Foundation,

Western, Bruce, and Jake Rosenfeld. 2011. "Unions, Norms, and the Rise in American Earnings Inequality." *American Sociological Review* 76: 513~537.

Williams, Raymond. 1977. *Marxism and Literature.* Oxford: Oxford University Press. [『마르크스주의와 문학』, 박만준 옮김, 지만지, 2013.]

Willis, Paul. 1977. *Learning to Labor.* New York: Columbia University Press. [『학교와 계급 재생산: 반학교 문화, 일상, 저항』, 김찬호·김영훈 옮김, 이매진, 2004.]

Wilson, William Julius. 1987. *The Truly Disadvantaged: The Inner City, the Underclass, and Public Policy.* Chicago, IL: University of Chicago Press.

_____. 1997. *When Work Disappears.* New York: Vintage Books.

"Women in the Labor Force: A Databook (2009 Edition)." US Bureau of Labor Statistics. Retrieved on February 13, 2013. Available at http://www.bls.gov/cps/wlfdatabook 2009.htm.

Zerubavel, Eviatar. 2003. *Time Maps: Collective Memory and the Social Shape of the Past*. Chicago, IL: University of Chicago Press.

찾아보기

커밍 업 쇼트

불확실한 시대 성인이 되지 못하는 청년들 이야기

1판 1쇄 2020년 10월 10일 펴냄
1판 5쇄 2024년 7월 10일 펴냄

지은이 제니퍼 M. 실바. 옮긴이 문현아·박준규.
펴낸곳 리시올. 펴낸이 김효진. 제작 상지사.

리시올. 출판등록 2016년 10월 4일 제2016-000050호.
주소 경기도 고양시 화신로 298, 802-1401.
전화 02-6085-1604. 팩스 02-6455-1604.
이메일 luciole.book@gmail.com. 블로그 playtime.blog.

ISBN 979-11-90292-06-1 93300